미라클 진와이스와 함께 가는

재개발 임장 투어 이벤트

이벤트 신청 방법

1 하단 행운의 숫자가 잘 보이게 사진을 찍습니다.
2 우측 QR 바코드를 찍으면 네이버폼으로 이동합니다.
네이버폼에 행운의 숫자를 찍은 사진 및 기타 사항을 등록합니다.
3 진와이스가 직접 추첨하는 행운의 숫자 라이브 방송을 기다립니다.

행운의 숫자 추첨

1 미라클 재개발 임장 투어 추첨
- 일시: 2023년 3월 9일(목) 저녁 9시
- 당첨 인원: 20명

2 작가와의 만남 추첨
- 일시: 2023년 3월 15일(수) 저녁 9시
- 당첨 인원: 2명 추첨

당첨자 발표는 “재개발은 진와이스” 유튜브 채널에서 라이브로 진행합니다.

- **추첨별 이벤트 내용과 일정은 당첨자에게 개별 안내할 예정입니다.**
- 파본 교환 시 행운의 숫자가 없는 도서로 교환될 수 있습니다.
- 오직 초판 한정 도서에만 행운의 숫자가 적혀 있습니다.
- 유튜브에서 “재개발은 진와이스”를 검색하세요.

10914

5천만 원으로 시작하는

미라클

기적의

재개발 재건축

5천만 원으로 시작하는

미라클

기적의 재개발 재건축

세금·금리·청약에서
자유로운 재개발 투자의 마법

진와이스(장미진) 지음

리더스북

차 례

3부 세상에서 제일 쉽게 배우는 재개발·재건축의 모든 것

4부 5천만 원으로 5억 버는 실전 투자 사례

5부 기적을 만드는 임장 및 실전 매수의 기술

사랑하는 가족을 지키는 기적, 재개발·재건축 투자로 이룰 수 있다

이런 일은 TV에만 나오는 줄 알았다.

의사는 오랜 산고 끝에 낳은 소중한 첫아이, 예쁜 딸의 심장에 큰 구멍이 있다고 했다. 갓난아기가 수술을 받아야 한다는 말에 하늘이 무너지는 것 같았다. 두렵고, 무섭고, 하염없이 눈물이 났지만 엄마니까 버텼다. 인형같이 작은 아기는 갈비뼈를 절개해 첫 번째 수술을 했고, 등쪽으로 한 번 더 째고 두 번째 수술을 했다. 여름에 태어난 아기는 11월 추운 겨울이 되어서야 집으로 돌아올 수 있었다.

그즈음 청천벽력 같은 소식이 하나 더 날아왔다. 전세 만기가 다가오자 주인이 집을 팔겠다고 통보한 것이다. 전세 계약할 때 당분간 집을 팔 생각이 없으니 오래오래 살라는 집주인의 말만 믿고 있었는데, 날벼락을 맞은 듯했다. 어쩔 수 없이 남편과 나는 한겨울에 아픈 아기를 들쳐 업고 집을 보러 다녔다. 규모가 큰 광역시인데도 전셋집 구하기가 왜 그렇게 힘든지, 집을 판다고 내놓은 물건은 많은데 전세를 내놓은 집은 거의 없었다. 집을 보러 가기도 전에 이런 전화를 받기도 했다.

"새댁, 올 필요 없어. 그 집 방금 계약됐네."

겨우 전셋집을 하나 찾았는데, 엘리베이터도 없는 '원룸' 옥탑방이었다. 부랴부랴 계약을 하고 뒤늦게 등기부등본을 보고 나서야 그 집이 무허가 건축물이라는 사실을 알게 되었다. 4층까지만 건축 허가를 받고, 5층 옥탑방은 대충 올린 집이었다. 우리는 전세를 사는 내내 전 재산인 전세금을 제대로 돌려받지 못할까 봐 불안에 떨어야 했다.

아픈 아기를 안정적인 환경에서 키우고 싶었다. 병원에서 배낭 가득 약을 받아 오면서 먹먹했던 마음을 지금도 잊지 못한다. 하루 대여섯 번 먹어야 하는 독한 약 때문인지 아이는 회복되고 나서도 전신에 심한 아토피를 앓았다. 우리는 아이를 위해서 특단의 결정을 내렸다.

"그래, 공기 좋은 산 옆으로 이사를 가자."

우리는 누가 봐도 사람들의 선호도가 떨어지는 산 옆의 아파트를 샀다. 산 옆에서 좋은 공기 마시면 아이의 아토피가 낫지 않을까 해서 내린 결정이었다. 다행히 아이는 건강을 되찾았지만 문제가 있었다. 다른 곳의 집값이 오르는 동안, 우리가 사는 아파트 가격은 거의 변화가 없었던 것이다. 신축 아파트를 샀는데도 어쩌면 그렇게 집값이 그대로인지…. 천변이 보이는 아파트, 초등학교를 끼고 있는 아파트는 집값이 꽤 올랐는데 그런 것과는 멀찍이 떨어진 산 옆의 우리 아파트값만 요지부동이었다.

우리 아파트는 공기는 좋았지만 초등학교가 너무 멀었고, 차를 타고 가야 할 정도로 동네 슈퍼마켓이 멀리 있었고, 대중교통이 너무 불편했다. 700여 세대의 작은 단지라 커뮤니티 시설이랄 것도 없었다. 이러한 요소들이 모여 집값을 결정한다는 사실을 그때는 몰랐다.

이제 몇 년 뒤면 아이는 초등학교에 들어갈 것이었다. 지금보다 더 나은 환경에서 아이를 키우고 싶었지만 방법이 없었다. '나는 이미 집을 샀으니 청약 당첨되기도 힘들고, 살기 좋은 동네의 새 집은 비싸다. 어떻게 하지?' '청약'이라는 좋은 카드를 버리자니 절망감부터 찾아왔다. 그렇게 몇 날 며칠을 끙끙 고민하며 찾아낸 방법이 바로 재개발·재건축이다.

새 집이 갖고 싶어 시작한 투자, 내 인생의 터닝 포인트가 되다

재개발에 관심을 가져보기로 했지만 아는 것이 전혀 없었다. 막연히 '헌 집이 새 집 된다더라' 하는 생각으로 접근했을 뿐이다. 무턱대고 서점에 가서 책을 샀다. 전체 사업은 어떻게 진행되고, 조합원 혜택에는 무엇이 있는지 등 알고 싶은 게 많았다. 그러나 하얀 것은 종이요 검은 것은 글씨일 뿐 도통 머릿속에 들어오지 않았다. 전혀 경험해보지 못한 재개발의 세계라, 잘 이해가 되지 않았다.

직접 움직여보기로 했다. 내가 사는 도시의 재개발·재건축 구역부터 보러 다니기 시작했다. 앞서 이야기한 대로 집값이 거의 오르지 않았던 우리 아파트는 살기에 불편한 점이 많았다. 한마디로 사람들이 선호하지 않는 집이었던 것이다. 임장을 다니면서 이런 점들을 해결해줄 만한 곳인지부터 확인했다. (임장은 현장에 나가 직접 실물을 확인하는 과정을 말한다.) 나는 아이가 다닐 초등학교가 가까운지, 근거리에 대형 마트가 있는지, 대중교통을 이용하기 편리한지, 해당 재개발 구역이 나중에 총 몇 세대의 아파트가 될 것인지 꼼꼼하게 따졌다. 그러고 나서 여러 구역을 돌아보며 관심 있는 곳을 추렸다. 그중 재개발 지역의 신축 빌라를 매수하면서 내 인생 첫 재개발·재건축 투자가 시작되었다.

처음부터 전문적인 재개발 투자자가 되어야겠다고 마음먹은 것은 아니다. 내가 들어가 살 새 아파트 한 채만 있으면 충분하다고 생각했다. 그러나 매수한 지역의 재개발 사업이 생각보다 느리게 진행되었다. 지친 나는 조금 더 빨리 착공할 것 같은 또 다른 구역의 재개발·재건축 물건을 보러 다니기 시작했고, 그동안 모은 돈으로 또다시 다른 구역의 매물을 샀다. 이렇게 나의 재개발·재건축 투자 규모가 조금씩 커져갔다. (맨 처음 매수한 매물의 재개발 사업 진행이 빨랐다면 새 아파트에 제때 입주할 수 있었을 것이다. 그럼 거기에 만족하고 더 이상 투자하지 않았을지도 모를 일이다. 살다 보니 악재가 항상 나쁜 일만은 아니라는 생각이 든다.)

재개발에 대해 아무도 가르쳐주는 사람이 없어서 혼자 기본적인 세법 공부부터 계약법, 등기부등본 보는 법은 물론 증여세까지 공부했다. 그리고 방법을 스스로 찾아가면서 돈이 생길 때마다 한 채, 두 채 매수했다. 아무것도 모르고 용감하게 신축 빌라를 매수하던 처음과는 달리, 지금은 오랜 시간 축적해둔 데이터를 바탕으로 투자처를 신중하게 정한다. 사전에 입지 분석을 철저하게 하는 것은 물론이고, 미리 '안전 마진'까지 계산하여 수익을 확보한다. 그렇게 10년이 넘는 시간 동안 투자하며 사업 절차와 투자 포인트를 자연스레 터득하게 되었다. 나는 지금도 여전히 매주 발로 뛰며 임장을 다닌다. 어느새 난 재개발·재건축 투자자가 되어 있었다.

투자하지 않았다면
나는 지금 어떻게 살고 있을까?

'내가 그때 재개발·재건축 투자를 시작하지 않았다면 지금 어떻게 살고 있을까?' 얼마 전, 문득 이런 생각이 들어서 계산해 봤다. 그때 산 옆의 34평형 아파트를 2억 1천만 원에 매도를 하고 나왔는데, 그 후 실거래가가 3억 1천만 원까지 오른 것을 확인했다. 그동안 알뜰히 저축해서 현금 1억 5천만 원 정도를 갖고 있다고 생각하면, 내 총자산은 4억 6천만 원인 셈이다! 현재 나는 투자하지 않았을 때와 비교해 열 배가 넘는 자산을 소유하고 있다. 내 집 한 채 '갈아타기'조차 시도하지 않고 무작정 열심히만 산다면 자산이 불어날 리 없을 것이다.

"투자를 꼭 해야 하나요?"라고 묻는 분들이 있다. 투자는 위험하다고 생각하는 분들도 많을 것이다. 그러나 어떠한 투자도 하지 않는 삶이 오히려 더 위험하다. 종잣돈을 바탕으로 자산을 적절히 키우지 못하면 돈 때문에 계속해서 일해야 하는 삶이 펼쳐진다. 무슨 일을 하더라도 '돈 때문에'라는 말이 붙으면 비참할 수밖에 없다. 하지만 든든한 자산이 있으면 돈 때문이 아니라 자아 실현을 위해 직장을 다닐 수도 있다. 더 나아가 '파이어족'으로 살면서 하고 싶은 일에 매진할 수도 있다.

꼭 전업 투자자로 살아야 한다는 말은 아니다. 내가 돈을 모아 한 채, 두 채 집을 매수하며 자산의 규모를 키웠듯이 누구나 그렇게 할 수 있다는 뜻이다. 또한 청약을 노리면서 하염없이 내 집 마련을 미루고 있는 분들에게 재개발·재건축 투자도 한번 고려해보라고 말씀드리고 싶다. 청약 점수를 지키면서도 내 집 마련을 '똑소리' 나게 할 수 있는 비법이 있다. 내 집 한 채 마련하고 30년 동안 원리금을 상환할 생각만 하는 분들에게도 재개발·재건축은 좋은 기회다. 소위 말하는 '상급지'의 대장이 될 새 아파트를 미리 매수하는 셈이기 때문이다.

"지금 사는 곳도 괜찮은데 왜 상급지로 가야 하나요?" 이렇게 말하는 분들도 있다. 그러나 더 살기 좋은 지역, 상품 가치가 높아서 상승장에서 가격이 더 많이 오를 상급지로 가는 것을 마다할 이유가 없다. 삶의 질 향상과 자산 축적을 위해 꼭 필요한 일이기 때문이다. 내 전 재산인 집 한 채가 3억에서 5억, 10억이 되면 출근길 발걸음이 얼마나 가볍겠는가.

충분한 자산은 나에게 자신감과 기회를 준다. 자녀가 대학원을 가고 싶다는데 "대학원은 무슨 대학원이야? 돈이 얼만데!"라고 말하고 싶은 부모는 아무도 없을 것이다. 자산이 있으면 "그래, 똑똑한 우리 아들, 딸 공부 더 해야지" 하고 자신 있게 말해주는 부모가 될 수 있다.

헌 집이 새 집 되는 재개발의 기적,
진와이스와 함께라면 가능하다

재개발·재건축 투자는 '오래 걸린다'는 편견이 있다. 아니다. 투자를 한번 하고 나면 그 이후 내가 아무런 수고를 하지 않아도 자산이 알아서 꾸준히 불어날 것이다. 새 아파트를 사서 10년이 지나면 '10년 늙은' 아파트가 되지만, 낡은 빌라를 사서 10년을 갖고 있으면 새 아파트로 거듭난다. 이것이 재개발·재건축의 '미라클'이다.

재개발·재건축 투자 공부는 '어렵다'는 선입견도 있다. 틀렸다. 운전면허시험보다 쉽다. 혼자 공부하면 쉽지 않겠지만, 진와이스와 함께라면 다르다. 나는 아무것도 모르고 재개발에 뛰어들었던 초보 시절을 지금도 기억하고 있다. 막막하고 간절했던 그때를 말이다. 초등학교가 가깝고, 지하철역도 근처에 있고, 걸어서 백화점을 갈 수 있는 그런 입지 좋은 곳의 새 아파트에 아이를 살게 하고 싶었다. 그 간절함이 나를 움직이게 했고, 내 자산을 이만큼 키웠다.

평범한 주부였던 진와이스가 했다면 여러분도 할 수 있다.
함께 간다면 더 오래, 더 멀리 갈 수 있다.
지금부터, 나 진와이스가 여러분을 도울 것이다.

1부

새로운 일을 시도했던 순간을 떠올려보자.
자전거를 처음 탈 때, 낯선 영어 단어를 처음 배울 때,
운전면허를 따고 도로 주행을 할 때…
세상에 쉬운 일은 없다.

재개발·재건축의 세계에 온 당신을 환영합니다

그러나 해내고 나면 다른 세상이 펼쳐진다.

재개발·재건축 투자도 마찬가지다.

재개발·재건축 투자의 세계로 온 당신을 환영한다.

• 일러두기

이 책의 세법, 부동산 정책, 시세 등은 2023년 1월 기준으로 작성되었다.

01

거대한 변화를 만드는 재개발·재건축의 매력

뽕나무밭이 푸른 바다가 된다는 뜻의 '상전벽해'라는 말이 있다. 밭이 바다가 되는 수준의 엄청난 변화를 본 적이 있는가? 재개발·재건축이 그렇다. 이 말에 딱 맞는 거대한 변화를 불러온다. 낡은 아파트 단지나 빌라 밀집 지역이 신축 아파트 단지로 바뀌면 어떻게 될지 상상해보자. 대규모 재개발 사업의 경우, 마을 하나가 천지개벽하기도 한다. 본격적으로 공부하기 전에 먼저 재개발·재건축이 불러오는 거대한 변화를 알려주고 싶다.

이런 집을
돈 주고 산다고?

지금도 처음 재개발·재건축 매물을 보러 임장을 갔던 그날을 잊을 수가 없다. 차 한 대가 겨우 지나가는 좁은 골목을 지나, 머리가 닿을 듯 말 듯 낮은 천장의 주택에 들어섰다. 집은 어둡고 허름했다. '누가 여기 전세를 들어올까' 하는 걱정부터 들었다. 그다음 보러 간 재건축 아파트도 별반 다르지 않았다. 재건축이 결정된 아파트는 페인트칠 등 보수를 제대로 하지 않아 음산하기까지 했다. 어느 집 천장은 세월의 흔적을 그대로 드러내듯 누수 자국이 선명했다.

'여기에 정말 새 아파트가 들어선다고? 진짜?'

믿을 수가 없었다. 덜컥 겁도 났다. 하지만 재개발·재건축은 정부의 허가를 받고 진행되는 사업이라던데, 믿을 만하지 않을까? 게다가 당시 무주택 가점이 '0점'이라 청약 당첨의 가능성이 없었던 나에게 재개발·재건축은 새 아파트를 얻을 수 있는 유일한 선택지라는 생각이 들었다.

'그래, 부동산은 실물 자산이잖아. 그리고 최소한 전셋값보다 집값이 떨어지는 일은 없겠지, 뭐.'

이런 마음으로 '완전 초보' 진와이스는 이제 막 조합이 설립된 구역의 재개발 주택을 매수하게 된다. 그때 매수한 주택은 지금도 나의 든든한 자산으로 남아 있다. 참고로 재개발 절차에 대해서는 이 책을 통해 확실히 파악하게 될 테니, 지금 잘 모른다고 너무 걱정하지 않아도 된다.

재개발·재건축은 세상을 바꾼다

첫 재개발 주택 매수 이후로 계속해서 재개발·재건축 투자를 해오면서 엄청난 변화를 내 눈으로 똑똑히 확인할 수 있었다.

부산 동래구 온천동의 동래래미안아이파크에 임장을 갔을 때, 나는 내 눈을 의심했다. 동래구에서도 온천동은 소위 말하는 '1등 입지'라고는 할 수 없었다. 그런데 여기 웅장한 4천여 세대 아파트가 들어서니 분위기가 완전히 달라졌다. 심지어 초등학교까지 품고 있는 '초품아' 아파트가 되었다. 바로 인근에서는 온천4구역이 터 파기 공사를 시작하고 있었다. 그곳도 나중에는 래미안 브랜드의 4천여 세대 아파트로 거듭날 것이다. 새로 도로가 생기는 등 사업지 인근이 깨끗하게 정비되는 것은 물론이다.

왜 재개발을 하면 해당 아파트뿐만이 아니라 그 주변까지 새롭게 변화하는 걸까? 재개발 구역 내의 구불구불하고 비좁은 도로 대부분은 시 혹은 국가 소유다. 이런 땅들은 재개발 구역 단

터 파기 공사를 시작한 온천4구역(사진1)과
인근 온천2구역의 신축 아파트인 부산동래래미안아이파크(사진2·3)

지를 설계할 때, 외부와 접하는 도로에 산입하여 더 넓은 도로로 만들어질 수 있다. 때로는 기부채납 등을 통해서 사업지 외곽 도로가 넓어지기도 한다. 그리하여 2차선 도로가 4차선 도로로 대폭 넓어지는 마법이 일어난다.

도로 정비와 더불어 초등학교, 주민센터 같은 공공기관이 들어서기도 하고, 단지 내 신축 상가가 멋스럽게 들어서는 것은 물론, 주변 노후 상가들도 새 옷을 갈아입는 리노베이션으로 분주해진다. 아예 새 아파트 입주장•에 맞춰서 낡은 상가를 부수고 새로운 건물을 올리는 경우도 있다.

이곳에 이주하는 4천여 세대의 주민들, 3인 가구로 계산하면 1만 명 넘는 사람들이 새 아파트에서 새로운 삶을 시작하게 된다. 그런데 심지어 재개발 구역이 3~4개 연접하여 개발되면 어떤 변화가 펼쳐질까? 그야말로 '미니 신도시'가 도심 한가운데에 탄생하는 것이다. 사진을 통해 직접 확인해보자. 엄청난 변화가 느껴지지 않는가. 이것이 바로 재개발·재건축의 매력이다.

• 입주장은 신축 아파트 공사가 끝나서 입주하기 전까지의 기간을 말한다.

당신도 새 아파트를 살 수 있다

누구나 새 아파트를 원한다. 구조도 좋고 수영장, 헬스장 같은 커뮤니티 시설도 차원이 다르다. 단지 한가운데 아이들이 마음껏 물놀이를 할 수 있는 공간도 있다. '헌 집'을 저렴한 가격으로 일찌감치 사두면 나중에 이런 '새 아파트'를 얻을 수 있다.

부동산 투자에서 기억해야 할 점이 있다. 서울·수도권이나 지방 광역시의 주요 입지는 이제 택지를 개발할 빈 땅이 마땅치 않다는 점이다. 수도권에 3기 신도시를 만들 예정이라고 하나, 1·2기 신도시에 비하면 입지가 그리 뛰어나지 않다는 점은 모두 알고 있을 것이다. 이제 노후 주택 밀집 지역을 재개발하거나 오래된 아파트를 재건축하는 방법밖에는 없다.

앞서 내가 든 재개발 사례들은 일부에 지나지 않는다. 15년 전에도, 5년 전에도, 그리고 지금도 재개발이 진행되는 곳은 존재한다. '여기는 왜 이렇게 집이 낡았어?' 하며 무심코 지나쳤던 곳이 나중에 4천여 세대 대단지 아파트로 변신할 수도 있다. 사실은 사업이 진행되는 과정에서 수십 번 플래카드가 걸리지만, 대부분의 사람들은 눈여겨보지 않는다. 그러다 터 파기를 시작하면 무언가 변화가 일어나고 있음을 서서히 인지한다. 대단지 아파트로 변모하고 난 뒤에야 '그때 샀어야 했는데' 하고 후회하는 사람들이 늘 생기게 마련이다.

뒤늦은 후회보다는 앞선 공부가 훨씬 바람직하다. 헌 집으로 새 집을 얻는 기적의 주인공이 되고 싶다면 지금부터 준비하는 것은 어떨까? 일단 공부해보고 투자는 그 뒤에 결정해도 늦지 않다.

'정말 재개발·재건축으로 놀라운 변화가 일어날까? 나 같은 사람도 투자할 수 있을까?'

지금 당신의 머릿속에 떠오른 이러한 질문 한 줄을 날려버리지 말고 붙들어두자. 분명 당신은 할 수 있다.

02

당신이 재개발 투자를 해야 하는 4가지 이유

어떤 일을 시작할 때, 설레기만 하는 것은 아니다. 내가 정말 그 일을 시작해도 되는지에 대해 수십 가지 걱정이 함께 닥쳐온다. 심지어 한 번에 큰돈이 드는 부동산 투자는 말할 것도 없다. 투자의 매력을 알게 되었어도 선뜻 시작하기 힘들다. 특히나 재개발·재건축 투자는 '돈이 많이 든다', '오래 걸린다', '어렵다' 하는 식의 부정적인 이야기가 많이 떠돌아 주저하게 만든다. 그런데 정말 그럴까?

재개발·재건축 투자의 놀라운 장점 4가지

무슨 일이든 잘 모르면 두려움부터 앞선다. 그러나 알고 나면 두려움은 순식간에 자신감으로 바뀐다. 이번 장을 통해 재개발·재건축에 대한 오해를 풀고, 장점을 제대로 알아보자.

첫째, 작은 돈으로도 시작할 수 있다

'재건축' 하면 떠오르는 상징적인 곳, 바로 강남 은마아파트다. 이곳의 매매가는 34평형 21~22억 선이다(2023년 1월 실거래가 기준). 40년 된 아파트를 22억 원이나 줘야 살 수 있다니, 입이 떡 벌어질 수밖에 없다. 반포 아크로리버파크의 가격도 34평형이 40억 원쯤 한다. 그러나 이는 어디까지나 대한민국 최고 입지, '서울 강남'의 재건축 아파트라는 점을 명심해야 한다. 우리가 아파트 투자를 할 때 늘 서울 강남을 기준으로 삼는 것은 아니지 않은가? 중랑구에도, 강서구에도 아파트는 있다. 마찬가지로 경기도에도, 인천광역시에도, 광주광역시에도, 경상남도 창원에도 아파트는 있다. 재개발·재건축도 마찬가지다.

한마디로 내 투자금에 맞는 지역을 찾으면 작은 돈으로도 재개발·재건축 투자를 시작할 수 있다는 말이다. 앞서 말한 은마아파트를 비롯하여 서울에서도 최고의 재개발 구역으로 손꼽히는 한남뉴타운과 성수전략정비구역에 있는 재개발 물건은 여전히 비싸다. 그런데 경기도로 가면 몇 년 후 새 아파트로 거듭날 광명시의 재개발·재건축 물건을 34평형 기준 총 매매가 10억 원 정도에 살 수 있다. 지방 광역시의 가장 좋은 재개발·재건축 물건은 8~9억 원에 가능하다. 지방 대표 소도시로 꼽히는 청주는 34평형 기준 4억 정도에 매수할 수 있다. 총 매매가가 그렇다는 것이고, 초기에 드는 투자금은 더욱 적다. 심지어 구역 지정도 되지 않은 곳, 재개발·재건축이 아직 시작도 되지 않은 지역의 물건은 실투자금 1~2천만 원에도 매수할 수 있다. 저렴한 만큼 사업이 잘 진행되었을 때 수익은 극대화된다(물론 초기 단계일수록 리스크가 높다는 점은 알아두어야 한다).

둘째, 2~3년 안에도 수익을 낼 수 있다

'너무 오래 기다려야 한다!' 재개발·재건축 투자에는 항상 이 말이 따라붙는다. 그런데 부동산 투자의 기본이라는 아파트 갭투자•도 보통 4년은 걸린다. 2년 전세 기간이 끝난 뒤에 세입자가 '계약갱신청구권'••을 행사하면 집주인은 별다른 사유가 없는

• 매매가와 전세가의 차이(Gap)를 이용하여 전세를 안고 매수한 뒤 시세차익을 내는 투자.

•• 주택에 대한 기존 임차 계약은 2년 단위로 진행되었는데, 세입자가 요구할 경우 특별한 사정이 없는 한 집주인이 전세 계약을 2년 더 연장해주어야 한다는 내용의 세입자 보호 제도. 이때 전세 보증금은 최대 5% 범위에서 증감이 가능하며, 집주인 본인이나 직계가족이 실거주할 때는 세입자의 요구를 받아들이지 않을 수 있다.

한 연장해주어야 하기 때문이다. 게다가 매도 시기를 놓치면 또 다시 전세를 놓아야 하므로 내 투자금이 오랜 시간 묶일 수도 있는 리스크가 있다.

그런데 정말 재개발·재건축은 오래 걸릴까? 뒤에서 더욱 자세히 다루겠지만, 재개발·재건축은 여러 절차에 따라 진행된다. 절차가 한 단계씩 진행될 때마다 새 아파트에 가까워지는데, 조합이 설립되고, 사람들이 이사를 가고, 집을 철거하고, 새 집을 짓는 데까지 보통 10년 정도 걸린다. 10년이라니 너무 긴 시간 아니냐고? 맞다. 그러나 재개발·재건축 물건을 매수하고 나서 반드시 아파트가 다 지어질 때까지 기다릴 필요는 없다. 중간에 수익이 나면 적절한 단계에 매도하면 된다. 물론 세입자와의 전세 계약 기간을 고려해야 하니 매도까지 4년이 걸릴 수는 있지만, 앞서 말한 아파트 투자와 총 투자 기간 면에서 큰 차이가 없다. 심지어 절차가 꽤 진행되어 재개발·재건축 구역에 살던 모든 사람이 이주하는 단계에 이르면 세입자는 전세 기간이 남아 있어도 반드시 이사를 가야 한다. 투자자가 전세 놓는 기간이 짧아질 수 있다는 의미다.

재개발·재건축 투자 기간은 아파트 갭 투자와 같거나, 오히려 더 짧을 수도 있다는 점을 기억하자. 게다가 기축 아파트는 매수한 뒤 4년이 지나면 4년 더 낡은 아파트가 되지만, 재개발·재건축 물건은 매수하고 시간이 지날수록 신축에 가까워진다. '새것이 될 물건을 미리 산다'는 것이 재개발·재건축 투자의 진짜 매력이다. 재개발·재건축 구역 오래된 빌라의 평당 가격이 인근의 준신축 아파트보다 높게 형성되기도 하는 이유가 여기에 있다. 낡은 빌라 가격에 나중에 새 아파트가 될 가치가 이미 반영되어 있기 때문이다.

셋째, '안전 투자'를 할 수 있다

재개발·재건축 투자는 덮어놓고 '위험하다'고 생각하는 사람들이 있다. 여기서 '위험하다'는 의미는 사업 진행이 늦거나 아예 무산되는 상황을 뜻한다. 새 아파트가 될 것을 기대하고 재개발 구역 물건을 매수했는데, 사업이 제대로 진행되지 않고 지지부진하면 내 투자금이 오래 묶이게 된다. 심지어 사업이 아예 무산되면 더욱 큰일이다. 이렇듯 재개발·재건축 투자라고 해서 리스크가 없는 것은 아니다. 그렇다고 너무 두려워할 필요는 없다. 사업이 전면 무산될 만큼 큰 문제는 사전에 점검할 수 있기 때문이다. 어떤 부분을 체크해야 하는지에 대해서는 이 책 3부에서 더욱 자세히 설명하겠다.

또한 재개발·재건축의 진행 절차에서 안전한 단계의 물건을 매수하면 리스크를 상당히 줄일 수 있다. 재개발·재건축 단계 중 하나인 사업시행인가에 이르면 전체 사업 중 50% 정도가 진행되었다고 보면 된다. 이는 지방자치단체에서 건축 허가를 받은 단계로, 아파트 단지의 규모, 평형별 분양 세대수, 조합원 세대수, 임대 세대수까지 사업의 윤곽이 선명하게 드러나게 된다. 사업시행인가 단계의 물건을 매수하면 사업이 무산되는 일은 0.1%라고 보면 된다. 그다음 단계인 관리처분인가에 이르면 더욱 안전한 투자가 된다. 물론 사업 후기에 진입할수록 입장료, 즉 투자금은 올라간다. 반대로 비교적 사업이 불확실한 초기 단계일수록 재개발·재건축이 진행됨에 따라 수익은 극대화된다. 어떤 타이밍에 입장할 것인가는 투자자의 결정에 달려 있다.

중요한 것은, 투자를 공부해야 한다는 사실이다. 열심히 익히고 배우면 절대 불안하지 않다.

넷째, 운전면허시험보다 익히기 쉬운 투자다

이 모든 장점에도 불구하고 재개발·재건축 투자를 망설이게 하는 아주 큰 허들이 떡 버티고 있다. 바로 재개발·재건축 투자가 어렵다는 선입견이다. 조합설립인가·사업시행인가·관리처분인가 같은 생전 듣도 보도 못한 단어들을 접하자마자 엄청난 거부감이 밀려온다. '재개발·재건축은 부동산 투자 고수나 도전하는 종목이 아닐까?' 이런 생각이 절로 들게 마련이다. 실제로 부동산 투자를 꽤 했어도 재개발·재건축 투자는 아예 접근하지 않는 분들이 많다.

정말 아무나 못 하는 투자인 걸까? 막연히 재개발 투자를 두려워하는 분들에게 나, 진와이스도 해냈다고 용기를 드리고 싶다. 나는 그저 내 가족과 함께 거주할 새 아파트 한 채를 갖고 싶어서 재개발의 세계에 뛰어든, 지극히 평범한 사람이었다. 재개발 구역의 빌라 한 채를 매수하고, 그때부터 하나씩 알아가면서 투자자로 성장해나갔다.

재개발·재건축 투자의 각 과정마다 일어나는 일들을 전부 다 알아야만 투자할 수 있는 것은 절대로 아니다. 물론 10여 개의 용어와 절차를 숙지해야 하지만, 단언컨대 운전면허시험 예상문제를 푸는 것보다 어렵지 않다. 바꿔 말하면 10여 개의 용어와 절차를 숙지하면 재개발·재건축 투자에 뛰어들 수 있고, 이를 통해 자산을 불릴 수 있다는 말이다.

어떤가? 재개발·재건축 투자가 위험하다고 생각했던 편견에 조금이라도 변화가 생겼는가? 누구나 '알지 못하는' 상태에서는 덜컥 두려움부터 갖게 된다. 그러나 제대로 공부하고 하나하나 따져보면 두려움이 기회로 바뀔 수 있다. 기회는 공부하는 자의 것이다.

03

진와이스가 했다면 당신도 할 수 있다

나는 '기회는 공부하는 자의 것'이라는 진리를 운 좋게도 일찌감치 깨달았다. 처음에 밝혔지만, 내가 최초로 매수한 집은 입지 조건이 안 좋은 소규모 아파트였다. 다른 곳의 집값이 다 오를 때 내 집값은 제자리걸음이었다. 심지어 이제 무주택자가 아니니, 청약 당첨의 기회마저 멀어졌다.

'이제 새 아파트 갖기는 틀렸구나!'

이렇듯 지금 내 상황을 비관적으로 보기만 했다면 내 인생은 조금도 달라지지 않았을 것이다. 나는 부정적인 생각을 곧바로 떨쳐냈다. 내 아이를 조금 더 좋은 환경에서 키우고 싶다는 바람은 나를 부동산 공부로 이끌었다. 그 공부는 어떤 변화를 만들었을까? 평범한 엄마의 첫 투자 이야기를 해보려고 한다.

나는 헌 집으로 새 집을 산다

부동산 시세를 결정하는 중요한 요소 중 하나가 입지다. 부동산에서 입지를 볼 때는 '실거주자의 마음'과 '엄마의 마음'으로 보면 된다. 먼저 직장과 가깝고 교통이 편리하여 출퇴근이 수월해야 한다. 또한 우리 아이를 안전하게 키울 수 있고, 학교가 가깝고, 학군이 좋고, 실력 있는 학원가를 갖춘 곳을 싫어하는 학부모는 없다. 대형 마트, 백화점이 가까이 있으면 금상첨화이다.

내가 처음 매수한 집은 이러한 입지 조건과 거리가 멀었다. 나는 현재 상황을 바꾸기로 마음먹은 뒤 서점으로 달려갔다. 내가 첫 집을 잘못 샀으니 지금부터라도 부동산 투자를 공부해야겠다고 마음먹고 관련 책을 수십 권 읽었다. 그중 재개발·재건축에 관한 책이 눈에 들어왔는데, 수많은 책들이 말하는 재개발 투자의 기본 원리는 단순했다.

첫째, 재개발·재건축 구역에 집을 한 채 사면 나는 무조건 새 아파트를 받는다. 청약 점수가 아무리 낮아도, 무주택 가점이 '0점'이어도 재개발·재건축 구역에 헌 집을 사는 순간, 나는 이미 새 아파트에 당첨된 것이나 다름없다.

둘째, 이렇게 재개발·재건축 구역에 집을 사면 '조합원' 자격이 주어지는데, 조합원은 청약을 통한 일반분양가보다 훨씬 저렴한 가격에 아파트를 받는다. 물론 내가 산 헌 집의 가격과 조합원분양가의 차액만큼은 준비해야 한다. 하지만 일반분양보다 더 저렴한 가격으로 새 아파트를 얻을 수 있는데 무엇이 문제겠는가!

나는 이 두 가지만 보고 재개발 투자를 진행했다. 아파트 투자도 안 해본 새댁이 재개발 투자를 시작한 것이다. 그때의 나는 용감했고 간절했다. 엄마이기 때문에 가능했을지도 모른다.

한 가지 짚고 넘어갈 부분이 있다. 실제로 재개발 구역에 살아야만 새 아파트를 받을 수 있다고 생각하는 사람들이 있는데, 절대 그렇지 않다. 내가 살 집과 재개발·재건축 투자는 완전히 분리해서 생각해도 된다. 초보 투자자 시절 진와이스도 이 점을 알고 있었기에 용감하게 투자에 뛰어들 수 있었다.

간절하면
돌파구가 보인다

그때 나는 수익률을 계산할 줄도, 부동산 입지를 제대로 분석할 줄도 몰랐다. 지금처럼 블로그나 강의로 정보를 쉽게 얻을 수 있는 시절도 아니었으니, 아무것도 모르는 초보가 할 수 있는 것은 '임장'뿐이었다. 현장을 둘러보고 거기 새 아파트가 들어오면 어떻게 될지 머릿속에 그림을 그렸다. 그리고 수십 군데 부동산 중개사무소를 찾았다.

"소장님, 여기에 아파트가 들어서면 초등학교는 어디 배정돼요? 중학교는요? 이 빌라 사면 몇 년 뒤에 새 아파트가 될까요?"

6년 뒤면 새 아파트가 될 것이라는 중개사의 말을 철석같이 믿었다. 그렇게 수십 채의 헌 집을 둘러본 뒤 최근 조합이 설립된 지역의 새 빌라 4층 매물을 매수했다. 사실, 투자 왕초보 시절에도 재개발 투자를 할 때 '되도록 1층 매물을 사야 한다'는 사실은 알고 있었다. '누수' 때문이다. 1층에 누수가 발생하면 2층 집주인이, 2층에 누수가 발생하면 3층 집주인이 해결해주어야 한다. 이때 돈이 많이 드는 것은 물론이다. 그런데도 나는 4층을 샀다. 막상 눈으로 보니, 볕도 들지 않는 1층 집을 사기가 꺼려졌기 때문이다. (나중에 그 문제로 골머리를 앓기도 했다. 지금은 절대로 그런 선택을 하지 않는다.)

당시 나는 신축 빌라 4층 매물을 1억 1천만 원에 매수했다. 전세를 6천에 맞추었으니 5천만 원의 투자금이 든 셈이다. 그렇게 생애 첫 재개발 투자가 시작되었다.

5천만 원을 10억 원으로 만든 재개발 투자의 기적

첫 집을 매수하고 2년이 지나, 다시 전세 계약을 할 때가 되었다. 그 시점에 조합설립 다음 절차인 '사업시행인가'가 나면서 시세가 껑충 뛰었다. 그때 6천만 원에 전세를 살던 신혼부부는 이사를 나가면서 나에게 물었다.

"이 빌라, 지금 얼마예요?"

"1억 8천만 원 정도 해요."

새신랑의 얼굴은 흙빛이 되었다. '그때 전세 살지 말고 이 집을 샀더라면' 하는 기색이 역력했다.

물론 6년 안에 그 집이 새 아파트가 되지는 못했다. 재개발은 여러 단계의 절차를 거쳐야 하고, 새 아파트가 되기까지는 시간이 걸리게 마련이다. 나는 조합설립 단계의 매물을 샀으니 애초부터 10년은 걸릴 만한 사업이었다. 나중에 이야기하겠지만, 입지가 좋을수록 이해관계가 복잡하여 사업 진행이 더디다. 그러나 결과적으로 10여 년이 지난 지금, 이 매물의 현재 시세는 프리미엄만 6억 5천, 총 매매가격은 10억 정도 한다. 나는 34평형 아파트를 신청했고, 조합원 혜택을 받아 로얄 동, 로얄 층, 로얄 라인으로 배정받았다. 이 매물이 대단지 아파트로 거듭난 이후의 예상 시세를 계산해보면 최소 13억 원은 넘는다.

나는 첫 투자를 시작한 뒤로, 종잣돈을 모아 두 번째 투자까지 진행했다. 생각보다 처음 산 매물의 재개발 사업이 속도가 나지 않아서 '그럼 사업 속도가 빠른 구역의 매물을 하나 더 매수해볼까' 하고 밀어붙인 투자였다. 이번에는 30년 된 낡은 빌라를 9,500만 원에 매수했고, 전세가격을 5,500만 원에 세팅했다. 내 돈 4천만 원이 들어간 이 투자 역시 대성공이었다. 해당 구역 역시 34평형을 배정받았으며 현 시세는 약 9억 원에 이른다.

최근 전국적으로 분양 시장이 좋지 않아 미분양 사태를 겪는 곳이 많은데, 이러한 상황에서도 이 아파트의 일반분양 청약 경쟁률은 34평 A타입 기준 58.37 대 1을 기록했다. 누구나 살고 싶은 지역의 3천여 세대 대단지 아파트, 1군 건설사가 시공하는 곳이기에 가능한 일이다. 결국 모두가 인정하는 '뛰어난 입지의 좋은 물건'에는 금리, 시장 상황 등과 상관없이 꾸준히 사람들의 수요가 몰린다는 점이 여실히 증명되었다.

대출을 일으키지 않고 새 아파트를 사는 비밀

왕초보 진와이스의 첫 투자는 완벽하지 않았다. 신축 빌라 4층 매물을 사서 누수 문제로 고생하기도 했고, 실제로 사업이 진행되는 데 어느 정도의 시간이 얼마나 걸리는지도 미리 파악하지 못했다. 그래도 나는 포기하지 않고 내가 할 수 있는 것을 찾아서 실행했던 그때의 나를 칭찬해주고 싶다.

또 하나, 내가 무리하게 대출을 받지 않았던 것도 결과적으로 바람직했다. 열심히 종잣돈 5천만 원을 모아 첫 투자를 했고, 또다시 열심히 4천만 원을 모아서 두 번째 투자를 했다. 대출 없이 집을 샀으니 이자를 갚느라 허덕일 필요가 없었다. 지금처럼 금리가 높은 시기에 더욱 재개발 투자에 관심을 기울여야 하는 이유다.

"아파트 가격이 뚝뚝 떨어지는 시기에 어떻게 재개발에 투자를 해요?"

이렇게 묻는 분도 있을 것이다. 최소 몇천만 원이 들어가는 부동산 투자 결정이 쉬울 리 없다. 하지만 하락이 있으면 언젠가는 상승이 오게 마련이다. 지금 아무것도 하지 않고 손 놓는다면, 부동산 상승기가 닥쳤을 때 과연 무엇을 할 수 있을까? 또다시 두려움과 후회에 갇히고 말 것이다.

거듭 말하지만, 나는 지금 당장 재개발 투자를 하라고 이야기하는 것이 아니다. 초보 진와이스 또한 계절이 세 번 바뀔 동안 수십 번 집을 보러 가면서 전전긍긍했다. 그 과정을 다 겪어본 사람으로서 이렇게 이야기하고 싶다.

"테니스 운동을 익히려고 해도 매주 서너 번씩 꾸준히 1년은 연습해야 한다지요. 이건 내 전 재산을 건 부동산 공부입니다. 내가 미래에 살 집을 매수하는 투자예요. 두려워하지 말고 치열하게 공부해보세요. 그러면 부동산 상승기에도 하락기에도 당당하게 임할 수 있습니다. 진와이스가 도와드리겠습니다."

2부

재개발·재건축 투자는 부동산 투자의 한 분야다.
한마디로 재개발·재건축 투자를 잘하려면
부동산 투자의 기초부터 탄탄히 닦아야 한다는 말이다.
예를 들어, '입지'를 볼 줄 모르는 상태에서

돈 되는 재개발·재건축, 투자 기초를 다지고 시작하자

어느 재개발 구역이 유망한지 파악하기는 힘들 것이다.
그런 사람들을 위해 나 진와이스가
'한 챕터로 끝내는 부동산 투자의 기초'를 준비했다.

04

집값 오르는 지역 찾아내는 흐름 투자의 비밀

"요즘 집값이 많이 떨어졌는데, 이럴 때 집을 사야 하나요?" 이렇게 묻는 분들이 있다. 다들 매수를 꺼리는 시기가 오히려 투자의 적기라는 소리에 솔깃해진 것이다. 이런 이유로 재개발·재건축 투자를 급하게 시도하려는 분들에게 나는 섣부른 투자는 독이 될 수 있으며, '지금이야말로 차근차근 공부할 시기'라고 말한다. 자고 일어나면 집값이 오르는 시기가 아니므로 오히려 투자를 제대로 공부해볼 여유가 있다는 말이다.

부동산 투자를 지금부터 공부해야 하는 이유가 하나 더 있다. 기본적으로 모든 도시의 부동산 가격이 동시에 오르고 내리는 것은 아니다. 광주 집값이 오르는 시기에 대구 집값은 떨어지기도 하고, 부산 집값은 오르는데 서울·수도권의 집값이 떨어지기도 한다. 이런 흐름을 모르고 '집값이 떨어지고 있는 지역'에 투자하면 한동안은 힘든 시기를 보내야 할지도 모른다. 반대로 흐름을 알면 '대세 하락장'이라고 하는 시기에도 오를 만한 곳을 찾아낼 수 있다. 재개발·재건축 투자도 마찬가지다. 즉, 우리에게는 시장의 흐름을 읽어내는 안목이 필요하다. 이번 장에서 몇 가지 간단한 방법을 알아보자.

① 매매·전세가격지수

클릭 몇 번이면 내가 원하는 지역의 주택 가격이 어떤 흐름에 있는지 한눈에 알아볼 수 있다. 아실(asil.kr)에서 '매매가격지수'와 '전세가격지수'를 확인해보는 방법이다. 메인 화면 상단에 '가격 분석' 탭을 클릭하고 원하는 지역을 선택하면 된다.

광주 남구의 매매·전세가격지수를 살펴보면, 다른 도시들이 상승하던 2020년 하반기까지도 보합에 머물렀음을 확인할 수 있다. 그 뒤로 가파른 상승이 이어지다가 2022년 하반기에 들어서며 하락 그래프를 보이고 있다. 한편 엄청난 '공급 폭탄'으로 인해 집값이 떨어졌다는 대구, 그중에서도 달서구의 그래프를

광주 남구(위)와 대구 달서구(아래)의 매매·전세가격지수

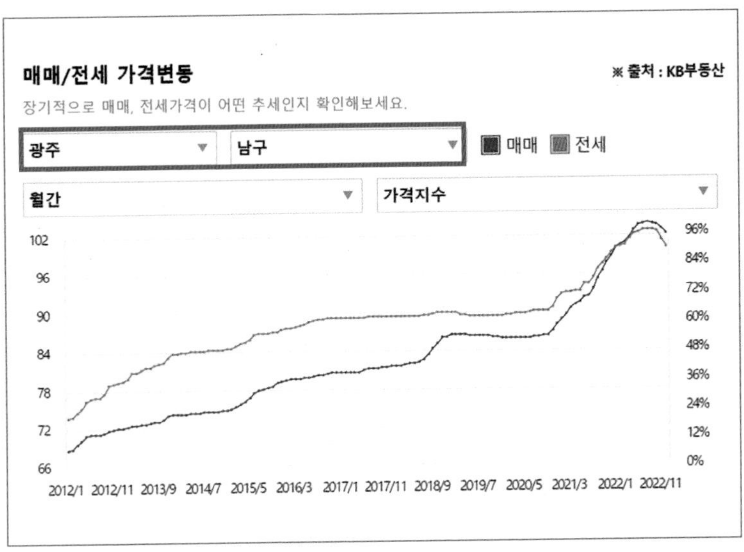

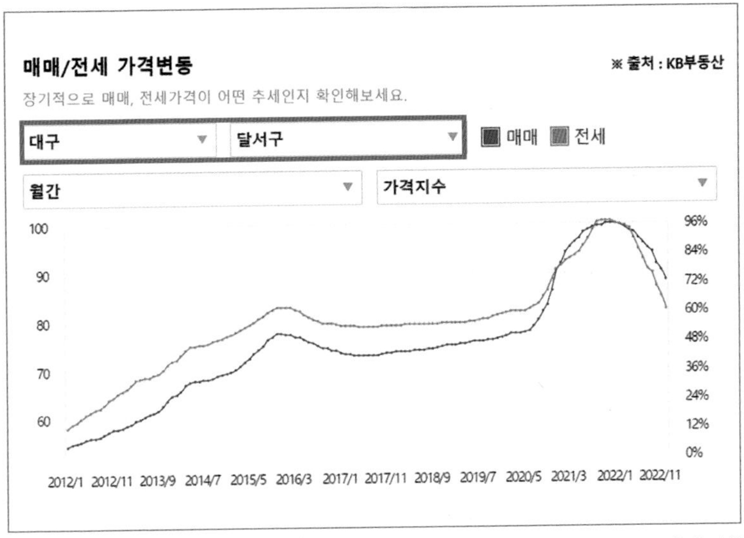

출처: 아실

한번 살펴보자. 광주 남구가 한창 상승 중인 2021년 하반기, 대구 달서구는 정점을 찍고 하락하기 시작했다. 이렇듯 간단한 확인만으로도 매매·전세가격의 변동을 한눈에 알아볼 수 있다.

② 적정 수요·공급 물량

'공급에는 장사 없다'라는 말이 있다. 가격을 가장 크게 좌지우지하는 요소는 수요와 공급이다. 시장에 아무리 좋은 상품을 출시해도 공급이 지나치게 많으면 가격은 내려갈 수밖에 없다. 부동산도 마찬가지다. 신축 아파트가 대거 입주하는 '공급 물량'이 많은 지역은 한동안 매매·전세가격이 흔들린다. 그러므로 부동산 투자를 하기 전에 반드시 공급 물량을 체크해야 한다. 공급 물량 역시 '아실'을 통해 쉽게 확인할 수 있다. 상단 메뉴의 '입주물량'을 체크하고 원하는 지역을 선택하면 된다.

앞서 살펴봤던 광주 남구의 수요·공급을 확인해보자. 이 지역의 적정 수요는 1년에 약 1천 채인데, 2021년에는 이보다 더 많은 아파트가 공급되었다. 그러나 2023년부터는 이 지역의 신축 아파트 공급이 부족하다는 사실을 알 수 있다. 참고로 해당 지역과 영향을 주고받는 인접 지역의 공급 물량도 체크해보는 것이 좋다. 또한 수요·공급만으로 집값이 결정되지는 않으므로 다른 지표를 참고하여 종합적으로 판단해야 한다.

광주 남구의 적정 수요와 공급 물량 확인하기

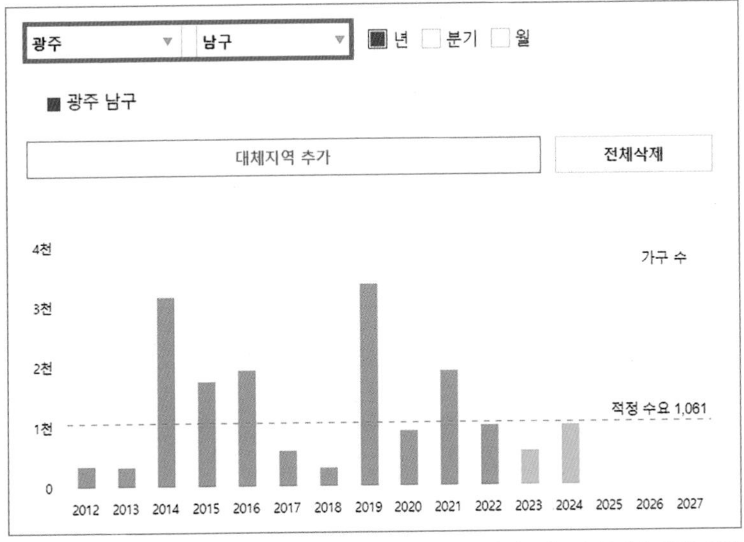

※ 빨간 막대는 2023년~2026년 사이 입주하는 아파트이다. (출처: 아실)

③ 미분양

투자의 흐름을 확인할 때는 해당 지역 아파트의 미분양이 얼마나 났는지도 체크해보아야 한다. 부동산지인(aptgin.com)에서 간단히 확인할 수 있는데, 메인 상단 메뉴의 '지인빅데이터'를 누르고 하단 메뉴 '미분양'을 클릭하면 된다. 새 아파트가 팔리지 않았다는 말은 그만큼 매수 심리가 얼어붙었다는 증거다. 만약 투자를 고려하고 있는 지역에서 미분양이 급격히 증가하고 있다면 신중히 판단해야 한다.

부동산지인으로 찾아본 미분양 추이 그래프(위)와 미분양 아파트 상세 정보(아래)

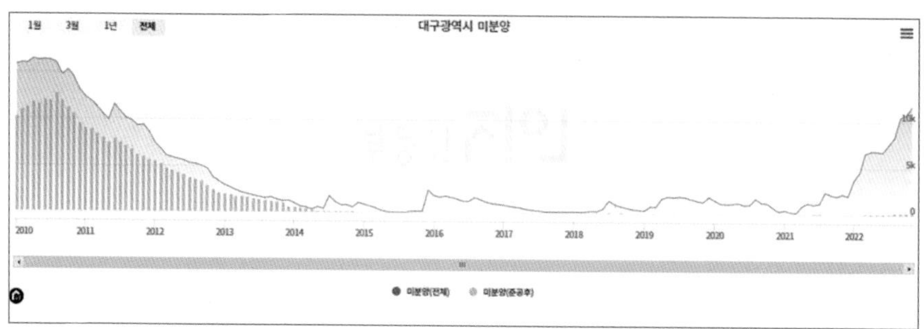

지역선택 대구광역시 시/군/구 기준년월 2022-10 검색

구분	단지명(총 세대수)	주소	입주시기	준공여부	건설사	주변입주	빅데이터 지도
민간	더샵달서센트엘로 (272)	대구 달서구 본동 888-2	2026-06	미준공	포스코건설		
민간	달서푸르지오시그니처 (1157)	대구 달서구 본리동 358-5	2026-03	미준공	(주)대우건설		
민간	힐스테이트대명센트럴2차 (1243)	대구 남구 대명동 228-3	2026-02	미준공	현대건설(주)1577-7755		
민간	범어자이 (451)	대구 수성구 범어동 48-26	2026-02	미준공	GS건설		
민간	달서롯데캐슬센트럴스카이 (529)	대구 달서구 본동 743	2025-12	미준공	롯데건설		
민간	영대병원역골드클래스센트럴 (831)	대구 남구 대명동 157-3	2025-11	미준공	보광종합건설(주)(062-233-3999)		
민간	더샵동성로센트리엘 (392)	대구 중구 공평동 58-1	2025-11	미준공	포스코건설053-759-3092		

④ 청약 경쟁률

사람들의 매수 심리를 가늠할 수 있는 가장 좋은 지표가 바로 '청약 경쟁률'이다. 높은 경쟁률로 아파트 청약이 '완판'되었다는 것은 매수 심리가 팔팔하게 살아 있다는 뜻이다. 그럼 청약 경쟁률이 현저히 낮거나 미분양이 났다면 위험 신호로 보아야 할까? 이때는 추가로 해당 아파트의 입지와 규모, 시공사 등 개별 요인

청약홈 메인 화면의 분양정보/경쟁률(위)을 누르면 해당 지역 아파트의 일반분양 경쟁률 확인할 수 있다(아래).

청약접수 경쟁률

힐스테이트 월산

청약접수 결과 입주자모집공고에 명시한 일반공급 가구수 및 예비입주자선정 가구 수에 미달 시 후순위 청약접수를 받습니다.

주택형	공급 세대수	순위		접수 건수	순위내 경쟁률 (미달 세대수)	청약결과	당첨가점			
							지역	최저	최고	평균
049.9088	5	1순위	해당지역	27	5.40	1순위 해당지역 마감(청약 접수 종료)	해당지역	24	36	29.75
			기타지역	0	-					
		2순위	해당지역	0	-		기타지역	0	0	0
			기타지역	0	-					
075.9250	24	1순위	해당지역	124	5.17	1순위 해당지역 마감(청약 접수 종료)	해당지역	34	56	41.44
			기타지역	0	-					
		2순위	해당지역	0	-		기타지역	0	0	0
			기타지역	0	-					
084.9303A	26	1순위	해당지역	154	5.92	1순위 해당지역 마감(청약 접수 종료)	해당지역	34	56	41.9
			기타지역	0	-					
		2순위	해당지역	0	-		기타지역	0	0	0
			기타지역	0	-					
084.9643B	27	1순위	해당지역	217	8.04	1순위 해당지역 마감(청약 접수 종료)	해당지역	30	54	41.33
			기타지역	0	-					
		2순위	해당지역	0	-		기타지역	0	0	0
			기타지역	0	-					
총합계	82			522						

거주지역에 따른 당첨자 선정 기준은 아래의 버튼을 눌러 확인하시기 바랍니다.

을 체크할 필요가 있다. 아무리 새 아파트라도 입지가 현저히 떨어지는 곳에 200세대 정도의 '나 홀로 아파트'를 원하는 사람은 많지 않다. 매수 심리가 살아 있는 시기에도 사람들이 선호하지 않는 아파트는 미분양이 나기도 한다.

참고로 청약 경쟁률은 청약홈(applyhome.co.kr)의 아파트 분양 정보/경쟁률 탭에서 손쉽게 확인할 수 있다.

돈이 흘러가는 길목에 서라

지금까지 시장의 흐름을 체크해보는 방법에 대해 알아보았다. 이처럼 간단한 확인만으로도 투자의 위험 요소를 제거할 수 있다. 매매·전세가격지수가 상승세로 돌아섰고, 공급 물량이 적정 수요 이하이고, 미분양이 없고, 청약 심리도 살아 있다면 투자를 적극적으로 고려해도 좋다. 투자자는 이런 시기에 진입해야 리스크를 줄일 수 있다. 혹여나 지금 당장 투자할 마음이 없더라도 관심 지역들을 꾸준히 체크해보아야 한다. 어느 지역으로 돈이 흘러가는지 미리 파악해볼 수 있기 때문이다.

'돈이 오는 길목에 서라!' 내가 하고 싶은 말이다. 돈을 벌기 위해서는 돈이 어디로 움직이는지 파악하고 투자처를 찾아내야 한다. 물론 흐름이 오기 직전에 미리 투자해놓고 기다린다면 더 큰돈을 벌 수도 있을 것이다. 그러나 초보 투자자는 시장의 흐름이 반등한 뒤에 진입해도 충분하다. 다시 한번 강조하지만, 투자 성공의 행운은 미리 투자를 성실하게 연구한 자만이 거머쥘 수 있다. 우리는 그 행운을 잡기 위해 지금 부동산 투자의 기초를 공부하는 것이다.

05

입지를 볼 수 있어야 재개발·재건축 투자에 성공한다

앞서 시장에 흐름이 왔다고 판단하면 투자를 고려해도 좋은 시기라고 강조했다. 이때 어떤 물건을 매수해야 좋을까? 가장 먼저 '입지'를 따져보아야 한다. 부동산에서 입지가 중요하다는 말을 많이 들어보았을 것이다. '부동산不動産'은 말 그대로 '움직일 수 없는 재산'이다. 어느 누구도 내 집 옆으로 서울 강남을 옮겨올 수는 없다. 이것이 바로 부동산에서 '입지'가 중요한 이유다. 이는 재개발·재건축 투자에서도 마찬가지다.

'대장 아파트'를 만드는 5가지 요소

'대장 아파트'라는 말을 한 번쯤 들어보았을 것이다. 그 도시(시, 구, 각 동)에서 가장 비싼 가격의 아파트를 말한다. 가격이 높은 이유는 단 하나다. 많은 사람들이 해당 아파트를 선호하기 때문이다. 그럼 어떤 아파트가 '대장 아파트'가 될까? 지금부터 대장 아파트를 만드는 5가지 요소에 대해 알아보자.

① 일자리

우리는 집을 구할 때 직장과의 거리를 우선적으로 고려한다. 출퇴근 시간을 줄이기 위해서다. 양질의 일자리가 많은 서울 강남의 집값이 높다는 것을 모르는 사람은 없을 것이다. 강남의 일자리 수요를 분산하고자 새롭게 설계된 도시가 '판교'인데, 이곳에 여러 기업이 입주하면서 판교 및 분당의 집값이 껑충 뛰었다. 이처럼 입지를 볼 때 해당 지역과 일자리와의 접근성(직주근접)을 잘 따져봐야 한다.

② 교통

서울·수도권에서는 제시간에 직장까지 데려다줄 수 있는 지하철이 최고의 교통수단으로 손꼽힌다. 그중 일자리가 많은 곳,

특히 서울 강남까지 빠르게 갈 수 있는 지하철 노선일수록 수요가 많고, 해당 역세권의 아파트가 가격이 높다. 대표적으로 2호선, 3호선, 9호선, 신분당선 등이 있다.

교통 호재를 중심으로 실거주할 아파트나 투자 지역을 선별할 때는, 이미 착공한 노선을 먼저 검토하는 편이 좋다. 부동산 가격이 가파르게 오르던 시기에는 GTX 호재에 힘입어 아직 착공조차 하지 않은 B와 C 노선을 중심으로 집값이 큰 폭으로 뛰기도 했다. 그러나 사업의 진척이 없는 상태에서 부동산 상승 흐름이 끊기면, 교통 호재로 인해 올랐던 부동산 가격이 쉽게 조정받을 수 있다.

③ 학군

서울·수도권은 일자리와 교통이 집값을 결정하는 1순위 요소인 반면, 지방으로 갈수록 학군이 1순위가 된다. 지방은 도시 규모가 상대적으로 작고 교통 체증이 적은 편이다. 대부분 자가용으로 30분 이내면 통근할 수 있기 때문에 꼭 일자리 인근에 집을 얻을 필요가 없다. 그러나 오랜 시간에 걸쳐 형성된 학군은 단기간에 바꾸기 힘들기 때문에 지방에서 좋은 학군 및 학원가 밀집 지역은 주거지 선호도 1위다.

각 도시마다 학군 수요에 따라 형성된 대장 아파트 단지가 있다. 대구 범어동, 대전 둔산동, 광주 봉선동, 울산 옥동을 대표적

GTX(Great Train eXpress) 노선도

GTX란 수도권 전역을 1시간 내에 연결할 수 있는 수도권광역급행철도를 말한다. A~D 노선의 건설이 추진되고 있으며, 이 중 A 노선만이 착공에 들어간 상태다.

인 예로 들 수 있다. 참고로 인구 30만 전후의 소도시의 경우, 택지 개발 등으로 아파트 단지가 크게 들어서면 학군도 새롭게 형성되는 편이다.

④ 상권

'슬세권'이라는 말이 있다. 슬리퍼만 신고 백화점, 영화관, 쇼핑몰, 병원 등을 이용할 수 있을 만큼 편리한 위치에 있다는 뜻이다. 각 도시마다 상권이 발달한 지역이 있다. 예를 들어, 충청북도 청주에서는 복대동 지웰시티 1·2차 아파트가 뛰어난 상권을 자랑한다(60쪽 참고). 학원이 밀집한 데다가 각종 병원도 많고, 여기에 백화점과 쇼핑몰까지 아파트 단지와 가깝다. 청주 지웰시티는 '슬세권' 입지의 장점과 좋은 학군, 준신축이라는 점까지 합쳐져 단연 청주의 대장 아파트로서 자리를 굳건히 지키고 있다.

⑤ 자연환경

아침에 일어나 커튼을 열면 반짝이는 호수나 강이 보이는 집은 어떨까? 위에서 언급한 모든 요소가 갖춰져 있는 데다가 근처에 호수나 강, 공원 등이 있어 자연을 누릴 수 있다면 금상첨화다. 같은 아파트 단지 내에서도 창밖의 전망에 따라 집값이 몇천, 크게는 몇억까지도 차이가 난다는 점을 기억해야 한다.

주요 광역시의 대표 학군지 학원가 모습

울산 옥동

광주 봉선동

대구 범어동

대전 둔산동

청주 지웰시티 입지 지도(위)와 상권 사진(아래)

지도만 보아도 '슬세권' 지웰시티의 모습이 한눈에 그려진다.

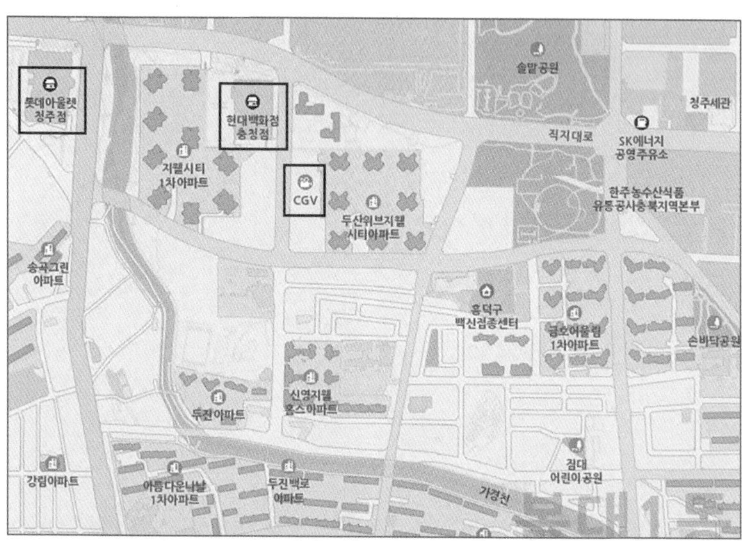

가격을 바탕으로 입지를 보는 법

지금까지 입지를 결정하는 5가지 요소(일자리·교통·학군·상권·자연환경)에 대해 살펴보았다. 해당 요소를 갖춘 입지 좋은 지역의 아파트 가격은 비쌀 수밖에 없다. 반대로 '가격이 비싼 곳은 입지가 좋다'라고 생각해도 무방하다. 이미 모든 요소가 가격에 반영되어 있기 때문이다.

입지가 좋은 곳을 찾을 때 가격은 편리한 지표가 된다. 이를 쉽게 파악할 수 있는 방법이 있다. 먼저 내가 살고 있는 도시에서 가장 비싼 아파트를 검색해보자. 그리고 '국민 평수'로 불리는 34평형을 기준으로 최고 비싼 아파트의 '평단가(평당 가격)'를 구하면 된다. 평단가에 70%를 곱하면 상위 30% 아파트의 평단가가 나온다. 예를 들어, 울산광역시에서는 남구 신정동 문수로2차아이파크가 가장 비싼 아파트다(2023년 1월 기준). 울산 내에서 학군이 좋은 지역으로, 옥동과 함께 가장 살기 좋은 지역으로 손꼽힌다. 이곳 34평형의 최근 실거래가가 9억 원대이니, 이를 기준으로 평단가를 구하면 약 2,600만 원이 나온다. 울산에서 상위 30%에 속하는 아파트를 찾으려면 2,600만 원의 70%, 즉 평단가 약 1,800만 원 이상의 아파트 리스트를 뽑아보면 된다. 비싼 아파트가 몰려 있는 곳이 입지가 좋은 곳이다.

울산광역시 상위 30% 아파트 목록(2023년 1월)

(평단가 단위: 만 원)

순위	구	단지명(총 세대수)	평형(세대수)	준공 연월	매매 평단가
1	남구	신정수필(120)	24평(120세대)	1980.02(42년 차)	3,203
2	남구	문수로2차아이파크 1단지(597)	44평(70세대)	2013.12(9년 차)	3,037
3	남구	문수로2차아이파크 2단지(488)	45평(50세대)	2013.12(9년 차)	2,893
4	남구	대공원한신휴플러스 (263)	34평(111세대)	2011.11(11년 차)	2,750
5	남구	한라한솔타운(186)	30평(80세대)	1998.06(24년 차)	2,670
6	남구	대공원롯데인벤스가 1단지(238)	56평(100세대)	2006.01(17년 차)	2,638
7	남구	대공원월드메르디앙 (359)	48평(155세대)	2008.06(14년 차)	2,524
8	남구	옥동롯데인벤스로얄 (299)	34평(187세대)	2006.11(16년 차)	2,391
9	남구	신정롯데킹덤(196)	67평(86세대)	2008.06(14년 차)	2,373
10	남구	한일(160)	25평(70세대)	1985.12(37년 차)	2,354
11	남구	울산힐스테이트 수암1단지(725)	44평(56세대)	2019.09(3년 차)	2,267
12	남구	옥동삼익(299)	30평(162세대)	1999.05(23년 차)	2,251

출처: 부동산 지인

울산광역시 평단가 상위 아파트 분포도

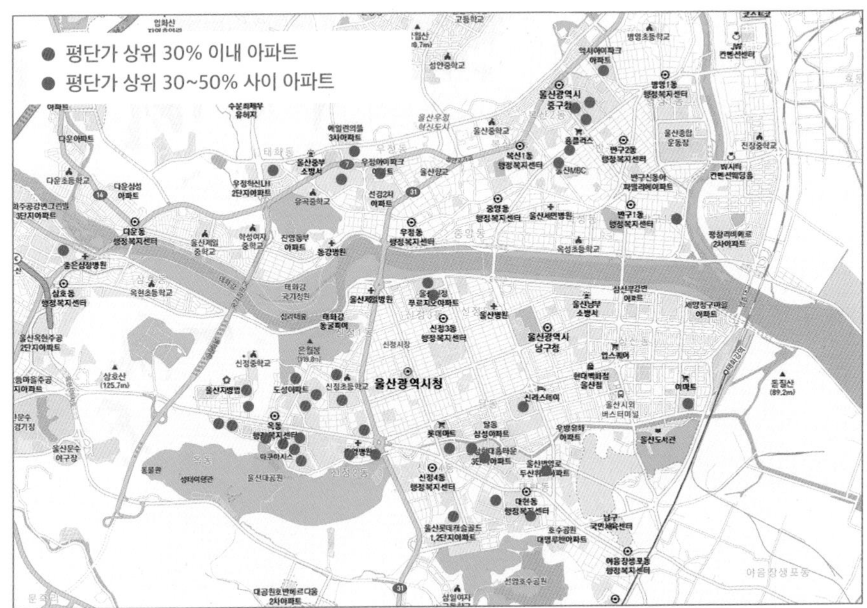

출처: 카카오맵(자료 부동산지인 참고)

재개발·재건축 구역의 입지 역시 가격을 기준으로 삼으면 된다. 한마디로 비싼 아파트가 위치한 지역에서 가까운 재개발·재건축 구역이 유망하다는 말이다. 재개발·재건축 구역을 처음 임장할 때는 '이 낡은 집이 이렇게 비싸다고?' 하는 의문이 들지도 모른다. 그럴 때는 해당 구역 근처에 상위 30%의 아파트가 분포해 있는지 살펴보자. 이런 동네에 새 아파트가 들어선다면 어떤 일이 일어날까? 재개발·재건축 지역이 1군 브랜드, 최신 트렌드의 커뮤니티 시설을 갖춘 몇천 세대의 아파트로 재탄생한다면 해당 지역의 '대장 아파트'로 거듭날 수도 있다.

이렇듯 입지를 제대로 분석하고 가격을 확인한 뒤에 재개발·재건축 투자에 뛰어든다면, 현재 구역의 모습만을 보고 매물의 가치를 판단하는 실수는 절대로 범하지 않을 것이다.

06

돈 되는 재개발 투자, 절대 어렵지 않다

이제 부동산 시장의 흐름과 입지를 파악하는 법을 익혔으니, 재개발·재건축에 대해 본격적으로 공부해볼 차례다. 혹시 두려운 마음이 먼저 드는가? 처음 배우는 투자가 막막하게 느껴질 때, 전체 절차를 간단히 숙지하고 있는 것만으로도 든든할 것이다. 초보 재개발·재건축 투자자의 내비게이션이 되었으면 하는 마음으로 이번 장을 준비했다.

재개발과 재건축, 무엇이 같고 무엇이 다른가?

모두 알다시피 나는 재개발·재건축 투자자다. 처음에 재개발 빌라 매물을 매수하며 투자를 시작했고, 이후 재건축 아파트를 매수하는 등 다양한 투자를 두루 경험했다.

그렇다면 '재건축'과 '재개발'의 차이는 정확히 무엇일까? 어떤 이들은 재개발을 오래된 빌라나 주택을 개발하는 사업으로, 재건축은 낡은 아파트를 새로 짓는 사업으로 이해한다. 이는 절반은 맞고 절반은 틀리다. 이번 기회에 이 둘의 의미를 정확히 짚어보자. 용어의 의미를 정확히 아는 데서 제대로 된 공부가 시작된다.

주택 재개발 사업

정비기반시설이 열악하고 노후·불량건축물이 밀집한 지역에서 주거환경을 개선하기 위하여 시행하는 사업

주택 재건축 사업

정비기반시설은 양호하나 노후·불량건축물이 밀집한 지역에서 주거환경을 개선하기 위해 시행하는 사업

재개발과 재건축 사업의 정의를 풀어보면 위와 같다. 밑줄 친

부분 외에 둘은 거의 같다. 그러니 밑줄 친 부분에 집중하자. 주택 재개발 사업은 '정비기반시설•이 열악한' 지역에서, 주택 재건축 사업은 '정비기반시설이 양호한' 지역에서 시행한다. 정비기반시설이 양호하다는 말은 도로가 널찍하고, 주변에 충분한 주차시설이 있고, 공원도 있고, 학교도 충분하다는 의미이다. 한편 정비기반시설이 열악하다는 것은 동네 도로가 좁고, 주차장이나 공원 등 편의시설이 부족하고, 공동구(전기, 가스, 통신을 지하에 매립하는 시설)가 없어 전봇대가 즐비하게 서 있다는 말이다. 그림이 그려지는가?

재개발 지역 임장을 다니다 보면, 한 사람이 겨우 지나갈 것 같은 골목길을 종종 마주하게 된다. 좁은 골목길을 따라 끝도 없는 계단이 나오기도 한다. 이런 경우 불이라도 나면 소방차가 골목 안으로 진입하기 힘들어서 굉장히 위험하다. 여기에 주택까지 노후했다면 재개발을 통해 살기 좋은 환경을 만들어야 한다. 반면 재건축 구역에 가보면 정비기반시설이 비교적 잘 갖춰져 있다. 재건축 구역으로 지정되는 곳 대부분은 5층짜리 주공 아파트나 저층 아파트들인데, 낡고 좁은 아파트지만 처음부터 정비기반시설을 갖추고 출발한 경우가 대부분이다. 동네는 살기 좋

• 정비기반시설이란 도로, 상하수도, 공동구, 공원, 공용 주차장, 녹지, 하천, 공공용지, 광장, 소방용수시설, 비상대피시설, 가스공급시설, 지역난방시설 및 공동 이용시설을 말한다.

재개발 구역(위)과 재건축 구역(아래) 사진

은데 집만 낡았다는 뜻이다. 그렇다면 집만 새것으로 바꾸는 재건축을 하면 된다.*

참고로 재개발·재건축의 분류는 정부의 권한이다. 이에 따라 다른 세부 기준들이 적용되기 때문에 투자자는 내가 투자하려는 매물이 재개발인지, 재건축인지를 정확하게 파악해야 한다.

간단히 훑어보는 재개발·재건축 절차

이번에는 재개발·재건축이 처음부터 끝까지 어떻게 진행되는지 살펴보자. 70쪽 표를 보면 더욱 이해가 빠를 것이다.

① 정비기본계획 수립 및 정비구역 지정, 추진위원회 설립

지방자치단체(지자체)에서 재개발·재건축에 대한 정비기본계획을 수립하고 구역으로 지정하는 단계다. 이때 재건축의 경우 정비기본계획이 수립된 후 안전진단을 통과해야 비로소 정비구역으로 지정된다. 실제 건물 안전도에 문제가 있어서 재건축을 진행해야 하는지 검증하는 과정인데, 통과가 녹록지 않다. 반면

* 정비기반시설은 양호하지만 집이 너무 낡은 주택가를 재건축하여 동네 전체를 새롭게 바꾸는 단독주택 재건축도 있다.

재개발·재건축 진행 절차

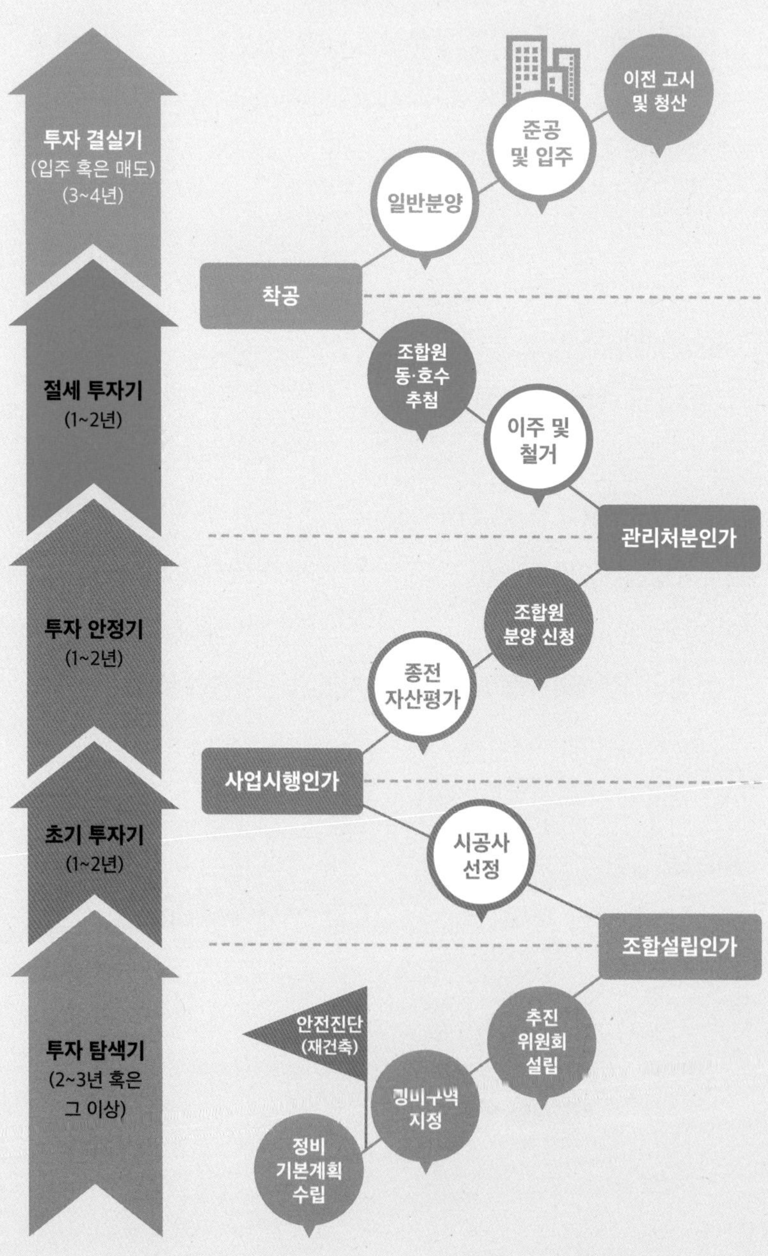

투자 결실기
(입주 혹은 매도)
(3~4년)
절세 투자기
(1~2년)
투자 안정기
(1~2년)
초기 투자기
(1~2년)
투자 탐색기
(2~3년 혹은
그 이상)
이전 고시
및 청산
준공
및 입주
일반분양
착공
조합원
동·호수
추첨
이주 및
철거
관리처분인가
조합원
분양 신청
종전
자산평가
사업시행인가
시공사
선정
조합설립인가
추진
위원회
설립
안전진단
(재건축)
정비구역
지정
정비
기본계획
수립

재개발은 안전진단 과정이 없다.

이렇게 지자체에서 정비구역 지정을 하고, 해당 구역 물건의 소유자(토지등소유자) 50% 이상의 동의를 얻으면 추진위원회를 설립할 수 있다. 추진위원회 설립까지는 그리 어렵지 않다.

② 조합설립 및 조합설립인가, 시공사 선정

이제 본격적으로 재개발·재건축 사업을 진행할 조합을 설립하는 단계다. 조합을 설립하기 위해서는 토지등소유자 75% 이상의 동의를 받아야 한다.* 동의 요건이 충족되면 추진위원회는 조합설립인가를 지자체(시·군·구)에 요청한다. 지자체의 승인이 떨어지면 이제부터는 어엿한 조합을 구성하고, 조합이 법인으로 등기를 할 수 있게 된다. 이때부터는 투자하기에 한층 더 안전한 단계로 들어섰다고 할 수 있다.

조합설립인가가 나면 시공사 선정에 들어간다.** 우리가 익히 아는 롯데건설, 대우건설, 삼성물산, 디앨이앤씨, GS건설 등이 시공을 맡으면 아파트의 가치가 올라간다. 어떤 구역은 조합이 설립되기도 전에 유명 시공사들이 '우리를 선택해달라'는 의미의 플래카드를 내거느라 분주하다. 이는 해당 구역의 사업성

* 이때 토지등소유자 75%가 조합 설립에 동의함과 동시에, 동의한 이들이 소유한 토지 면적의 합이 구역 전체 토지 면적의 50% 이상이어야 한다는 조건도 따른다.

** 서울특별시는 사업시행인가 이후에 시공사를 선정한다.

이 좋다는 의미이기도 하니 눈여겨볼 필요가 있다.

③ 사업시행인가, 종전 자산평가, 조합원 분양 신청

사업시행인가는 정비사업에 대해 시장·구청장 등이 최종 확정하고 인가하는 행정 절차를 말한다. 사업시행인가 단계에 이르면 재개발·재건축 사업의 50% 정도가 진행되었다고 보면 된다. 사업시행인가 이후에 조합원은 내 자산이 얼마의 가치를 갖는지 평가받는 '종전 자산평가'를 거치고 나서, 새 아파트를 받겠다는 조합원 분양을 신청한다. '정말 새 아파트를 받는구나' 하고 실감이 나는 단계로, 빠르면 1년 안에 이 모든 일이 진행된다.

④ 관리처분인가, 이주·철거, 동·호수 추첨

이제 거의 다 왔다. 관리처분인가 단계에 이르면 사업의 윤곽이 거의 잡혔다고 보면 된다. 조합원 분양 세대수와 조합원분양가, 일반분양 세대수와 일반분양가가 거의 확정된다. 조합원은 새 아파트를 받기 위해 얼마를 더 내야 하는지, 시공사의 공사비는 얼마나 드는지 등을 이 단계에서 확인할 수 있다. 참고로 재개발은 투기과열지구에서 관리처분인가 이후의 매물을 사면 조합원 지위가 양도되지 않으니(즉, 새 아파트를 받을 권리가 주어지지 않으니) 이 부분을 사전에 확인해야 한다. 위 사항과 관련해서는 3부에서 자세히 설명하겠다.

관리처분인가가 나면 주민들이 다른 곳으로 이주하고 철거가 진행된다. 이주·철거 전후로 조합원 동·호수 추첨을 하는데, 각 조합원이 몇 동 몇 호에 거주하게 되는지를 결정하는 과정이다.

⑤ 착공, 일반분양, 준공 및 입주, 이전 고시 및 청산

이렇게 이주·철거가 진행된 빈 땅에 착공이 시작되고, 곧이어 일반분양도 하게 된다. 착공이 시작되면 비로소 재개발·재건축에 관심이 없던 사람들도 '여기 아파트를 짓나 봐!' 하면서 관심을 보이는 경우가 많다. 건물이 다 세워지고 입주하는 시기가 오면 엄청난 변화를 두 눈으로 확인할 수 있다. 모든 과정을 마친 조합이 청산하면 사업이 마무리된다.

조합설립부터 입주까지 평균적으로 약 10년의 긴 시간이 걸린다. 물론 더 걸릴 수도, 좀 더 빨리 진행될 수도 있다. 종종 초보 투자자들은 이제 막 구역이 지정된 곳을 두고 "새 아파트 준공까지 얼마나 걸릴까요?" 하고 묻는다. 조급함이 그대로 드러나는 질문이다.

투자할 때는 재개발·재건축으로 내 집을 마련할 것인지, 투자를 할 것인지부터 먼저 정해야 한다. 만약 내 집 마련이 목적이라면 조금 더 빨리 입주할 수 있는 매물을 찾는 편이 좋다. 그러나 투자가 목적이라면 내가 원하는 투자 수익을 얻을 수 있는 단계에 이르렀을 때 매도할 수도 있으니 수익에 초점을 두고 매물을 찾는다. 사업시행인가 단계에 매수하여 관리처분인가 직전에 매도하는 식의 투자가 가능하다는 말이다.

"브레인을 말랑말랑하게 하세요."

내가 초보 투자자에게 자주 하는 말이다. 투자 경험이 부족하면 사고가 경직되고 두려움이 커진다. 그러나 유연하게 생각하고 투자를 경험하다 보면 길이 보인다. 투자를 간접 경험할 수 있는 방법이 있을까? 그렇다. 바로 관련 도서 읽기 그리고 강의 수강이다.

07

무주택자, 1주택자, 다주택자도 감탄하는 재개발·재건축의 마법

앞서 간단히 재개발·재건축 절차에 대해 알아보았다. 그런데 아무리 좋은 투자법이라도 나의 상황에 맞는지가 관건이다. '정말 나에게 재개발·재건축 투자가 필요할까?' 이런 분들을 위해 이번 장에서는 무주택자, 1주택자, 다주택자에 따라 어떻게 접근해야 할지 간단한 솔루션을 준비했다.

청약 당첨만 기다리는 무주택자, 재개발·재건축으로 '새 아파트'는 어떨까?

아직도 청약은 아파트를 싼값에 살 수 있는 기회로 여겨진다. 분양가상한제 및 고분양가관리지역 지정 등의 정책으로 실제 시세와 차이가 큰 분양가가 속출했다. 이런 아파트에 당첨되면 엄청난 시세차익을 얻을 수 있기 때문에 '로또 청약'이라는 말이 나온 것이다.

문제는 청약 점수 올리기가 어렵다는 데 있다.* 예를 들어, 무주택 기간 점수(만점 32점)는 1년에 2점씩 오르는 형태로, 15년 이상을 무주택자로 살아야 만점을 얻을 수 있다. 부양가족 점수(만점 35점)는 부양가족이 하나도 없을 경우 5점에서 시작하여, 한 가정에 7명 이상 거주할 때 최고 가점인 35점이 된다. 인기 지역·인기 평형의 경우 청약 점수가 최소 50점 이상이어야 당첨 가능성이 있다는 것을 고려하면, 부양가족이 많지 않고 무주택 기간이 짧은 신혼부부나 청년층은 청약 당첨되기가 쉽지 않다. 최근 원자재값 상승으로 일반분양가가 높아졌다는 점도 염두에 둬야 한다. 청약에 당첨되더라도 계약금과 중도금 및 잔금에 대한 자금 계획이 미리 세워져 있지 않으면 힘들 수 있다.

* 한국부동산원이 운영하는 청약홈(applyhome.co.kr)에서 내 청약 점수를 직접 확인해볼 수 있다.

청약 점수도 낮고 투자금도 많지 않을 때 재개발·재건축을 공부해볼 만하다. 초기 조합설립 단계나 사업시행인가 단계의 매물은 입지가 좋은 곳이어도 비교적 적은 투자금으로 매수할 수 있다. 점차 사업이 진행되면서 '헌 집'이 가진 위대한 힘을 깨닫게 될 것이다. 무주택자의 경우, 추가로 내야 할 분담금의 최대 60~70%까지 조합에서 무이자로 빌릴 수 있다는 것도 큰 장점이다.

내 집 마련에 성공한 1주택자, 재개발·재건축을 통해 상급지로 가자

보통 1주택자는 금전적 여유가 생기면 같은 지역의 큰 평수 아파트로 이사를 가려고 한다. 이는 집이 조금 넓어지는 것 외에 큰 의미는 없다. 재개발·재건축을 통해 내 자산 가치를 더욱 높여줄 '상급지'로 이동해볼 수는 없을까? 몇 가지 방법이 있다.

먼저 상급지의 재건축 예정 아파트로 실거주 갈아타기를 하는 방법이 있다. 재개발 지역의 경우 주변이 낙후되어 있어 실거주가 쉽지 않다. 그러나 재건축 아파트는 이미 주변 인프라가 갖춰져 있기에 실거주가 가능하다. 서울 대치동의 은마아파트를 떠올려보면 이해하기 쉽다. 교육, 교통, 상권, 일자리 등 모든 인프라를 갖추고 있다. 내가 가고 싶은 상급지에서 그 지역의 '은마아파트'를 찾아보자.

그런가 하면 '비교적 덜 똘똘한' 현재 주택을 매도한 자금으로 '똘똘한' 상급지의 조합원 입주권을 매수할 수도 있다. 입주권이란 관리처분인가 이후 물건을 이르는 말로, 이 단계의 물건은 대체로 5~6년 뒤에 신축 아파트로 거듭난다. 입주권 매수를 통해 5~6년 뒤, 상급지의 대단지 신축 아파트에 입주할 수도 있다는 말이다. (참고로 현재 보유한 주택의 상승 여력이 충분한 경우, 현재 주택을 유지하면서 재개발·재건축 입주권을 매수하여 두 채 모두 비과세를 받는 방법도 있다. 이에 대해서는 6부 26장에서 자세히 소개할 예정이다.)

'종부세' 때문에 골머리 앓는 다주택자, 재개발·재건축에서 답을 찾자

다주택자의 가장 큰 걱정은 '세금'이다. 특히 주택을 보유하고 있기만 해도 매해 납부해야 하는 종합부동산세(이하 '종부세')는 고민의 대상일 수밖에 없다. 종부세는 인별 과세로 1주택자의 경우 공시가격 12억, 다주택자의 경우 9억의 기본 공제가 있고, 3주택부터 중과세가 적용된다. 세율이 일부 조정되었다고는 하지만 해마다 내야 하는 종부세는 여전히 부담일 수밖에 없다.

이때 재개발·재건축 투자를 최대한 활용하여 종부세를 줄일 수 있는 기가 막힌 방법이 있다. 주택이 허물어지고 토지만 남은 입주권을 매수하는 것이다. 재개발·재건축 구역에서 토지의 공시지가가 5억 원이 넘는 일은 매우 드물다. 다주택자가 공시가격 높은 주택 여러 채를 추가로 매수하는 대신에 재개발 지역의 입주권을 여러 개 매수하면 종부세에서 자유롭다는 점을 기억하자.

내 상황을 알고 목표를 세우면 백전백승이다

'왜 지금 재개발·재건축을 공부해야 하는가?'

이번 장에서는 이런 물음에 대한 답을 주고 싶었다. 대단지 신축 아파트에 살고 싶고, 더 좋은 지역으로 이사하고 싶다는 바람은 누구에게나 있다. 그렇다면 막연하게 바라지만 말고, 지금 내 상황을 점검한 뒤 현실적인 목표를 세워야 한다. 가능성이 희박한 청약에 매달리는 무주택자라면 이렇게 질문해볼 수 있다. 청약 외에 신축 아파트를 싸게 살 방법은 없을까? 상급지로 갈아타기를 꿈꾸는 1주택자라면 이런 고민을 해볼 만하다. 과도한 대출을 일으키지 않으면서 5년 뒤에 상급지 신축 아파트에 살 방법은 없을까? 종부세가 두려운 다주택자라면 이렇게 질문해볼 수 있다. 세금을 줄일 수 있는 방법은 없을까?

재개발·재건축 투자가 이 모든 질문의 정답이라는 말을 하려는 것이 아니다. 다만 제대로 공부한다면 재개발·재건축 투자에서 길을 찾을 수도 있다.

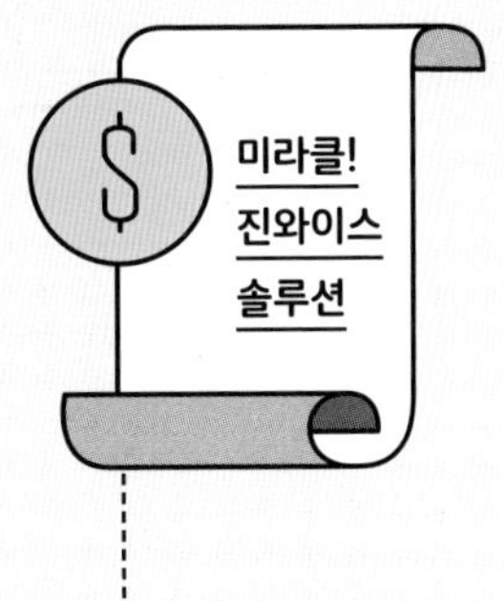

재개발과 재건축의 차이점, 살살이 파헤쳐보자

'재개발'과 '재건축'의 공통점과 차이점에 대해 감을 잡았으리라 생각한다. 그런데 앞서 '재건축, 재개발 분류 여부에 따라 다른 세부 기준이 적용된다'는 말도 함께 덧붙였다. 이번에는 이를 자세히 살펴보고자 한다. 미리 말해둘 것이 있다. 처음부터 모든 사항을 전부 외울 필요는 없다는 것이다. 그런 식으로 공부하면 지칠 수밖에 없다. 큰 틀을 이해하고, 모자란 부분을 천천히 보충해가자. 자, 다음의 표를 살펴보자.

	재건축	재개발
① 사업지 특징	정비기반시설은 양호하나 노후·불량건축물이 밀집한 지역 (주로 아파트에 해당하나 단독주택 재건축도 있다.)	정비기반시설이 열악하고 노후·불량건축물이 밀집한 지역
② 조합설립 동의 요건	① 토지등소유자 3/4 이상 그리고 ② 토지 면적 3/4 이상 그리고 ③ 동별 과반수 이상 찬성	① 토지등소유자 3/4 이상 그리고 ② 토지 면적 1/2 이상 찬성
③ 조합원 자격	건물과 그 부속토지 소유자 (건물이나 토지만 갖고 있는 사람은 조합원이 될 수 없다.) 그중에서 조합설립에 동의한 자	토지 소유자(나대지, 도로) 건축물 소유자 지상권자(무허가 주택) 조합설립 동의 요건 없음
④ 안전진단 여부	있음 (단독주택 재건축 제외)	없음
⑤ 투기과열지구 전매 제한	조합설립인가 이후	관리처분인가 이후
⑥ 재건축초과이익 환수제 적용 여부	있음	없음

① 사업지 특징

'정비기반시설'이 양호한지 그리고 열악한지에 따라 재개발, 재건축으로 달라지며, 이 분류는 지자체가 결정한다는 사실을 기억하자.

② 조합설립 동의 요건

재개발·재건축 구역이 지정되고 추진위원회가 설립되면, 이제 해당 지역의 토지등소유자(해당 지역에 토지, 상가, 주택, 빌라 등을 소유한 사람)의 동의를 얻어서 사업을 진행하는 조합을 설립할 차례다. 재개발·재건축 모두 토지등소유자의 4분의 3 이상의 동의를 얻어야 조합을 설립할 수 있다. 여기에 재건축은 각 아파트 동별로 2분의 1 이상의 토지등소유자가 찬성해야 진행할 수 있다는 요건이 있다. 어떤 동은 2분의 1 이상의 동의를 얻지 못하는 경우도 있는데 이때 해당 동은 제외하고 나머지 단지만 재건축을 진행하기도 한다.

③ 조합원 자격

재건축의 경우 해당 구역에 건물과 부속토지를 함께 갖고 있는 사람이 조합원이 될 자격을 부여받는다. 보통 아파트를 소유하면 건물과 함께 대지지분을 갖게 마련이다. 그런데 만약 땅이나 건물 중 하나만 소유하고 있다면 재건축 조합원이 될 수 없다. 반면 재개발의 경우 나대지(건물 없는 빈 땅)나 도로를 갖고 있어도, 심지어 무허가 건축물을 소유하고 있어도 조합원 자격을 얻어서 나중에 새 아파트를 받을 수 있다.

또한 재건축은 조합을 설립할 때 동의한 자만이 추후 조합원 자격을 부여받는데, 재개발은 조합설립에 동의하지 않았더라도 조합설립 이후에는 모두 조합원으로 인정받는다는 점도 차이점이다.

④ 안전진단 여부

재건축 사업의 경우, 정비기본계획이 수립되면 안전진단을 통과해야 비로소 재건축 구역으로 지정할 수 있다. 최근 재건축 안전진단 합리화 방안을 통해, 조건부 재건축 판정을 받는 경우에도 지자체의 검토 후 요청이 있을 때에만 안전진단을 시행하도록 개선되었다. 한편 재개발은 안전진단 과정 자체가 없다.

⑤ 투기과열지구 전매 제한

'전매 제한'이란 쉽게 말해 해당 부동산이나 권리의 거래를 일정 기간 제한하는 것을 의미한다. 재건축의 경우 조합설립이 된 이후부터, 재개발의 경우 관리처분인가가 난 이후부터 전매가 제한된다. 이는 곧 관리처분인가를 받은 투기과열지구의 재개발 지역에 가서 투자할 매물을 찾으면 안 된다는 말이다. 물론 거래 자체는 가능하지만 조합원 지위를 양도받지 못하고 현금청산의 대상이 된다는 점을 꼭 기억하자.

⑥ 재건축초과이익환수제 여부

재건축초과이익환수제는 2018년 1월 1일 이후 관리처분인가를 신청한 재건축 사업에만 적용된다. 간단히 말해, 준공 이후 조합원의 이익이 일정 금액을 넘을 때, 해당 이익의 최고 50%를 세금으로 징수하는 제도이다. 정부는 부과 기준 현실화, 부과 시점 현실화, 1세대 1주택자 감면 및 고령자 납부 유예 등 개선책을 내놓았지만 여전히 이 제도는 조합원들에게 큰 부담으로 작용하여 재건축 사업의 걸림돌이 되는 것이 현실이다.

어떤가? 아직 어려운 부분이 많으리라 생각한다. 다시 말하지만 잘 이해되지 않는 부분은 건너뛰어도 된다. 진와이스와 함께라면 천천히 걸어가도 끝까지 완주할 수 있다.

3부

드디어 새개발·재건축의 세계에 한 걸음 성큼 다가섰다.

지금부터는 재개발·재건축 진행 과정과

단계별 매수 포인트에 대해 안내하고자 한다.

세상에서
제일 쉽게 배우는
재개발·재건축의 모든 것

여러 번 강조했지만 그리 어렵지 않다.

재미있는 소설 접하듯 술술 읽어보자.

투자의 세계에서 나는 주인공이다.

재개발·재건축 진행 절차

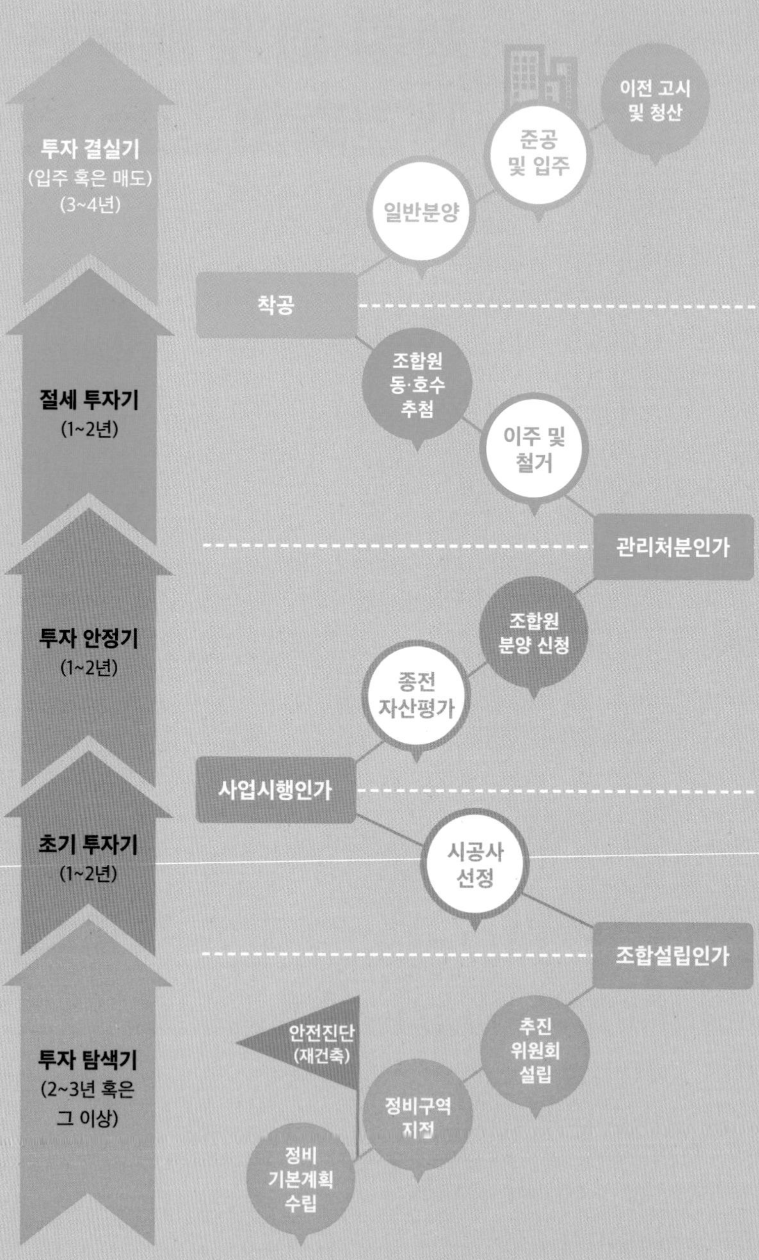

투자 결실기
(입주 혹은 매도)
(3~4년)
절세 투자기
(1~2년)
투자 안정기
(1~2년)
초기 투자기
(1~2년)
투자 탐색기
(2~3년 혹은
그 이상)
정비
기본계획
수립
안전진단
(재건축)
정비구역
지정
추진
위원회
설립
조합설립인가
시공사
선정
사업시행인가
종전
자산평가
조합원
분양 신청
관리처분인가
이주 및
철거
조합원
동·호수
추첨
착공
일반분양
준공
및 입주
이전 고시
및 청산

08

조합설립

5천만 원으로 극적인 투자가 가능한 시기

부동산 투자에서 5천만 원은 큰돈이 아닐지도 모른다. 아파트 한 채가 몇억 하는 세상이니 말이다. 하지만 누군가에게 5천만 원은 전 재산이고 너무나 소중한 돈이다. 이 정도의 금액으로도 안전하게 투자하여 수익을 낼 수 있을까? 나는 이런 고민을 하는 분들에게 재개발·재건축 투자의 초기라고 할 수 있는 조합설립 단계에 주목하라고 말씀드린다.

‘구역 지정’ 단계에 투자하면 더 많은 돈을 벌 수 있을까?

먼저 조합이 설립되기까지의 진행 과정을 다시 살펴보자. 재개발·재건축이 진행되려면 지방자치단체로부터 구역 지정이 되어야 한다.* 노후한 건물이 즐비한 지역에 새 아파트 단지를 세우기 위한 ‘선 긋기’라고 보면 된다. 그다음은 추진위원회를 설립할 차례다. 재개발의 경우 토지등소유자 50%의 동의를 얻으면 추진위원회를 설립할 수 있는데, 이는 크게 어렵지 않다. 추진위원회가 설립되면 조합을 설립하기 위한 75%의 동의를 얻어야 한다. 이것이 생각보다 쉽지 않다. 70%의 동의를 채우고도 5%를 얻지 못해 고전하기도 한다. 심지어 단 1%가 모자라서 조합을 설립하지 못하는 사례도 있다.

재건축의 경우 구역으로 지정되기 전에 ‘안전진단’이라는 가장 큰 허들을 통과해야 한다. 쉽게 말해 ‘거주하는 데 안전하지 않을 정도의 상태여야 지자체가 재건축을 승인하겠다’라는 절차다. C등급 정도로 아직 살 만한 집은 재건축 대상이 될 수 없다. 안전진단 D등급 이상을 받아야 재건축을 추진할 수 있다. 안전진단 통과 이후의 과정은 재개발과 같다.

* 토지등소유자가 자체적으로 동의서를 받아 구역 지정을 신청할 때도 있다.

그런데 이렇게 묻는 분들이 있다. "초기에 들어갈수록 수익이 높지요? 그럼 막 구역 지정이 된 지역의 물건을 매수해서 큰 수익을 노리는 것은 어떨까요?" 물론 사업의 초기 단계일수록 투자금 자체는 적게 들어가고, 잘되면 큰 수익을 얻을 수 있다. 그러나 사업이 지지부진하고 동의율을 채우지 못해 조합설립조차 어렵다면 어떻게 될까? 추진위원회 단계에서 조합설립인가까지 10년이 걸리는 재개발·재건축 구역도 있다. 내 투자금이 오래 묶이거나, 큰 손해를 보고 매도하거나 하는 일은 없어야 한다. 이런 이유로 나는 투자금이 아주 소액이 아니라면 구역 지정 단계의 투자를 그리 권하지 않는 편이다.

비교적 안전하면서 수익이 높은 시기, 조합이 설립된 이후에 투자하라

일단 재개발·재건축 사업의 조합이 설립되었다고 하면 전체 과정에서 20~30% 정도 진행되었다고 생각하면 된다. 새 아파트가 될 때까지 꽤 긴 시간을 기다려야 하지만, 초기의 구역 지정 단계에 비해 사업 자체가 무산될 가능성은 매우 낮다. 이 시기의 물건을 매수하면 점차 사업이 진행되면서 가격이 단계적으로 껑충 뛸 것이다. 즉, 장기적인 관점에서 큰 상승을 바라보고 투자할 수 있는 단계다. 혹은 조합설립 단계에 매수하여 사업시행인가 직후에 수익을 내고 매도하는 식의 계획을 미리 구체적으로 세워보아도 좋다.

무엇보다도 전체 과정 중 초기 투자금이 비교적 적게 드는 편이라, '무리한 대출을 받지 않고 투자할 수 있다'는 것이 조합설립 단계 투자의 장점이다. 이 단계에서 '내 집 마련'을 시도해보는 것도 괜찮다. 이때는 미래에 내가 실거주할 집이므로 가능한 한 입지 좋은 곳의 '대단지 아파트'가 될 물건을 매수하기를 권한다. 장차 좋은 아파트가 될 집을 미리 사두고 편안한 마음으로 느긋하게 기다리면 된다.

이 시기에 대출을 많이 받지 않고 투자했다면 크게 불안하지 않을 것이다. 나는 평소에도 절대 '영끌(영혼까지 끌어모아 투자)'을 해서는 안 된다고 강조한다. 부동산 상승기에는 수익을 낼 수도 있겠지만, 침체기에는 금리가 오르는데 투자한 물건의 가격이 떨어지면 어떻게 되겠는가. 생각만 해도 아찔하다. 안전한 투자는 아무리 강조해도 지나치지 않다.

조합설립 단계에 투자하려면 이 점은 반드시 확인하라

① '다물권자 매물'을 주의하라

설레는 마음으로 조합이 설립된 지역의 재개발 물건을 매수한 A씨. 그런데 얼마 뒤에 '조합원 자격이 주어지지 않는다'라는 충격적인 이야기를 들었다. 나중에 새 아파트를 받을 수 없으며 현금 청산• 대상이라는 것이다. 왜 그럴까? A씨가 다물권자의 매물을 매수했기 때문이다.

조합설립 단계에서 투자할 때 반드시 알아두어야 하는 사항이 있다. 바로 '다물권자 매물'인지를 확인하는 것이다. 다물권자란 쉽게 말해 '재개발 구역의 다주택자'를 말한다. 재개발의 경우, 한 세대가 같은 구역에 한 개 이상의 물건을 소유하고 있으면 물건의 개수와 상관없이 한 채의 아파트, 즉 한 개의 입주권만 나온다. 하나의 재개발 구역에 세 채, 네 채를 갖고 있어도 아파트는 한 채만 나온다는 말이다. 이런 다물권자의 물건을 사면 조합원 자격을 얻지 못하고 현금 청산의 대상이 된다.••

• 재개발이 진행되는 구역의 아파트를 분양받지 않고, 소유한 토지나 건물에 대한 보상을 현금으로 받는 것.

•• 재건축의 경우 과밀억제권역이 아니고 비규제지역의 물건이라면, 기본적으로 소유한 주택 수만큼 입주권이 나온다. 규제지역의 재건축 물건을 살 때는 재개발의 경우와 똑같이 확인하면 된다.

그럼 위험 요소를 없앨 방법은 없을까? 먼저 가계약을 하는 시점부터 중개사에게 다물권자 물건 여부를 확실히 확인해달라고 부탁한다. 여기에 안전장치를 하나 더 걸어두자. 계약서를 쓸 때 다음과 같은 특약을 하는 것이다.

동일 구역 내 매도인과 동일 세대 내의 모든 세대원이 본 건 부동산 외에 다른 물건이 없음을 확인하며 추후 문제가 될 경우 위 계약은 아무 조건 없이 해제할 수 있고, 이에 따른 손해는 매도인이 책임진다.

이렇게 특약을 걸어놓고 계약금을 지급하기 전에 조합에 다물권자인지를 확인하면, 안전하게 입주권이 나오는 물건을 매수할 수 있다.

② 투기과열지구의 재건축 물건을 주의하라

내 집 마련의 부푼 꿈을 안고 조합설립이 된 재건축 물건을 매수한 B씨. 그도 역시 입주권을 받을 수 없다는 충격적인 소식을 들었다. 이유가 무엇일까? 바로 투기과열지구의 재건축 물건을 매수했기 때문이다. 투기과열지구의 재건축 물건은 조합설립 단계 이후에는 실질적으로 거래되지 않는다. 매매 거래는 할 수 있지만, 매수자가 조합원 지위를 얻을 수 없기 때문이다.

이렇듯 투기과열지구의 재건축 물건은 조합이 설립된 이후부

투기과열지구 조합원 지위 양도 금지 적용 기준

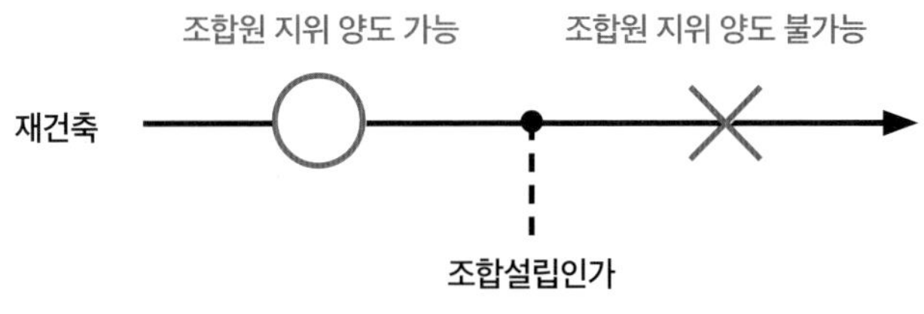

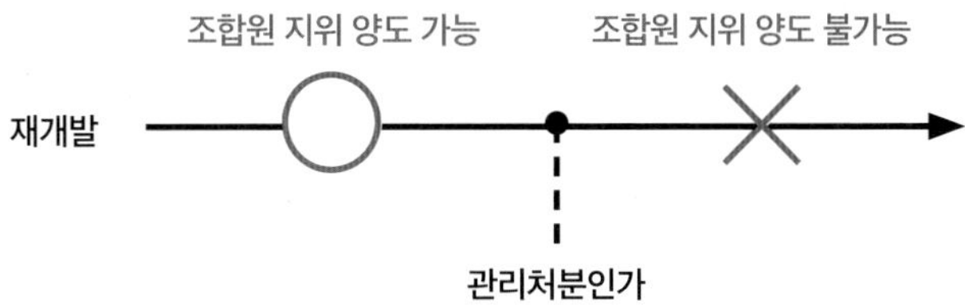

터 신축 아파트 준공까지 길게는 10년 이상 재산권을 행사할 수 없다. 재건축 투자를 할 때는 이 점을 반드시 고려해야 한다. 10년 이상 오래 보유하더라도 자산을 크게 늘려줄 좋은 물건이라면 조합설립 직전 단계에서 투자를 고려해볼 수도 있다. 참고로 투기과열지구 재개발 물건은 관리처분인가 이후부터 조합원 지위 양도가 불가하다.

지금까지 조합설립 단계의 투자 포인트와 매수할 때 반드시 유의해야 할 점들을 짚어보았다. 거듭 말하지만 위험 요소를 미리 알고 투자하면 더 이상 두렵지 않다.

진와이스 투자 꿀팁

사업이 빨리 진행될 곳 알아보는 비법 ☑

한 수강생이 나에게 이런 이야기를 한 적이 있다.

"진와이스님, 제가 조합설립이 진행 중인 재개발 구역 임장을 다녀왔는데요. 여기 꼭 매수하고 싶어요! 신축 상가가 많고 상권이 너무 활발하더라고요. 이렇게 좋은 곳에 새 아파트가 들어서면 얼마나 더 좋아지겠어요?"

나는 깜짝 놀라서 "그렇게 상권이 활발한 지역은 사업 진행이 매우 더딜 수 있다"라고 일러두었다. 이유는 간단하다. 구역 내 시장이나 사람들이 많이 이용하는 상가의 경우, 재개발 사업을 진행하면 손해를 보기 때문이다. 해당 상가나 시장에서 나오는 수입을 장기간 포기하고 기본적으로는 아파트 한 채를 받는 것이니 환영할 리 없다. 게다가 규모가 작은 상가는 아파트를 받지 못할 수도 있다. 신축 다가구도 마찬가지다. 건물주 입장에서는 매달 꼬박꼬박 월세를 받고 있는데 아파트 한 채로 바꿔준다면 누가 좋아하겠는가? 그런가 하면 구역 한가운데에 규모가 큰 절이나 교회 등 종교 시설이 있어도 보상 관련 문제가 불거지며 사업이 지연될 수 있다.

반대로 이런 부분을 체크하면 사업이 빠르게 진행될 곳을 미리 알아볼 수도 있다. 문제가 될 소지가 있는 종교 시설이 없고, 신축 상가나 원룸 다가구 주택이 적은 곳, 상권이 활발하지 않은 곳이 재개발·재건축 사업에는 적격이다. 임장을 할 때 이런 부분을 반드시 체크해야 한다.

재개발 구역 상가를 찍은 사진
상권이 활발하지 않은 곳일수록 재개발 사업 진행이 빠르다.

1페이지로 정리하는 **조합설립 단계 매수 포인트**

① 조합설립이 되었다면 전체 사업의 30%쯤 진행되었다고 생각하면 된다.

② 조합설립 이후 매수하면 조금 더 안전한 투자가 가능하며, 장기적으로 큰 수익을 노려볼 수 있다.

③ 비교적 적은 금액으로 투자할 수 있으므로 투자금이 적다면 특히 눈여겨볼 만하다.

④ 조합설립 이후의 물건을 매수할 때는 재개발 구역의 '다물권자 물건'인지를 꼭 확인해야 한다. 또 조합설립 이후 투기과열지구에서 재건축 물건을 매수할 때에도 입주권이 나오지 않으니 반드시 확인하자.

09

시공사 선정

1군 건설사 플래카드, 투자의 청신호

"최고의 마감재, 명품 아파트로 시공하겠습니다."

"○○건설, 최고의 사업 조건으로 조합과 끝까지 함께하겠습니다."

재개발·재건축 사업을 진행할 조합이 설립된 구역에 가보면 각종 건설사의 플래카드가 붙어 있는 것을 종종 볼 수 있다. 이때 1군 건설사의 플래카드가 붙어 있다면 더욱 주의 깊게 살펴보는 편이 좋다. 요즘은 어떤 건설사가 시공하는지에 따라 아파트 가치가 달라지는 시대이기 때문이다. 내가 매수한 재개발·재건축 물건이 미래에 '브랜드 아파트'로 거듭난다는 것은 상상만 해도 기분이 좋다. 이번에는 시공사 선정 단계를 살펴보자.

1군 건설사가 뛰어드는 곳은 사업성이 좋은 구역이다

이름을 들으면 곧바로 아는 건설사가 '1군 건설사'라고 생각하면 된다. 대표적으로 삼성물산(래미안), 현대건설(힐스테이트), 디엘이엔씨(e편한세상), 포스코건설(더샵), 지에스건설(자이) 등이 있다. 내가 재개발·재건축 물건을 소유하고 있다고 생각해보자. 당연히 1군 건설사가 시공을 맡아주기를 바랄 것이다. 1군 건설사가 지은 아파트와 그렇지 않은 아파트는 같은 입지여도 최소 몇천만 원, 심지어 1억 원까지도 가격 차이가 난다.

당연한 말이지만 모든 시공을 1군 건설사가 맡아서 하지는 않는다. 비슷한 규모의 아파트라도 어디는 1군 건설사가, 어디는 중소 규모 건설사가 진행한다. 어떤 차이일까? 조합장과 건설사 직원의 친분이 두터워서일까? 절대 그렇지 않다. 기업의 목적이 '이윤 추구'라는 점을 생각해보면 그 이유를 쉽게 알 수 있다. 사업성이 좋은 지역, 그러니까 돈이 가장 많이 남는 지역에 1군 건설사가 뛰어든다. 기업은 어느 구역에서 시공해야 이익인지 민감하게 계산하고 철저하게 조사한다. 내가 탁상용 계산기를 두드릴 때 기업은 슈퍼컴퓨터를 돌려서 수익률을 계산해내는 수준일 것이다. 그러니 사업성 좋은 곳을 찾으려면 1군 건설사가 들어온 구역이 어딘지를 살펴보면 된다. 나는 철저히 이윤을 추구하는 기업의 안목과 분석 능력을 믿는다.

대형 건설사 플래카드가 내걸리면 투자할 준비를 하라

요즘은 시공사들도 조합원을 대상으로 열심히 홍보한다. 조합원에게 입찰 조건을 담은 우편물을 보내는 것은 기본이고, 휘황찬란한 유튜브를 제작하여 올리기도 한다. 그래서 일반인도 어렵지 않게 각 시공사의 입찰 조건을 확인할 수 있다. 이것으로 부족하다면 보다 적극적으로 조합에 문의해서 각 건설사의 입찰 조건을 꼼꼼히 따져서 비교해보는 방법도 있다. 이렇게 구역 내에 대형 건설사의 플래카드가 걸리고 입찰 경쟁을 할 때가 저렴하게 투자할 수 있는 최적의 매수 타이밍이다.

물론 시공사가 결정된 뒤에 매수하면 더욱 확실하다. 다만 누구나 선호하는 1군 건설사가 시공사로 선정되고 나면 시장에 매한 재개발 구역 시공사 간 견적을 비교해놓은 표.
시공사마다 다른 조건을 내걸고 조합원을 대상으로 홍보한다.

	구분	S건설(기호 1번)	D건설(기호 2번)
설계	공사 금액	3,742억 원	3,740억 원
	세대수	1,568세대	1,564세대
	평면 타입	16평, 20평, 24평, 29평, 34평, 42평, 43평, 46평, 48평, 49평, 56평, 62평	16평, 20평, 24평, 34평, 44평, 46평
	특화 평면	테라스하우스 6세대 펜트하우스 26세대 포켓테라스 42세대, 총 74세대	저층부 트리플하우스 15세대
	연면적	75,160평	72,817평
	천장 높이	2,500mm (우물천장 2,620mm)	2,400mm (우물천장 2,550mm)
	주차 대수	세대당 1.5대	세대당 1.28대
	커뮤니티	2,556평	2,473평
	공사 기간	28개월	32개월
사업 조건	무이자 사업비	700억 원	800억 원
	이주비	법정 40% + 20% 추가	법정 40% + 평균 1.5억/세대
	일반분양가	13.6억~14.6억(조합 결정)	10억 원
	조합원분양가	일반분양 대비 50% 이하	최대 할인 적용
	특화 비용	402억 원	470억 원
	시스템 특화	헤파필터 전열교환기, 지하주차장 자동 환기 시스템	음식물쓰레기 이송설비, 미세먼지 10단계 시스템
	조합원 무상 품목	스타일러, 하이브리드쿡탑, 건조기, 시스피커, 김치냉장고, 드럼세탁기 등	스타일러, 건조기, 양문형 냉장고, 전기오븐, 다이슨청소기, 인덕션 등

물이 싹 사라지면서 가격이 껑충 뛸 때가 많다. 그럼 시공사 선정 이전보다 내가 원하는 물건을 좋은 가격에 매수하기가 어려워진다. 이 점을 기억하고 언제 매수할지를 지켜보면 최적의 타이밍에 나에게 딱 맞는 물건을 살 수 있다.

시공사가 결정되면, 더군다나 1군 브랜드로 결정되고 나면 사업에 활력이 돈다. '○○건설이 시공하는 구역'이라는 소문이 나고, 물건에도 더 많은 프리미엄이 붙는다. 이렇듯 초보 투자자라도 시공사 플래카드만 잘 체크하면 절호의 기회를 잡을 수 있다는 점을 꼭 기억하자.

진와이스 투자 꿀팁

사업성이 좋으면 진행이 더디다고? ☑

재개발·재건축 임장을 가보면 "이곳은 사업성이 좋다"라고들 하는 곳이 있다. 단지 규모가 크고 원래부터 입지가 좋아서 일반 분양가를 높게 받을 수 있는 구역이다. 그런데 오히려 사업 진행 속도는 다른 구역에 비해 더딘 편이다. 이는 진와이스의 투자 경험에서 나온 절대 진리다.

사업성 좋은 구역은 단지 규모도 크고 기존 입지가 괜찮은 구역일 가능성이 높다. 단지 내에 매매가가 높은 건물들도 많고, 도로변에 인접한 상가나 주택도 애초에 시세가 높게 형성되어 있을 것이다. 재개발·재건축 사업을 진행할 때 자산 가치가 높은 사람들이 더 많은 수익을 가져가고자 할 것이므로 마찰이 생길 수밖에 없다. 마찰이 크면 클수록 사업 속도는 지연된다.

반면에 입지 가치가 낮고 상대적으로 열악한 구역에서는 재개발·재건축이 반갑기만 하다. 다 쓰러져가는 주택을 내놓고 분담금을 내면 새 아파트를 받을 수 있기 때문이다. 이런 구역은 동의율이 빨리 채워지고, 결정해야 할 사안이 있을 때마다 조합원들이 잘 협조하는 편이다. 그러다 보니 사업에 속도가 붙는다. 입지,

사업성 좋은 곳이 이제 사업시행인가 신청을 하고 기다리는 동안에 사업성이 조금 떨어지는 지역은 이미 관리처분인가 단계를 넘어서 이주·철거를 하고 새 아파트를 짓는 광경을 여러 번 보았다.

그렇다면 투자자 혹은 내 집 마련을 하려는 사람의 입장에서는 사업성을 어떻게 바라봐야 할까? 먼저 조금이라도 더 빨리 새 아파트에 실거주하고 싶다면, 입지나 사업성이 약간 떨어져도 사업 속도가 빠른 곳을 선택하는 편이 낫다. 진행이 빠른 만큼 프리미엄도 일찌감치 붙게 마련이고, 무엇보다 사업성이 좋은 곳에 비해 저렴하게 매수할 수 있다는 장점이 있다. 또한 실거주할 필요가 없는 투자자가 이런 구역을 매수하면 더욱 빠르게 수익을 얻을 수 있다.

그러나 느긋하게 기다리더라도 입지 좋은 곳에 살고 싶은 실수요자, 혹은 장기간 보유하면서 큰 시세차익을 누리고 싶은 투자자라면 더디 가더라도 입지가 좋고 추후 상승 여력이 높은 구역, 누구나 원하는 입지의 물건을 매수하는 편이 좋다. 이처럼 재개발·재건축 투자에 정답은 없다. 각자 상황에 따라 선택지가 많으며, 포트폴리오를 다양하게 구성할 수 있다.

1페이지로 정리하는
시공사 선정 단계 매수 포인트

① 조합설립 이후, 어느 건설사가 시공할지 입찰 경쟁하는 시공사 선정 단계는 좋은 투자 타이밍이다.

② 1군 건설사가 뛰어드는 구역은 주의 깊게 살펴보는 것이 좋다. 해당 구역의 사업성이 좋다는 말과도 같기 때문이다.

③ 시공사가 결정된 뒤에는 시장에 매물이 사라지고 프리미엄이 오르는 경우가 많으니, 이를 기억하여 최적의 매수 시기를 찾아보자.

10

사업시행인가

무산될 가능성 0.1%의 안전 투자 단계

시공사가 선정되고 사업시행인가 단계로 넘어가면서 보다 구체적인 사업 규모가 결정된다. '사업시행인가'라는 단어가 생소하게 느껴질 수도 있다. 그러나 그 뜻을 알고 나면 그리 어렵지 않다. 시장이나 구청장 등이 재개발·재건축 사업을 시행하라고 최종 확정하고 인가(허락)하는 행정 절차를 말한다. 즉, 사업시행인가가 나면 사업이 무산될 가능성이 현저히 낮아진다. 그럼 이 단계에서의 투자 포인트는 어디에 있을까?

사업시행인가,
진행률 50%의 안전 투자 단계

이제 사업이 안정권에 들어섰다. 사업시행인가가 나면 전체 과정에서 절반쯤 진행되었다고 보면 된다. 무산될 가능성은 거의 없다. 이때는 사업의 전반적인 사항이 거의 확정되기 때문에 사업성을 판단하기가 더욱 수월해진다. 단지 면적, 분양 세대수, 조합원분양가도 거의 정확하게 알 수 있고, 평면도와 배치도도 확인할 수 있다. 이 단계에 이르면 재건축·재개발을 잘 몰랐던 실수요자들도 적극적으로 매수에 나서기 시작한다.

그런데 사실 사업시행인가가 난 직후의 매수는 그다지 똑똑한 투자라고 볼 수는 없다. 인가 직후에는 더욱 안전한 투자 단계에 들어섰다는 이유로 프리미엄이 껑충 뛰게 마련이다. 게다가 감정평가사가 재개발·재건축 물건의 가치를 평가하는 '감정평가'를 아직 거치지 않았다는 문제도 있다. 내가 사려는 물건의 가치가 원래 얼마이고 나는 여기에 얼마의 프리미엄을 더 얹어서 사야 하는가를 정확히 알 수 없다는 뜻이다. 자칫 물건을 비싸게 살 수도 있는 위험 요소가 아직 남아 있는 만큼 신중하게 투자해야 한다. 특히 재개발·재건축 분야의 초보자일수록 '내가 사는 물건의 가치'를 정확히 알아야 한다. 사업시행인가 이후 감정평가까지 지켜보고 좋은 타이밍에 매수하기를 적극 권한다.

사업시행인가 직전, 프리미엄이 오르기 전에 투자하라

그럼 사업시행인가 단계에서는 언제 투자하는 것이 좋을까? 사업시행인가 직전에 전략적으로 매수하는 것을 고려해볼 만하다. 아직 프리미엄이 오르기 전이기 때문이다. "사업시행인가 나기 직전인지를 어떻게 알 수 있나요?" 이런 아우성이 들리는 것만 같다. 이에 대해 중개사무소에 물어보아도 정확한 정보를 얻기는 쉽지 않다. 용기를 내서 해당 구역 조합 사무실에 방문하면 브리핑을 받을 수도 있지만, 조합원이 아니면 많은 정보를 얻기 어려운 경우도 많다. 이때 진와이스의 '꿀팁'을 전하자면 사업시행인가 이전의 절차인 '교통영향평가'와 '건축심의' 통과 여부를 지켜보는 것이다.

교통영향평가란 재건축·재개발이 되어 새 아파트가 들어서고 나면 주변 교통 상황에 문제는 없는지 미리 예측·분석하는 제도를 말한다. 교통영향평가를 통과해야 사업시행인가를 받을 수 있는데, 이 과정이 그리 만만치 않다. 세대수가 늘어남으로써 증가하는 교통량을 소화할 수 있을 만큼 계획을 미리 세워놓아야 통과되기 때문이다. 재개발·재건축 사업이 주변 지역에 미치는 영향, 도시 미관 향상 및 공공성 확보 등을 고려한 건축심의까지 통과되었다면 '이제 곧 사업시행인가가 나겠구나' 하고 짐작할 수 있다. 매우 중요한 절차지만, 교통영향평가 및 건축심의의 중요성을 아는 사람은 그리 많지 않다 보니 내 경험상 시세가 크게 움직이지도 않는다. 초보 투자자 혹은 내 집 마련을 하려는 분들은 교통영향평가 및 건축심의 통과 여부를 확인한 뒤 사업시행인가 전에 매수하기를 권한다.

부지런히 움직이고 공부하면 누구나 기회를 잡을 수 있다

사업시행인가 단계를 넘어서면 구역 여기저기에 축하 플래카드가 걸린다. 이는 곧 시세에 반영되기 마련이다. 현명한 투자자라면 시세가 오르기 전에 미리 상황을 파악하고 있어야 한다. 사업시행인가를 앞둔 여러 구역 중에서 '내가 투자하고 싶은 구역'을 정해 꾸준히 지켜보는 것이다. 자주 임장을 가거나 중개사무소 혹은 조합 사무실에 연락해서 교통영향평가 및 건축심의 통과 여부를 모니터링하는 것도 현명한 방법이다.

결국 부지런한 투자자가 성공한다. 여러 번 강조하지만 아무것도 하지 않으면 아무 일도 일어나지 않는다.

진와이스 투자 꿀팁

감정평가액을 미리 추정해보자 ☑

개별 물건의 감정평가액이 나오기 전에 투자하려면 불안하기 마련이다. 이 물건이 감정평가를 거친 뒤 얼마의 가치를 인정받게 될지를 알 수 없기 때문이다.

이때 대략이나마 감정평가액을 추정해볼 수 있다면 훨씬 더 안정적으로 투자할 수 있을 것이다. 간단하게나마 감정평가 전에 예상 감정평가액을 계산하는 방법이 있다. 인근에 이미 감정평가가 나온 구역의 감정평가액을 알아보고, 공시가격(정부가 공시한 것으로, 부동산 가격의 지표가 되는 가격) 대비 감정평가액 비율을 구하여 내가 매수하려는 구역에 적용해보는 것이다.

직접 계산해보면 더욱 이해가 빠를 것이다. 한번 예를 들어보자. 내가 매수하려는 구역과 가까운 재개발 구역에 있는 A빌라의 감정평가액과 공동주택 가격비율이 다음과 같다고 해보자.

인근 재개발 지역 A빌라

(단위: 원)

감정평가액(A)	1.3억
공동주택 공시가격(B)	1억
인근 공동주택 가격비율(C)	A/B×100= 1.3억/1억×100=130%

공시가격이 1억 원인 물건의 감정평가액이 1억 3천만 원이 나왔다. 비율을 계산해보니 130% 정도 된다. 이렇게 인근 공동주택 가격비율을 계산했다면 이것을 내가 매수하고 싶은 구역의 물건에 적용해보면 된다. 만약 매수하려는 빌라의 공동주택 공시가격(B)이 1억 2천만 원이고 매매가는 2억 원이라고 가정해보자. 이때 공동주택 공시가격에 아까 구한 비율을 곱하면 추정 감정평가액이 나온다.

추정 감정평가액
=공동주택 공시가격(B)×인근 공동주택 가격비율(C)
=1억 2,000만 원×130%=1억 5,600만 원

내가 매수하고 싶은 빌라는 추후 감정평가를 거치면 1억 5,600

만 원 정도로 평가받으리라고 예측해볼 수 있다. 이 빌라의 실제 매매가가 2억 원이므로 프리미엄은 4,400만 원 정도로 추정해볼 수 있다. 아직 조합설립 단계이므로 프리미엄이 많이 붙지 않았다고 생각할 수 있다.

추정 감정평가액은 말 그대로 '추정'이므로 정확하게 맞아떨어지지는 않는다. 이 방법은 조합설립 직후부터 감정평가 전까지 활용해볼 수 있다. 그렇지만 사업시행인가가 난 이후라면 조금 더 기다렸다가 감정평가 이후에 투자하는 편이 더 현명하다. 이 부분에 대해서는 다음 장에서 더욱 자세히 짚어보겠다.

1페이지로 정리하는 **사업시행인가 단계 매수 포인트**

① 사업시행인가가 나면 전체 사업의 절반 정도 진행되었다고 보면 된다. 사업의 전반적인 사항이 확정되어 매우 안전한 투자가 가능해진다.

② 사업시행인가 직후에는 물건에 프리미엄이 붙어서 시세가 껑충 뛰게 마련이다.

③ 사업시행인가 직후, 감정평가 이전에는 내가 매수하려는 물건의 가치를 정확히 알 수 없다는 단점이 있다. 이때 인근에 감정평가가 이미 진행된 물건을 바탕으로 내가 사려는 물건의 감정평가액을 추정해볼 수도 있다.

④ 전략적으로 사업시행인가 직전에 매수하면 수익을 높일 수 있다.

11

감정평가

좋은 물건 싸게 매수하는 세일 기간

이제 드디어 감정평가 단계에 왔다. 감정평가란 말 그대로 조합원 개개인이 가진 빌라, 주택 등의 개별 물건의 자산 가치가 어느 정도인지 '감정'하여 금액으로 '평가'하는 과정을 말한다. 재건축·재개발 감정평가 결과가 나오면 해당 구역이 한바탕 난리가 난다. 감정평가가 넉넉하게 나온 곳은 환호하고, 조합원이 속상할 정도로 야박하게 나온 곳은 커다란 실망에 빠진다. 1억 원에 산 집의 감정평가액이 1억 5천만 원이면 '복권 당첨'이 된

듯한 기분이 들겠지만, 반대로 7천만 원이면 억울하고 속상해지는 것이다.

그런데 투자자 입장에서는 정확히 물건의 가치가 평가된 이 시점이 오히려 저렴하게 매수할 기회가 된다. 앞서 사업시행인가 직후에 매수하기보다는 감정평가 단계까지 기다리라고 강조한 바 있다. 그 이유와 함께 매수 포인트를 짚어보자.

감정평가 이후 매수 찬스,
'실망 매물'을 잡아라!

여기 조합원 A씨가 있다. 구역에 낡은 빌라를 갖고 있었는데, 감정평가액이 1억 원이 나왔다. 생각보다 감정평가액이 적게 나와서 실망스러운데, 예상 조합원분양가를 보니 34평형(84m²)이 4억 원이나 한다. 낡은 빌라를 주고 새 아파트를 얻기 위해서는 추가로 3억 원에 가까운 돈을 내야 한다. 물론 차액 3억 원을 당장 내야 하는 것은 아니지만, A씨는 고민에 빠질 수밖에 없다. '헌 집 내놓으면 무조건 새 집을 주는 줄 알았는데, 앞으로 3억 원이나 더 필요하다고? 그러느니 그냥 지금 팔아버리는 게 낫지 않을까?' 크게 실망한 A씨는 이런 생각으로 중개사무소에 가서 프리미엄 1억 원을 붙여서 2억 원에 매도하기로 결심했다. 감정평가액은 1억 원인데, 1억 원을 더 받고 팔 수 있으니 이득이라고 생각하는 것이다.

이렇듯 재개발 사업을 제대로 이해하지 못한 조합원들이 감정평가 이후 시장에 물건을 내놓는 경우가 있다. 아이러니하게도 바로 이 시점이 재개발 구역에서 내 집을 마련하거나 투자를 하기에 적기이다. 감정평가 이후이므로 내가 얼마의 프리미엄을 주고 재개발 빌라를 사는지 정확히 알 수 있고, 예상 조합원분양가가 나와 있으므로 추후 얼마의 돈을 더 내야 하는지도 계산할 수 있다. 이런 장점이 있음에도 불구하고 감정평가가 끝났다고 해서 프리미엄이 딱히 더 붙지도 않는다. 사업시행인가 이후 감정평가 단계를 기다리라고 강조한 이유다.

감정평가가 끝난 직후에 낮은 감정평가액에 실망한 조합원이 내놓는 물건들, 이른바 '실망 매물'을 눈여겨보자. 감정평가액이 저렴한 물건을 매수하고 나서, 이후에 최대한 큰 평수로 분양 신청을 하는 것이다. 1억 원짜리 감정평가액 물건으로 지방에서는 34평형 아파트도 거뜬히 받을 수 있다. 지방 재개발 구역의 경우, 대체로 조합원 수 대비 선호 평형인 34평 일반분양 수가 훨씬 많아서 가능한 일이다. 다만 서울·수도권에서는 감정평가액이 너무 작은 물건으로 34평형을 받기란 거의 불가능하다는 점도 알아둘 필요가 있다.

조합원 분양 신청 마감 전에 뜻밖의 매수 기회가 있다

어떤 평형의 아파트를 받을 것인지 결정하는 '조합원 분양 신청 기간'이 3개월 정도 된다. 이 기간에 뜻밖의 매수 기회가 있으니, 바로 25평형(59m²)을 신청해둔 조합원의 매물을 매수하는 것이다. 조합원 분양 신청 기간이라면 이런 물건을 반드시 눈여겨보길 바란다. 25평형이라 대형 평수에 비해 프리미엄은 적게 붙어 있지만, 분양 신청 기간 3개월 동안에는 평형을 바꿔서 재신청을 할 수 있기 때문이다. 조합원 분양 신청 기간에는 몇 번이든 분양 신청을 다시 할 수 있다. 이런 물건을 매수하는 경우, 빨리 잔금을 치르고 조합원 분양 신청을 다시 해야 한다. 아니면 계약 시에 매도인으로 하여금 다시 34평형으로 재신청을 하는 내용의 특약을 넣을 수도 있다. 물론 매수하는 물건의 감정평가액이 작아서 34평형을 받지 못한다면 어쩔 수 없지만, 그래도 신청은 해볼 수 있지 않은가.

앞서 이야기했지만, 재개발·재건축 사업에서는 큰 평형의 아파트일수록 프리미엄이 훨씬 많이 붙는다. 광역시 기준으로 25평보다 34평이 최소 1억 원 이상, 34평보다 40평대가 1억 원 이상 프리미엄이 높다. 당연히 조합원이 분양 신청을 할 때 가능한 한 큰 평수를 분양받는 편이 유리하다. 그런데 이 사실을 모르고

25평형을 신청하는 조합원이 항상 있다. 이유는 다양하다. 그렇게 큰 집은 필요가 없다고 생각해서 작은 평수를 선택하기도 한다. 심지어 펜트하우스나 50평대 아파트를 받을 수 있을 정도로 감정평가액이 높은 주택을 소유하고 있는데도 25평형을 신청하는 노부부를 본 적이 있다. 자녀가 다 독립하여 25평형이면 사는 데 충분하다는 것이다. 물론 틀린 말은 아니지만, 투자자인 내 입장에서는 눈앞에서 '몇억'이 사라지는 듯하여 안타까운 마음이 든다. 그런가 하면 감정평가액이 작은 물건을 소유한 조합원이 추가 분담금이 걱정되어 처음부터 25평형을 선택하는 경우도 있다. 물론 분담금은 적게 들어가겠지만 그만큼 프리미엄도 적게 붙는다는 사실을 모르기 때문에 이런 선택을 한다.

더욱 안타까운 경우가 있다. 25평형을 신청해놓고도 분담금이 부담되어 시장에 매물을 내놓는 사례다. 조합원 분양 신청 이후에는 기존의 감정평가액과 상관없이 어떤 평수를 선택했느냐에 따라 프리미엄이 정해진다. 25평형이 아니라 34평형을 분양 신청하고 매도를 했다면 더욱 큰 수익을 낼 수 있다는 뜻이다. 사실 입지 좋은 재개발·재건축 구역에서 40평대 아파트를 신청한 조합원 물건은 거의 시장에 나오지 않는다. 그 정도로 희소성이 높고 부르는 게 값이라는 얘기다. 그러니 조합원 분양 신청, 평형 신청만 잘해도 추가 수익을 낼 수 있는 중요한 시기이다.

재개발·재건축 투자에서도 아는 것이 힘이다

손해를 보는 조합원이 흔히 하는 선택이 하나 더 있다. 굳이 저층을 신청하는 것이다. 기본적으로 재개발·재건축 사업에서 조합은 조합원에게 이익을 주고자 한다. 그래서 '로열 동', '로열 라인'을 배정받기가 일반분양보다 훨씬 유리하다. 이는 조합원만이 누리는 막강한 혜택이다. 그런데 굳이 저층을 배정받겠고 한다. 이러한 조합원의 요구는 무조건 수용된다. 시공사 입장에서야 분양이 잘 되지 않고 분양가가 저렴한 저층을 가져간다고 하면 마다할 이유가 없으니까. 그런데 왜 굳이 저층을 선택하려는 걸까? 높은 층에 살고 싶지 않아서 저층을 신청했다는 분을 만난 적이 있다. 저층과 로열 층의 가격 차이가 최소 몇천만 원, 크게는 억대로 날 수도 있다는 점을 생각하면 안타까울 수밖에 없다.

여기서 귀중한 교훈을 얻게 된다. 아는 만큼 내 자산을 지킬 수 있다는 진리다. 조합원이라고 해서 모두 재개발·재건축 사업 절차를 꿰뚫고 있는 것은 아니다. 조합은 총회를 열고 전체적인 사업의 방향과 결정 사항을 통보하지만, 조합원 개개인의 이익까지 챙겨주지는 않는다. 어떻게 분양 신청을 하고 어떤 층을 선택해야 수익이 나는지까지는 언급해주지 않는 것이다. 결국 조합원 개개인이 사업을 파악하고 제대로 선택해야 수익을 극대화 할 수 있다. 내가 나서서 공부하고 계산기를 끝까지 두드려봐야 내 눈앞에서 사라지는 '1억'을 붙잡을 수 있다.

다시 한번 강조하지만, 감정평가 후에 매수하는 것이 여러모로 안전하고 확실하다. 사업시행인가 직후 추정 감정평가액을 기준으로 매수했는데 계산이 맞지 않을 경우 오히려 손해를 볼 수도 있다. 감정평가가 끝난 뒤가 더욱 안전하고 확실한 투자 타이밍이며, '실망 매물'을 잘 만난다면 저렴한 가격에 좋은 물건을 매수할 수도 있다는 사실을 꼭 기억하자.

1페이지로 정리하는
감정평가 단계 매수 포인트

① 감정평가란 개별 물건의 자산 가치가 어느 정도인지 '감정'하여 금액으로 '평가'하는 과정을 말한다.

② 내가 얼마의 프리미엄을 주고 물건을 매수하는지 정확히 알 수 있어 안전한 투자 단계이다.

③ 감정평가 이후, 낮은 감정평가액에 실망한 조합원이 내놓는 '실망 매물'을 노려보는 것도 좋다.

④ 조합원 분양 신청 기간이라면, 작은 평수를 신청해둔 조합원의 물건을 사는 것도 방법이다. 이 기간에는 평형을 변경하는 신청을 여러 번 할 수 있기 때문이다.

12

관리처분인가

낡은 빌라가 입주권으로 신분 상승!

관리처분인가 단계에 이르렀다면 이제 정말 거의 다 왔다. 관리처분인가란 쉽게 말해 내가 소유한 재개발 물건을 신축 부동산으로 바꿀 수 있는 권리로 변환하는 절차라고 생각하면 편하다. 관리처분인가가 나면 비로소 사람들이 이사를 하고, 오래된 집을 다 철거하고, 깨끗하게 비워진 택지 위에 아파트를 착공하게 된다. 사업의 전체 과정에서 80% 정도 진행되었다고 보면 된다. 사업시행인가 단계에서 어느 정도 결정되었던 사업 규모가 이 단계에서 확정된다. 일반분양 세대수, 조합원분양가, 전체 공사비와 예상 분양 수입, 조합원 분담금, 비례율* 등을 정확히 알게 된다. 밥상을 맛있게 차려놓고 숟가락만 딱 올리는 단계다. 이 단계에서는 어떤 점들을 유의하여 투자해야 할까?

관리처분인가일은
조합원의 '분양 당첨일'이다

관리처분인가 이후 가장 큰 변화는 이때부터 구역 내 거주자가 이주 준비를 한다는 점이다. 단지 규모에 따라 보통은 6개월 정도 이주 기간을 준다. 이어서 주택을 철거하고 아파트 착공에 들어가는데, 관리처분인가가 난 시점부터 신축 아파트 준공까지 최소 5년은 소요된다. 이주 시에는 이주비 대출을 무이자로 받을 수 있다는 점도 체크해두자. 보통 조합원이 가진 물건의 감정평가액에서 40~70% 정도 이주비 대출이 나온다.

여기서 관리처분인가와 관련하여 반드시 짚고 넘어갈 사항이

* 재개발·재건축 사업에서 비례율은 100%를 기준으로 사업성을 나타내는 지표다. 100%보다 높으면 사업성이 좋고, 낮으면 사업성이 떨어진다고 보면 된다. 감정평가액에 비례율을 곱하면 '권리가액'이 나오고, 이 권리가액이 얼마인지에 따라 개별 물건의 조합원 분담금이 달라진다.

있다. 먼저, 투기과열지구에서 관리처분인가 이후의 재개발 매물을 매수하면 조합원 지위를 양도받을 수 없다는 사실이다. 단, 재개발의 전매 금지는 2018년 1월 24일 이후 사업시행인가를 신청한 조합부터 적용된다. 따라서 기준일 이전에 사업시행인가를 신청한 재개발 구역의 매물을 매수하면 입주권을 받을 수 있다.

다음으로는 '투기과열지구 5년 내 재당첨 금지' 조항과 관련이 있다. 예시를 통해 확인해보자.

투기과열지구에 재개발 물건을 하나 갖고 있는 A씨가 있다. 이 물건은 2022년 12월에 관리처분인가를 받았고, 분양 신청까지 마쳤다. 최근 A씨는 여유 자금으로 투기과열지구 내 다른 구역의 재개발 물건을 사업시행인가 단계에서 매수했는데, 이 물건 역시 곧 관리처분인가를 받을 예정이라고 한다. A씨는 두 재개발 물건에 대해 모두 입주권을 받을 수 있을까?

정답은 '입주권을 받을 수 없다'이다. '투기과열지구 5년 내 재당첨 금지' 조항에 걸리기 때문이다. 아파트 청약을 통해 일반분양을 받을 때 청약 발표일이 당첨일인 것처럼, 재개발·재건축에서 조합원의 분양 당첨일은 관리처분인가일이다. A씨가 가진 물건은 2022년 12월에 관리처분인가, 즉 분양 당첨이 되었으므로, 앞으로 5년간 투기과열지구 내 다른 정비사업의 조합원 분양 또는 정비사업의 일반분양을 받을 수 없다. 그러므로 A씨는 나중에 산 물건을 분양 신청할 수 없다. 나중에 산 물건은 현금 청산 대상이므로, 이를 조합원 분양 신청 전에 매도해야 한다.

참고로 이미 관리처분인가를 받은 물건을 매수한 투자자는 재당첨 금지 조항에서 자유롭다. 본인이 당첨을 받은 것이 아니라, 관리처분인가일 당시에 물건을 소유하고 있었던 조합원이 당첨을 받은 것이기 때문이다. 관리처분인가 이후의 매수에는 이런 장점이 있다.

투기과열지구 조합원 지위 양도 금지 기준

재개발	관리처분인가 이후 매수 시 조합원 지위 양도되지 않음 (2018년 1월 24일 이후 사업시행인가를 신청한 조합부터 적용)
재건축	조합설립인가 이후 매수 시 조합원 지위 양도되지 않음

※ 2023년 1월 기준 투기과열지구는 서울 용산구·강남구·서초구·송파구이다.

관리처분인가 단계의 매수 포인트는 '세금'과 관련이 있다

관리처분인가가 났다고 해서 다음 날 바로 눈에 띄는 변화가 생기는 것은 아니다. 앞서 이야기했듯 이주·철거까지도 시간이 꽤 걸리기 때문이다. 그런데 이때부터 구역 내 모든 물건은 '입주권'으로 불린다. 빌라뿐만 아니라 상가, 토지 할 것 없이 나중에 아파트로 바뀔 물건들이 모두 입주권으로 신분 상승하는 순간이다.

이제 기존에 이미 주택으로 분류되던 빌라, 단독주택뿐만 아니라 비주택이던 상가와 토지도 철거 이후 주택 수에 포함되면서, 기존에 보유한 다른 주택의 양도세 및 취득세에 영향을 준다. 이때 입주권이 주택 수에 포함되면 세금 문제로 곤란해지는 조합원이 물건을 매도하는 경우가 있다. 관리처분인가 이전에는 시장에 이런 물건들이 나오게 된다.

다주택자가 종부세에서 자유로워지는 순간

다주택자는 종부세로 골머리를 앓는 경우가 많다. 그저 보유하고 있는 것만으로도 매해 세금을 납부해야 하기 때문이다.

그런데 다주택자가 자산을 늘리면서도 보유세로부터 자유로울 수 있는 방법이 있다. 관리처분인가 이후 입주권을 매수하는 것이다. 이때 이주·철거를 한 뒤 '멸실'이 된 이후에 매수해야만 보유세를 줄일 수 있다는 점을 명심해야 한다. 멸실 이전에는 건물이 살아 있는 것으로 간주되어 이전처럼 시·군·구청에서 재산세를 부과하게 되고, 이를 바탕으로 각 유형별 공제액을 초과하는 부분에 대하여 국세청에서 종부세를 부과하기 때문이다.* 주택이 멸실되는 순간부터 건물은 없어지고 토지만 남기 때문에 토지에 대한 재산세만 내면 되고, 종부세는 부과되지 않는다. 건물이 멸실되었다고 하더라도 입주 시까지는 짧게는 4년, 길게는 5~6년도 걸릴 수 있는데, 이렇듯 긴 시간 동안 재산세가 경감되고 종부세 걱정에서 완전히 자유로운 상태가 되는 것이다. 다주택자의 종부세 절세 포인트가 재개발·재건축에 있음을 기억하자.

* 참고로 상가의 경우 부속토지의 공시지가 합계가 80억 원을 넘는 경우에만 종부세 과세 대상이 된다. 일반 투자자가 토지만으로 공시지가 80억 원을 넘기란 쉽지 않다.

진와이스 투자 꿀팁

'멸실' 여부를 철저히 확인하라 ☑

재개발·재건축 투자에서 멸실 여부는 투자의 기준이 될 정도로 중요하다. 그런데 건물이 없어졌다고 해서 무조건 멸실로 간주해서는 곤란하다. 멸실은 건물의 현존 여부보다 구청의 '멸실 등기' 여부로 결정된다. 건물이 철거되고 없는 상태여도 구청에 멸실 등기가 되어 있지 않으면 세금을 낼 때 멸실로 취급하지 않는다. "아직 멸실 등기 이전이지만, 구청 직원이 멸실로 인정해준다고 하던데요?" 이런 말에 휘둘려선 안 된다. 절대 변하지 않는 공부상의 증거, 서류를 바탕으로 멸실 여부를 확인해야 한다.

건물이 철거된 이후에 입주권을 매수한 지인이 있다. 세금 문제로 멸실 이후 입주권을 매수하기를 원했고, 중개사와 매도인의 말을 믿고 계약을 진행했다. 그런데 계약금을 입금한 뒤에, 멸실 등기가 완료되지 않았다는 사실을 알았다. 다행히 계약 진행 중에 매도인과 협의하여 '잔금은 멸실 등기가 완료되는 시점에 지불한다'라는 특약을 추가할 수 있었고, 계약을 안전하게 지킬 수 있었다. 그러나 항상 이렇게 잘 해결되는 것은 아니므로 처음부터 확실하게 짚고 넘어가는 편이 안전하다.

1페이지로 정리하는
관리처분인가 단계 매수 포인트

① 관리처분인가가 나면 사업의 전체 과정에서 80% 정도 진행되었다고 보면 된다. 관리처분인가가 나면 비로소 이주, 철거, 착공 등이 진행된다.

② 투기과열지구의 경우, 조합원이 가지고 있던 물건이 관리처분인가가 나면 그때부터 5년간 다른 정비사업의 조합원 분양 또는 일반분양을 받을 수 없다. 한편 관리처분인가를 받은 물건을 매수한 투자자는 재당첨 금지 조항에서 자유롭다.

③ 관리처분인가 이후 매수 시 다주택자는 멸실 이후에 매수해야 보유세로부터 자유롭다. 이때 반드시 공부상의 증거, 즉 서류를 바탕으로 멸실 여부를 확인해야 한다.

13

입주권 vs. 분양권, 무엇이 다를까?

"진와이스 님, 관리처분인가 이후에 매수한 물건을 '입주권'이라고 한다고 하셨지요. 그런데 '분양권'은 뭘까요? 분양권을 거래하면서 돈을 벌 수도 있다고 하던데, 입주권과 분양권은 다른 건가요?"

헷갈리기 쉬운 용어지만, 둘은 엄연히 다르다. 이번에는 조합원이 아니어도 새 아파트를 받을 수 있는 '분양권'에 대해 짚고 넘어가 본다.

분양권을 매수해도 나중에 새 아파트를 받는다

분양권과 입주권이라는 용어 자체를 헷갈리는 분들이 있다. 입주권은 재개발·재건축이 진행되는 곳의 조합원이 추후 새 아파트를 얻을 수 있는 권리를 말한다. 분양권은 신축 아파트 청약을 신청하고 당첨될 경우 얻을 수 있는 권리로, 건물 준공 이전에 획득하게 된다. 쉽게 말해 분양권을 '청약 당첨권'이라고 생각하면 편하다.

재개발이 한창 진행 중인 A구역을 예시로 들어보자. 이곳의 전체 분양 세대가 1천 세대이고, 그중 조합원이 500세대, 임대아파트는 50세대, 일반분양은 450세대라고 가정해보겠다. 먼저 500세대 조합원의 동·호수 추첨을 하고, 이후에 일반분양 450세대가 청약 시장에 나온다. 이때 청약 당첨자가 계약금을 내고 나면 비로소 분양권을 갖게 된다. 분양권이 전매가 되는 시점부터는 일반분양권도 사고팔 수 있으니, 이 시점부터는 입주권과 분양권이 시장에서 동시에 거래된다.

그렇다면 입주권과 분양권 중 어느 쪽을 매수하는 편이 더 이득일까? 다음 사항을 참고로 나의 투자 방향을 정해보자.

① 일반분양 직후에는 초기 투자금이 작은 분양권 투자가 유리하다

분양권을 매수할 때에는 일반분양가의 10%(20%인 경우도 있다)에 해당하는 계약금과 프리미엄만 내면 된다. 예를 들어 일반분양가가 4억 원인 아파트 분양권을 매수할 때, 4억 원의 10%인 4천만 원과 해당 물건에 붙은 프리미엄만 내면 되는 식이다. 프리미엄이 1억 원이라고 가정하면 총 1억 4천만 원이 초기 투자금에 해당한다. 그리고 대출 실행된 중도금은 승계를 받는 것이 기본이다.

한편 재개발·재건축 입주권을 매수할 때는 분양권에 비해 초기에 더 많은 돈이 필요하다. 특히 사업성이 좋아서 프리미엄이 높은 구역으로 갈수록 편차는 더욱 크다. 감정평가액에 프리미엄을 더한 금액을 한꺼번에 내놓아야 하기 때문이다. 물론 이주비 대출 등을 받을 수 있지만, 분양권에 비하면 초기에 내야 하는 금액이 굉장히 높은 편이다. 예를 들어, 분양권을 매수할 때보다 초기 투자금이 1억 원 이상 더 든다면 아무래도 부담이 된다. 일반분양 직후에는 당장 초기 투자금이 적은 분양권이 입주권보다 더 매력적인 투자처로 보인다.

② 입주 시기에 매수할 때는 입주권이 더욱 유리하다

물건 자체는 입주권이 분양권보다 좋을 확률이 높다. 재개발·재건축 사업에서 조합원에게만 주어지는 혜택이 있기 때문이다. 일단 일반분양권에 비해 입주권이 로얄 동, 로얄 층일 확률이 높고, 또한 사업성 좋은 구역은 비례율에 따른 추가 수익을 기대해볼 만하다. 몇천만 원 들어가는 발코니 확장과 새시를 무상 제공받기도 하고, 냉장고나 시스템에어컨 같은 가전제품이 기본 옵션일 때도 허다하다. 사실 좋은 동과 층이라는 이유만으도 서울·수도권·광역시에서는 프리미엄이 수천만 원에서 1억 원까지도 더 높게 형성된다.

일반분양 초기, 입주권과 분양권이 함께 거래되면서 준공까지 몇 년의 시간이 남은 시기에는 이런 장점이 크게 와닿지 않는다. 투자자로서는 당장 분양권보다 입주권을 매수할 때 1~2억 원 이상의 자금이 더 드는 것이 부담스럽기 때문이다. 그러나 입주 시기가 되면 입장이 달라진다. 보통 잔금에 대한 계획은 미리 세워져 있는 경우가 대부분이다. 매수자가 실거주하려는 경우에는 전세금을 빼거나 살던 집을 매도한 돈으로 잔금을 치르고 직접 입주할 것이고, 투자자의 경우 전세를 놓아 잔금을 치른다. 한마디로 잔금을 치르는 시기에는 투자금이 얼마나 드는지보다는 물건 자체의 가치에 집중하게 된다는 뜻이다. 여러 가지 혜택이 많은 로얄 층, 로얄 동 입주권 매물은 이때쯤 매우 귀한 상황이 된다.

투자에 대한 결정은 스스로 해야 한다

어느 누구도 어떤 투자가 가장 좋다고 정의 내릴 수는 없다. 주식으로 큰 수익을 내는 사람도 있고, 부동산으로 돈을 버는 사람도 있다. 분양권과 입주권도 마찬가지다. 무엇이 좋은지는 자신이 처한 상황에 따라 다르므로 스스로 판단을 내려야 한다.

다만 재개발·재건축 투자자로서, 대부분의 사람들이 '입주권 매수'를 애초부터 선택지에서 지워버리는 현실은 안타깝다. 재개발·재건축 투자는 어렵고 복잡하다고만 생각해서 시도조차 하지 않는다. 그러나 현명하게 투자하려면 각 투자처의 장단점을 명확히 알고 있어야 한다. 아는 것이 힘이고, 공부만이 살길이다.

1페이지로 정리하는
분양권과 입주권

① 분양권과 입주권은 다르다.

② 입주권은 재개발·재건축이 진행되는 곳의 조합원이 추후 새 아파트를 얻을 수 있는 권리를 말한다.

③ 분양권은 신축 아파트 청약을 신청하고 당첨될 경우 얻을 수 있는 권리로, '청약 당첨권'이라고 생각하면 된다.

④ 조합원 혜택 등으로 물건 자체는 입주권이 더욱 좋을 확률이 높다.

⑤ 분양권 매수는 입주권에 비해 초기 투자금이 적게 드는 편이다.

⑥ 입주 시기에는 물건 자체가 좋은 입주권을 매수하는 편이 유리할 수 있다.

재개발·재건축 기본 용어, 완벽하게 이해해보자

지금까지 재개발·재건축의 과정과 꼭 알아두어야 할 투자 포인트를 짚어보았다. 생소한 용어가 나와도 물러서지 않은 당신에게 박수를 보낸다. 이번 장에서는 그동안 나왔던 재개발·재건축 용어를 한데 모아 정리했다. 이 페이지에 포스트잇을 붙여두고 필요할 때마다 읽으면 도움이 된다. 고등학교 시절 수천 개의 영어 단어를 외웠던 만큼 재개발·재건축 용어 정도는 수월하게 이해할 수 있을 것이다.

| 토지등소유자

'조합원'이라는 말은 우리에게 매우 익숙하다. 그런데 조합이 설립되기 이전에 조합원이 될 사람은 뭐라고 불러야 할까? 이들이 바로 '토지등소유자'이다. 정비구역에 토지, 상가, 주택, 빌라 등을 소유한 사람을 뜻한다. 조합이 설립되고 나면 토지등소유자가 비로소 조합원이 된다.

| 조합원

정비구역 내에 토지나 건축물을 소유한 사람을 조합원이라고 한다. 재개발과 재건축의 조합원이 되는 조건은 조금 다르다. 재건축의 조합원이 되려면 건축물과 토지 둘 다를 소유하고 있어야 하며, 재건축 사업에 동의해야만 조합원이 될 수 있다. 재개발의 경우는 조합원이 되기 위해 아무것도 할 필요 없이 자동으로 조합원 지위를 얻는다. 그럼 재개발 구역의 토지등소유자는 자신의 의사와 상관없이 무조건 사업에 참여해야 할까? 그렇지 않다. 조합원 분양 신청 기간에 분양 신청을 하지 않으면 자동으로 조합원에서 탈퇴하게 된다. 반대로 말하면, 사업에 참여하고 싶다면 반드시 조합원 분양 신청 기간에 분양 신청을 해야 한다는 뜻이기도 하다.

| 감정평가액

조합원의 가장 큰 관심사는 '내 물건이 얼마나 가치 있는가'이다. 이것을 평가하여 나온 금액이 감정평가액이다. 간단하게 '감평가'라고 줄여서 말하기도 한다. 현장에서는 줄임말을 더 많이 사용하니 익혀두면 좋다. 감정평가액이 나오면 앞으로 추가 투자금이 얼마나 더 필요한지 거의 정확하게 계산해낼 수 있다.

| 비례율

비례율이 좋아야 사업성이 좋다는 이야기를 들어본 적이 있을 것이다. 100%를 기준으로 하여 그 이상이면 사업성이 좋은 것이고, 이하면 사업성이 떨어진다고 판단한다. 다음 식을 통해 비례율 구하는 방법을 알아보자. 미리 말해두지만 외울 필요는 없다.

비례율=(종후 자산평가액-총사업비)/종전 자산평가액

| 종전 자산평가액

종전 자산평가액이란 '사업을 마치기 이전에 가지고 있던 모든 자산의 평가액'이라는 뜻이다. 재개발·재건축 사업의 완료 전, 조합원 개개인의 감정평가액의 합을 말한다.

| 종후 자산평가액

재개발·재건축 사업이 완료된 이후의 총 수입액이다. 조합원 분양 수입과 일반분양 수입이 여기에 해당한다. 조합원 분양 수입은 크게 변하지 않는다. 그러나 일반분양 수입은 일반분양가가 얼마인지에 따라서, 그리고 분양 '완판' 여부에 따라서 변동이 크다. 재개발·재건축 사업의 성공을 좌지우지하는 열쇠가 일반분양에 있다고 해도 과언이 아니다.

종후 자산평가액에서 총사업비를 빼고, 이를 종전 자산평가액으로 나누면 비례율이 나온다. 원래의 자산 가치에 비해 사업이 완료된 뒤의 이익이 얼마나 되는지 구하는 공식이라고 이해하면 된다. 중요한 점은 우리가 비례율을 구할 필요도 없고 구할 수도 없다는 것이다. 비례율이 100%보다 높으면 사업성이 좋은 것이고, 100%보다 낮으면 사업성이 떨어진다는 것만 기억해도 충분하다. 한편 아무리 입지가 좋은 곳이라도 사업 기간이 길어지면 비용이 늘어남에 따라 비례율이 내려갈 수밖에 없다.

| 권리가액

조합원 개개인의 감정평가액에 비례율을 곱하면 권리가액이 나온다. 사업성, 즉 비례율이 높으면 내가 가진 빌라의 가격(감정평가액)보다 가치를 더욱 높게 쳐준다는 뜻이다. 가령 내가 매수한 빌라의 감정평가액이 1억 원이고 그 구역의 비례율이 130%

라면 내 권리가액은 1억 3천만 원이 된다. 그리고 실제 이 금액을 조합원분양가에서 제하고 남은 금액만 추가로 납부하면 된다.

권리가액=감정평가액×비례율

| 분담금

감정평가액이 결정되고 권리가액이 산정되면, 이에 따라 추후 얼마의 돈을 더 내야 새 아파트를 받을 수 있는지 정해진다. 이때 추가로 내는 돈을 분담금이라고 한다. 조합원분양가에서 조합원의 권리가액을 빼면 추가로 내야 할 분담금이 나온다. 조합원이 가지고 있는 물건의 가격이 클수록 분담금은 적어지고, 조합원이 소유한 물건이 무허가 주택과 같이 감정평가액이 적을수록 분담금을 훨씬 더 많이 내야 새 아파트를 받을 수 있다. 참고로 자신이 소유한 물건의 감정평가액이 높을수록 큰 평형의 아파트를 받는 데 유리하다.

분담금=조합원분양가-권리가액

| 환급금

조합원이 갖고 있는 물건의 가격이 훨씬 클 때, 그 차액을 돌려받기도 한다. 이것을 '환급금'이라고 한다.

| 조합원분양가

조합원에게 아파트를 분양하는 가격을 말한다. 재개발·재건축 사업에서는 조합원에게 아파트를 먼저 분양한 뒤에 일반분양을 하게 되는데, 예전에는 조합원분양가와 일반분양가의 차이가 그리 크지 않았다. 그러나 부동산 상승기를 지난 데다가 건축자재 원가가 오른 지금, 둘의 차이가 상당히 커진 상태다. 이미 조합원분양가가 산정이 된 곳은 일반분양가보다 조합원분양가가 훨씬 저렴한 곳이 많다.

| 일반분양가

조합원에게 분양하고 남은 물량은 일반분양을 하게 된다. 이때 일반분양하는 새 아파트의 가격이 일반분양가이다. 청약통장만 있다면 누구나 일반분양을 신청할 수 있다.

| 현금 청산

재개발·재건축 투자에서 '현금 청산'을 두려워하는 분이 많다. 현금 청산의 대상이 되는 물건을 사거나 조합원 스스로 사업에 참여할 의사가 없을 때 현금 청산을 신청할 수 있다. 조합원은 새 아파트를 받는 대신 자신의 물건 가격에 합당한 현금을 받고 사업에서 빠지게 된다.

| 이주비

관리처분인가 이후에 사업 막바지 단계에서는 이주·철거가 이뤄진다. 이때 새 아파트가 준공될 때까지 조합원이 거주할 집이 필요하다. 그 거주비를 지원해주는 취지의 금액이 '이주비'이다. 보통 감정평가액의 40~70%의 이주비를 무이자로 대출받을 수 있다. 이주비 대출은 주로 입주 시에 상환하는 형식으로 진행된다.

| 이주촉진비

이주비와는 별개로 이사하는 데 들어가는 비용을 지급하는데 이것이 이주촉진비이다. 현장에서는 주로 '이사비'라고 불리며, 세대당 몇백에서 크게는 몇천까지 지급된다.

| 이외의 은어들

현장에서 많이 쓰이는 은어들이 있다. '초투'는 '초기 투자금액'을, '총투'는 '총 투자금액'을 말한다. '뚜껑'은 무허가 건축물을 지칭하는 재개발 은어이다.

4부

'투자'라고 하면 일단 집부터 빼게 된다.
그러나 정말 번듯한 내 집 한 채를 마련하고 싶어서
용감하게 재개발·재건축에 뛰어들어 성과를 낸 사람도 많다.
나 진와이스가 그랬듯이 말이다.

5천만 원으로 5억 버는 실전 투자 사례

지금부터 술술 읽히는 몇 가지 투자 사례를 공개한다.

무엇보다도 '나도 할 수 있다'라는

자신감을 얻게 될 것이다.

14

실전 투자 사례 1

조합설립 단계에 매수해서 34평 새 아파트에 입주하다

"언니, 나 재개발 구역에 신혼집 마련했어."

10여 년 전쯤 일이다. 후배 A는 내가 재개발·재건축 투자를 한다는 사실을 알고 나서, 자신도 꼭 신혼 생활을 재개발 투자로 시작하겠다고 말해왔다. 나에게 이것저것 묻고 끙끙거리며 공부하더니 정말로 경기도 부천시 재개발 구역의 낡은 빌라를 신혼집으로 마련했다는 것이다. 절친한 후배의 신혼집에 초대를 받아서 간 그날이 아직도 생생하다. 그녀는 불필요한 돈을 쓰지 않겠다며 깨끗한 합지로 손수 도배를 했다. 아기자기하게 꾸며서 누가 봐도 신혼집이었지만 외관은 여지없이 30년 된 낡은 빌라였다. 그 빌라를 모아둔 돈 5천만 원에 대출 9천만 원으로 매수해서 신혼 살림을 시작했다.

기다릴 줄 아는 투자자가 결국 이긴다

투자 과정을 처음부터 짚어보겠다. 2009년 5월, A는 송내 1-2구역 조합이 설립되는 것을 보고 빌라를 매수했다. 그 뒤로 1년이 채 안 되어서 2010년 3월에 사업시행인가를 받았다. 전체 과정의 50%까지 재빠르게 진행되었으니 기대감이 더욱 높아졌다. 그런데 관리처분인가는 2016년 5월이 되어서야 났다. 사업시행인가부터 관리처분인가까지 5년 이상의 시간이 걸린 이유는, 구역 내에서 재개발 사업에 대한 반대가 컸기 때문이다.

해당 구역에는 반지하를 포함해 단층 혹은 2층짜리 단독주택이 많았다. 이러한 주택 소유자 중에서는 층마다 월세를 놓아 생활하는 분들이 많다. 월세 수입으로 생계를 이어가는 입장에서는 알토란 같은 주택을 내놓고 새 아파트 한 채 받는 것이 손해로 느껴졌을 테다. 그러나 사업이 빨리 진행되기를 바라는 조합원 입장에서는 반대의 목소리가 커지면 두려운 마음이 들게 마련이다. A의 빌라 위층에 살던 이웃은 사업이 지연되는 상황을 지켜보더니 얼마 지나지 않아 1억 5천만 원에 빌라를 팔고 나갔다. 친하게 지내던 이웃이 이사를 나가니 심란해진 후배가 전화를 했다.

"언니, 나도 이사 갈까? 맨날 저렇게 조합원들이 싸우는데 언제 새 아파트를 짓겠어?"

수화기 너머로 울상인 얼굴이 그대로 보이는 듯했다.

"1억 5천만 원, 그 돈으로 다른 데 가도 별것 없어. 그래도 여기는 새 아파트 된다는 희망이라도 있지. 관리처분인가 나면 금방이야. 그냥 좀 더 살면서 기다려보는 편이 좋을 것 같은데…. 시간이 도와줄 거야."

나의 격려에 다시금 힘을 얻은 후배는 남은 시간을 잘 버텨주었다.

그런데 막상 관리처분인가를 받자 그 뒤로는 일사천리였다. 2년 안에 바로 착공이 됐고, 시공사인 삼성물산(래미안)이 진행한 일반분양도 성공적이었다. '래미안부천어반비스타'가 송내 1-2구역의 새로운 이름이다.

이 아파트 34평형에 해당하는 '84A 타입' 경쟁률이 64.91 대 1로 굉장히 높게 나왔으니 대성공이라고 할 만하다. 높은 청약 경쟁률에는 새 아파트에 대한 선호도, 즉 매수 심리가 반영되어 송내 1-2구역은 송내동 래미안부천어반비스타라는 새 아파트로 준공되었다.

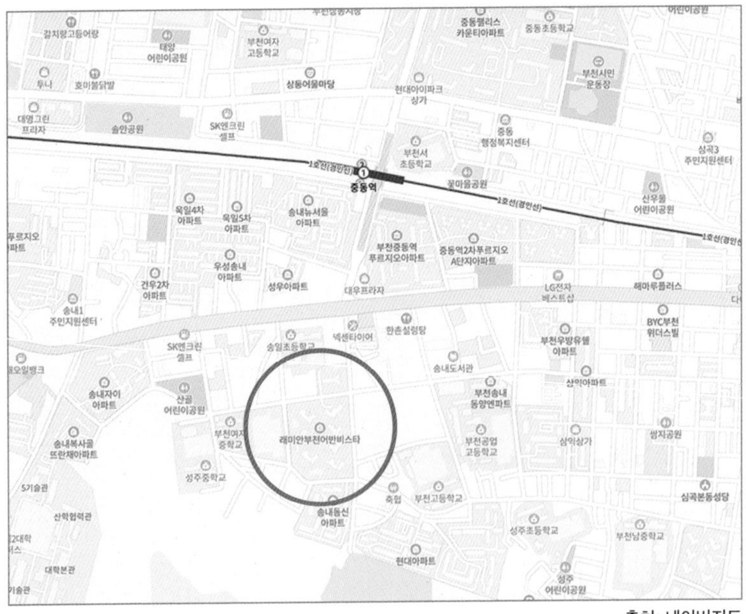

출처: 네이버지도

있다. 그즈음 옆에서 모든 과정을 지켜보던 A의 친구가 관리처분인가 이후에 프리미엄을 주고 조합원 물건을 매수했다고 한다. 당연히 조합설립 단계보다는 프리미엄이 높게 붙은 상태였지만, 돌이켜보면 좋은 투자라고 할 만하다. 어쨌든 A의 사례에서는 '기다리면 돈이 된다'라는 단순한 결론을 얻을 수 있었다. 조합설립 이후의 긴 시간을 기다린 A가 마침내 '브랜드 대단지 아파트'라는 선물을 받은 것이다.

25평이냐 34평이냐 선택의 갈림길에서 최선의 선택을 하다

재개발·재건축 구역에서 조합원이 행복한 고민을 하는 시기가 있다. '어떤 평형의 집을 신청해야 하는가'에 대한 고민과 치열한 눈치싸움이다. A는 34평형을 분양받기로 했다. 조합원분양가와 분담금 등을 정리해보면 다음과 같다.

(단위: 원)

빌라 감정평가액 ①	9,300만
34평형 조합원분양가 ②	3억 9,200만
A가 내야 할 분담금(②-①)	2억 9,900만

34평형 아파트를 받으려면 약 3억 원을 추가로 내야 하니 부담이 될 수밖에 없었다. A에게는 이미 예쁜 딸이 있었고 아이를 더 가질 계획은 없었던 터라 처음에는 25평형이면 충분하다고 생각했다. 그런데 웬일인지 남편이 34평형을 받아야 한다고 너무도 강력하게 주장하여 34평형을 분양받았다고 한다. 결과적으로 그 선택은 옳았다. 34평형을 받은 조합원 물건에는 개별 감정가와 관계없이 34평형에 해당하는 더 높은 프리미엄이 붙는다. 광역시 기준으로 34평형을 받은 물건은 25평형보다 1억 원 이상 높은 프리미엄이 형성된다. 순간의 선택이 '몇억'을 좌우하는데도 이 사실을 잘 모르는 분들이 있다. 사업 진행이 조금 빠른 인근 재개발 구역의 시세만 체크해도 이를 쉽게 확인할 수 있는데 말이다. 여러 번 강조하지만, 재개발·재건축 사업에서 평형 신청을 할 때는 꼭 이 점을 기억했으면 한다. 참고로 분양 신청이 끝난 뒤에는 아무리 후회해도 소용없다. 조합원 분양 신청 기간이 끝나면 어떤 방법으로도 정정할 수 없기 때문이다.

물론 평형 신청을 할 때에도 자신의 상황을 면밀히 살펴야 하고, 무리할 필요는 없다. 자금이 충분하지 않은 노년층이 25평형을 선택하는 것은 나쁘지 않다. 그러나 젊을수록 적극적인 투자를 고려해볼 필요가 있다. 앞으로도 열심히 일해 근로소득을 유지할 수 있다면 34평형 이상을 신청하는 편이 무조건 유리하다. 자산 가치를 더욱 크게 불릴 수 있기 때문이다.

행복은 공부하고 실행하는 자의 것이다

송내 1-2구역은 2018년 11월에 착공하여 2021년 8월에 준공하고 완전히 새 아파트로 환골탈태했다. 입주 전에 A가 크게 고민한 것이 하나 더 있었는데, 바로 대출을 얼마나 받아야 하는지에 관한 문제였다. 원조합원에게는 원리금 상환 없이 이자만 내는 조건으로 7억 원까지 대출이 나온다고 했다. 정말 깜짝 놀랄 만한 조건이었다. 대출을 많이 받으면 잔금을 치르고 남는 돈으로 추가 투자를 할 수도 있을 것이다. 그러나 A 부부는 보수적으로 접근하여 당장 필요한 돈 2억 원만 대출받기로 했다. 나는 대출이 양날의 검과 같다고 생각한다. 공격적으로 대출받는다고 무조건 좋은 것은 아니다. 대출도 결국은 내가 갚아야 할 돈이기 때문이다. '처음 대출을 실행할 때보다 이율이 2배 이상 오를 수 있다'라는 전제 아래 대출을 실행하는 것이 지혜롭다고 생각한다.

새집에 들어간 A가 행복해하던 모습이 생각난다. 움푹 팬 문짝과 수압이 약해서 물이 잘 안 내려가는 화장실을 고쳐가며 살았던 그녀다. 그 시간을 한 번에 보상받은 것이다. 알뜰한 A는 새집에 들어간다고 굳이 가전제품을 모두 바꾸며 기분을 내지도 않았다. 멀쩡하게 작동하는 물건을 왜 바꾸냐며 깨끗이 닦아 사용하고 있다. 그렇게 돈을 또 모아서 지금 초등학교에 다니는 예쁜 딸아이를 위해 다음 갈아타기를 준비하고 있는 야무진 후배다.

'오래전에 매수했으니 잘된 거지, 뭐. 지금은 그 돈으로 투자하기 힘들어.' 이렇게 생각할지도 모르겠다. 그러나 A가 지금 새 아파트에 살 수 있는 본질적인 이유는 오래전에 투자해서가 아니다. 재개발·재건축에 대해 기본적인 공부를 하고, 실제로 행동으로 옮겼으며, 인내심을 발휘해 기다렸기 때문이다. A가 재개발 투자를 진행함에 있어서 복잡한 분석이나 예측을 하지는 않았다. 그저 과정을 익히고 차분히 기다리고 자기 생활에 충실했을 뿐이다. 이는 매우 건강하게 자산을 늘리는 방법을 모범적으로 실천한 사례다.

투자금 5천만 원으로 시작한 A의 송내 1-2구역 투자는 성공적이었다. 현재 A가 소유한 84m^2 A 타입의 최근실거래가는 8억 5천만 원정도이다. 추가분담금 3억을 제하면 5억 정도의 수익을 낸 셈이다. 평범한 주부가 해낸 일이다. A가 했다면, 그리고 내가 했다면 누구나 작은 돈으로 시간과 성실함에 투자해서 좋은 결과를 얻을 수 있다고 자신한다.

15

실전 투자 사례 2

관리처분인가 단계에 매수해서 수익률 400%를 달성하다

지금부터는 지방 소도시 거주자 B씨의 재건축 실전 투자 사례를 짚어보고자 한다. B씨는 이전에 몇 차례 아파트 투자를 진행했지만 재개발·재건축 투자 경험은 없었다. 그러다 비교적 적은 투자금으로 광역시에 새 아파트를 갖고 싶어서 재건축 투자를 시작하게 되었다. 1억 원 미만의 투자금으로는 광역시에 새 아파트를 마련하기가 쉽지 않기 때문이다. B씨는 관리처분인가를 받은 대전광역시 탄방2구역의 물건을 매수하기로 결심했다.

투자금 9,300만 원으로 광역시 새 아파트를 미리 매수하다

매수 과정은 매우 간단했다. B씨는 여러 중개사무소를 다니며 한눈에 봐도 오래된 곳에 들렀는데, 아무리 감정평가액을 물어봐도 중개사가 확실히 대답해주지 않았다고 한다. '아파트라 가격이 거기서 거기'라면서 말이다. 이런 중개사를 믿지 못하겠다고 판단하고 그냥 나와버릴 수도 있다. 그러나 B씨는 대화를 더 나눈 뒤, 이 중개사와 거래해도 좋겠다는 확신이 들었다고 했다. 나도 강의 때마다 강조하지만, 지역의 오래된 중개사무소를 절대 과소평가해서는 안 된다. 터줏대감 중개사가 동네 사정을 속속들이 알고 있고, 어떤 물건이 진짜 거래될 물건인지, 그리고 어떤 물건이 싸게 나왔는지 누구보다도 정확하게 알고 있는 경우가 많기 때문이다. 무엇보다도 그동안 주민들과 신뢰를 쌓아온 오래된 중개사무소는, 다른 곳보다 더 많은 물건을 갖고 있을 확률이 높다. B씨는 다른 중개사무소에는 없는 좋은 물건을 그곳에서 매수할 수 있었다.

B씨가 매수한 물건은 할머니 혼자 거주하는 곳으로, 25평형을 분양 신청해놓은 아파트였다. 탄방2구역의 시공은 디앨이앤씨(e편한세상)가 맡았다. 감정평가액 1억 500만 원에 프리미엄 4천만 원이 붙은 물건이었다. 할머니는 혼자 거주하려는 목적으

로 25평형을 신청하기는 했지만, 분담금이 부담되어서 집을 판다고 했다. 몇억의 분담금을 내느니 프리미엄을 더 받고 집을 팔아서 인근의 작은 빌라로 이사하는 편이 낫다고 판단했던 것이다. 이렇게 25평형을 신청하고 시장에 내놓는 사례가 적지 않다. 전용 84m^2, 즉 34평형만 신청했어도 몇천만 원의 프리미엄을 더 받을 수 있었을 텐데 말이다. 당시의 시장 상황을 고려하면 34평형을 신청했을 경우 3천만 원 정도 더 높은 가격에 매도할 수 있었다.

반면 투자금 1억 원 미만이었던 B씨에게는 프리미엄이 작게 붙은 25평형 물건이 투자하기에 적당했다. 게다가 주인 할머니가 이주할 시기가 올 때까지 기존 아파트에서 이주비 대출과 같은 금액으로 전세를 살겠다고 하여, 추가로 중개수수료가 들 일도 없었다. 이렇듯 매도인이 집을 팔고 그 집에 그대로 전세를 사는 것을 '주인 전세'라고 한다. 따로 전세를 맞추지 않아도 되므로 편하고 중개수수료도 아낄 수 있다는 장점이 있다. 이때 주인 전세 물건의 전세 계약에 대해서는 중개수수료를 지급하지 않는 것이 원칙이다.

그럼 B씨는 얼마의 투자금이 들었을까? 관리처분인가 매수 시에는 개별 물건의 감정평가액과 프리미엄을 더한 금액을 내고 매수하게 된다. 여기에 이주비 대출을 제하면 초기 투자금이 나온다. 이후에는 나머지 분담금을 납부해야 하는데, B씨가 매수한 물건의 경우 계약금으로 3천만 원이 필요했다. 분담금의 20%에 해당하는 금액이었으며, 나머지 중도금은 전액 무이자 대출이 가능했다. 정리하면 9,300만 원의 투자금이 들어간 상태로 아파트는 완공되었다.

(단위: 원)

매수 시 투자금	
감정평가액 ①	1억 500만
프리미엄 ②	4,000만
조합원 분양 계약금 ③	3,000만
이주비 대출 ④	8,200만
B씨 투자금 (①+②+③)-④	9,300만

1억 미만의 투자금으로 4억가량 수익을 내다

다행히 탄방2구역의 일반분양도 높은 경쟁률로 완판되었다. 34평형 기준 584.25 대 1의 어마어마한 경쟁률이었다. 사실 탄방2구역은 일반분양이 미달될 것을 걱정했던 곳이다. 그 당시 인근 세종시의 '공급 폭탄' 때문에 대전의 부동산 시장이 심하게 조정을 받고 있던 시기였다. 이 때문에 조합은 일반분양 계약자의 중도금 이자를 조합에서 내주는 조건을 걸기도 했다. 그러나 예상과 달리 일반분양 경쟁률이 매우 높았던 것은 대전 중심 지역의 '새 아파트'를 원하는 수요가 폭발적으로 몰렸기 때문이다.

둔산동은 학군, 학원가, 교통, 상권, 정부기관 등 모든 인프라가 모여 있으며 일자리도 탄탄하다. 이곳에 사는 사람들의 유일한 아쉬움은 '신축 아파트'가 없다는 것이다. 탄방2구역에 새 아파트가 들어선다는 소식은 둔산동의 오래된 아파트에 사는 수많은 이들의 마음을 뒤흔들었을 것이다. 이후로 프리미엄이 무섭게 붙기 시작했고, 매물은 자취를 감췄다. 한창 공사가 진행 중일 때 나도 임장을 간 적이 있다. 그때 중개사가 분양권 매수자 리스트에 이름을 올리겠느냐고 물으며 내가 '40번째'라고 짚어주었던 기억이 난다. 둔산동의 새 아파트 수요는 지금도 여전하다.

탄방2구역은 '둔산e편한세상'이라는 아파트로 거듭났다. 2020년 4월, 이곳은 입주장을 치렀다. 역시 이때도 임장을 다녀왔다. 나는 요란하게 치장한 모델하우스를 방문하는 것보다 실제 새 아파트 임장을 더욱 선호한다. 화려한 화장을 지운 민낯을 보는 듯한 설렘이 있다. 그 모습이 '진짜' 모습일 테니 말이다. 입주 시기에 이르러 B씨는 전세를 맞추어 잔금을 치렀다. 결론적으로, 초기 투자금으로 들어간 9,300만 원 외에 더 들어간 돈은 없었다. 이듬해 봄에 이 집을 6억 8,500만 원에 매도하였다. B씨의 투자 수익률을 계산해보자.

(단위: 원)

매도 후 양도차익	
매도가액 ①	6억 8,500만
조합원분양가 ②	2억 5,200만
프리미엄 ③	4,000만
양도차익 ①-(②+③)	3억 9,300만
수익률	422%

알고 보니, 신혼부부가 B씨의 아파트를 매수했다. 이들은 자금이 부족해 일단 전세를 끼고 매수하여 이후 실거주하겠다는 계획을 세워놓았다고 했다. 이제 갓 결혼한 부부가 '셀프 등기'를 한다며 도란도란 이야기를 나누는 모습이 대견해 보였다고 B씨가 말했다. 노력하고, 실천하며 삶을 개척하는 사람들은 어디에나 있다. 내가 그런 사람이 되어 그 무리에 들어가야만 그들을 만날 수 있다.

탄방2구역은 둔산동과 접해 있다.
이후 '둔산e편한세상'이라는 이름의 새 아파트로 재탄생했다.

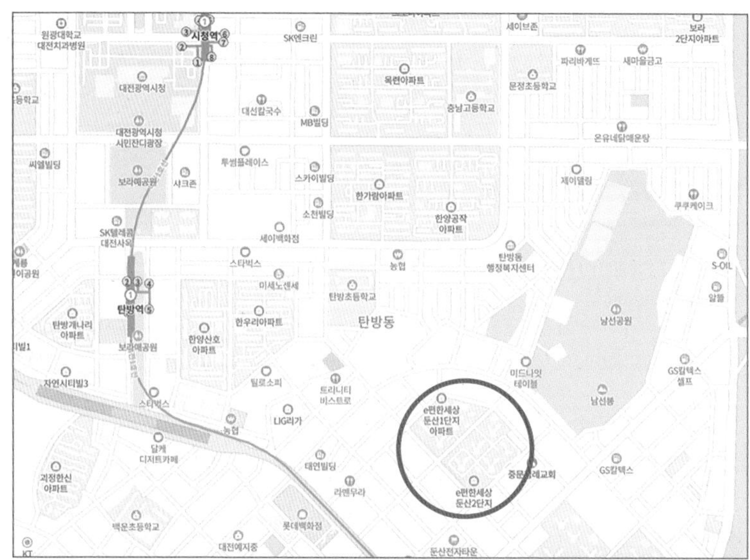

출처: 네이버부동산

16

실전 투자 사례 3

무허가 건축물, 다물권자 물건 매수 사례

이번에는 아파트 투자 경험이 있는 C씨의 사례로, 무허가 건축물을 매수한 사례다. 그는 '재개발 구역의 무허가 건축물을 매수해도 입주권이 나온다'라는 정보를 파악하고 중개사무소를 찾았다. 무허가 건축물이란 국공유지 혹은 사유지 위에 무단으로 건물을 짓고 사용한 주택을 말하는데, 은어로는 '뚜껑'이라고도 부른다. 일정 요건을 갖추면 재개발 구역에서는 무허가 건축물이라 하더라도 입주권을 받을 수 있다. 그래서 특히 초기 투자금이 적은 이들에게 무허가 건축물은 매력적인 상품임이 분명하다. 그럼 C씨는 무사히 투자에 성공할 수 있었을까.

'뚜껑' 매물 매수한 C씨의 좌충우돌 투자기

C씨가 무허가 건축물을 매수한 2020년 상반기는 충청북도 청주시 전체의 부동산 시장 흐름이 좋았던 때로, 청주 중심부는 이미 가격이 꽤 올라 있었다. 이에 비해 재개발·재건축은 시세의 움직임이 거의 없었다. 그가 청주에 재개발·재건축 투자를 한 이유도 여기에 있다. 이처럼 부동산 시장의 흐름을 파악하고 있으면 투자처가 더욱 확실히 보이게 마련이다. 이후 모충1구역 임장 중 들른 한 중개사무소에서 솔깃한 권유를 받았다.

"아주 저렴한 물건이 나와서 특별히 소개해드리는 거예요. 초기 투자금이 빌라나 주택과 비교도 안 되게 저렴해요. 이 물건은 4천만 원만 있으면 매수할 수 있습니다."

"4천만 원이요?"

매물의 정체는 토지 10평이 딸린 무허가 건축물이었다. C씨는 저렴한 가격에 깜짝 놀랄 수밖에 없었다. 혹시 이상한 물건은 아닐까 의심도 되고, 재개발 투자에 대해 잘 알지도 못하니 망설

여진 것도 사실이었다. 그러나 워낙 저렴한 매물이라는 생각이 들어 덥석 계약서에 도장을 찍었다. 그런 뒤에야 무허가 건축물을 매수할 경우 일정 조건에 부합하지 않으면 조합원 지위를 승계받지 못할 수도 있다는 사실을 알게 되었고, 그는 그제야 부랴부랴 조합에 연락했다. 이처럼 무허가 건축물을 매수할 때 무엇보다 중요한 것은 입주권이 나오는 물건인지 여부를 제대로 확인하는 일이다. 조합에 문의하여 간단히 확인만 해도 안전하게 계약을 진행할 수 있다. C씨는 마침내 조합으로부터 입주권이 나오는 물건임을 확인받고 가슴을 쓸어내렸지만, 지금 생각해도 아찔한 일이다.

낮은 감정평가액, 적은 초기 투자금으로 재개발 입주권을 손에 쥐다

4천만 원을 투자해서 매수한 모충1구역의 무허가 건축물 물건은 2,410만 원으로 감정평가액이 결정되었다. 그렇다면 C씨는 1,590만 원의 프리미엄을 지급한 셈이다. 지방임을 감안해도 정말 저렴한 프리미엄이 아닐 수 없다. 현재 모충1구역의 매물 프리미엄은 7~9천만 원 선에서 형성되어 있다. 보통 무허가 건축물에는 굉장히 높은 프리미엄이 붙는다. 사업이 진행될수록 감정평가액이 높은 물건의 프리미엄이 낮게 형성되고, 반대로 감정평가액이 낮은 물건의 프리미엄이 높게 붙는다. 이유는 간단하다. 감정평가액이 낮은 매물일수록 당장 매수자가 내야 하는 초기 투자금이 상대적으로 적기 때문이다.

예를 들어, 모충1구역에 감정평가액 1억 5천만 원의 빌라와 C씨가 매수한 감정평가액 2,410만 원의 '뚜껑' 매물이 시장에 함께 나왔다고 가정해보자. 빌라에는 프리미엄 5천만 원이, 무허가건축물 매물에는 프리미엄 7천만 원이 붙었을 때 초기 투자금은 어떻게 될까? 빌라는 2억 원, 무허가 건축물은 9,410만 원이다. 프리미엄이 2천만 원이나 더 높게 붙었는데도 초기 투자금은 무허가 건축물을 매수할 때 빌라의 반값도 들지 않는다. 이 때문에 재개발 시장에서는 뚜껑 매물이 먼저 거래된다. 이런 현상은 전국 재개발 구역 어디서나 나타난다. 프리미엄 금액이 높고 사업성이 좋은 구역일수록 편차는 더욱 심하다.

모충1구역은 대장 입지에 있다고 보기 어렵고, 단지 규모가 큰 구역도 아니다. 그러나 청주 사직동이 전체적으로 재개발되고 나면 같은 영향권에 있는 모충1구역 또한 개선될 것으로 보인다. 이렇듯 내 투자금이 적은 경우에는 서울·수도권 지역을 포기하더라도, 지방에서 내 종잣돈에 알맞은 구역을 찾아서 투자할 수 있다. 물론 무허가 건축물을 매수할 때는 조합에 문의해서 조합원 지위 승계 여부를 반드시 확인해야 한다는 사실을 잊지 말자. C씨는 우여곡절이 있었지만 마침내 적은 초기 투자금 4천만 원으로 34평형 아파트를 받게 되었다.

다물권자 물건을 매수한 K씨로부터 얻을 수 있는 값진 교훈

이번에는 또 다른 사례다. K씨는 경상남도 창원에서 재건축 아파트를 매수했다. 앞서 C씨가 입주권 승계 가능 여부로 속앓이를 했듯이 K씨도 투자 이후 밤잠 설치는 날이 많았다. 결론적으로는 수익률 높은 투자로 마무리되었지만 과정은 순탄치 않았다.

K씨가 투자했던 시기는 2020년 2월이다. 그는 창원 성산구 가음동에 위치한 상록아파트를 1억 7,500만 원에 매수했다. 조합설립 이후에 투자한 물건으로, 새 아파트를 받겠다는 기대 하나로 계약금을 보냈다. 문제는 매도인이 다물권자임을 확인하지 못했던 데에 있었다. 다물권자란 재개발·재건축 구역의 다주택자로서, 같은 구역 내에 한 채 이상의 주택을 소유한 자를 말한다. 재개발은 조합설립 이후, 재건축은 규제지역(조정대상지역 혹은 투기과열지구)에서 조합설립 이후 다물권자 물건을 매수할 경우 조합원 지위를 승계받지 못한다. 즉, 입주권을 받을 수 없고 현금 청산의 대상이 되는 것이다.

창원시 성산구는 2020년 12월에 규제지역으로 지정되었다. K씨는 그 이전인 2월에 투자했지만, 당시 법으로는 조합설립 이후의 거래에도 소급 적용하는 것이 원칙이었다. 즉 K씨가 새 아파트를 받을 수 없게 된 것이다. K씨는 재건축 조합을 통해 입주권을 받을 수 없음을 통보받았고, 그날 이후로 잠 못 이루는 날이 이어졌다. 뒤늦게 후회해도 달라지는 것은 없었다.

이후 K씨는 다물권자임을 미리 밝히지 않은 매도인을 상대로 소송을 제기하였고, 결과적으로 승소하여 다행히 조합원 지위를 승계받을 수 있었다. 그는 이 모든 일이 마무리되고, 재개발·재건축을 제대로 공부한 뒤에야 다물권자 물건을 미리 확인하는 방법이 매우 간단하다는 사실을 알게 되었다. 바로 계약서에 도장을 찍기 전에 조합에 문의만 하면 되는 것이다. 조합에 전화하거나 방문하여 매수하고자 하는 아파트의 동·호수를 알려주면 다물권자 물건 여부 및 조합원 지위 승계 여부를 확실히 알 수 있다. 내가 임장하러 갈 때 조합을 반드시 들르는 이유이기도 하다.

K씨는 애증의 이 물건을 관리처분인가가 나기 전에 매도했다. 기대했던 수익이 실현되었기 때문이기도 하지만, 마음고생이 많았던 물건을 오래 보유하고 싶지 않아서이기도 했으리라. 투자 수익률 자체만 보면 매우 성공적인 투자였다. 1억 7,500만 원에 매수하여 2억 7천만 원에 매도했으니 9,500만 원의 시세차익을 얻었다. 그렇지만 계약하기 전에 미리 조합에 확인 전화를 해

보았다면 어땠을까. 마음고생 없이 더욱 편안한 투자를 할 수 있었을 것이다. 안전한 투자의 중요성은 매번 강조해도 지나치지 않다.

재건축·재개발 투자, 제대로 공부하면 절대 위험하지 않다

위의 두 사례를 보면 재개발·재건축 투자는 아무나 할 수 없는 것처럼 보인다. 잘 모르고 덜컥 매수했다가 새 아파트를 받지 못할 위기에 처한 사례이기 때문이다. 그러나 결코 그렇지 않다. 사례에서 확인했듯이 조합에 한 번만 문의해도 조합원 지위 승계 여부를 확실히 알 수 있기 때문이다. 그러니 막연한 두려움을 느끼기보다는 재개발·재건축 투자를 공부한 후 시도해보려는 의지를 갖는 것이 어떨까.

사실 이 책의 내용을 모두 외우고 있어야 안전한 투자를 할 수 있는 것도 아니다. 이 책의 6부 '미라클! 진와이스 솔루션'에 매수 전 체크리스트가 실려 있다. 주말에 장 보러 갈 때 가져가는 리스트보다도 간단하니 참고하길 바란다. 체크리스트에 따라 꼼꼼히 점검하고 계약한다면 아무 문제없이 안전하게 투자할 수 있으리라 확신한다.

17

도대체 언제 사서 언제 팔아야 할까?

지금까지 실전 투자 사례를 살펴보았다. 다양한 사례들을 통해 재개발·재건축 전문 투자자가 아니라 번듯한 내 집 마련이 간절한 사람, 한 번도 재개발·재건축 투자를 한 적이 없는 사람도 성공할 수 있다는 사실을 보여주고 싶었다. 이어지는 5부에서는 실제로 매물을 찾고, 임장을 가고, 투자를 모의 진행해볼 수 있도록 구체적인 방법을 하나하나 알려줄 것이다.

그 전에 초보 투자자가 많이 궁금해하는 부분을 짚고 넘어가려고 한다. 바로 '도대체 언제 매수하여 언제 팔아야 수익이 많이 나는가'에 관한 궁금증이다.

재개발·재건축도 아파트 투자처럼 단기 투자를 할 수 있다

내 유튜브와 블로그에 자주 올라오는 질문이 있다.

"진와이스 님, 재개발·재건축 물건을 매수했는데, 입주할 때쯤 돼서 시장 분위기가 나빠지면 어떡해요?"

수강생 분들도 이런 질문을 자주 한다. 이 질문에는 재개발·재건축 투자에 대한 선입견이 숨어 있다. 재개발·재건축 투자는 수익을 내기까지 오래 걸리고, 한번 사면 팔기가 어렵다는 고정관념이다. 물론 투기과열지구의 재개발 물건은 관리처분인가 이후에 매수·매도할 수 없다. 그러나 현재 서울 강남 3구(강남, 서초, 송파)와 용산구를 제외하고는 투기과열지구에서 모두 해제되었다. 이 말은 곧 서울 4개 구 외에는 자유롭게 거래할 수 있다는 뜻이다. 당연히 재개발·재건축 구역의 빌라나 주택도 아파트와 똑같이 언제든 매수·매도할 수 있다.

다시 한번 강조하지만, 재개발·재건축 물건도 일반 아파트나 주택과 다를 바 없다. 2년 뒤 매도해도 되고, 세입자가 계약갱신청구권을 행사한다면 4년 뒤에 팔면 된다. 다만 입지가 좋은 곳의 재개발·재건축 물건을 매수했다면 좀 더 오래 보유하라고 권하는 편이다. 시세차익과 수익률은 준공 이후에 최고치에 달하기 때문이다. 일단 매수해놓고 기다리면 알아서 내 자산이 꾸준히 커갈 것이다. 그러나 긴 시간 투자하고 싶지 않다면, 단기 시세차익을 누리는 방향으로 투자할 수도 있다.

한눈에 살펴보는 매수 포인트

재개발·재건축 절차에 대해서는 3부에서 차근차근 살펴보았다. 한 단계씩 절차를 거칠 때마다 시세가 단계적으로 상승한다. 규모 있는 도시, 좋은 입지의 물건일수록 상승 폭이 크다. 나는 '부동산 시장의 흐름이 큰 파도라면, 재개발·재건축 투자에서의 절차 진행은 작은 파도'라고 강조한다. 큰 파도가 잠잠할 때도 '절차'가 진행되면서 작은 파도를 만들어낸다.

자, 그럼 단계별로 시세가 특별히 오르는 구간을 한번 짚어보자.

① 조합설립 직후 매수-사업시행인가 이후 매도

조합설립 이후에 물건을 매수했다고 가정해보자. 언제 매도해야 수익을 낼 수 있을까? 먼저, 시공사 선정 이후에 매도를 고려해볼 수 있다. 특히 '1군 건설사'가 선정되었다면 시세가 껑충 뛸 수도 있다.

투자 기간을 조금 더 길게 잡는다면, 사업시행인가 이후에 매도해도 좋다. 재개발·재건축 사업의 5부 능선을 넘은 사업시행인가가 나면 시세가 상승하기 좋은 때다. 재건축·재개발에 조금이라도 관심 있는 이들이라면 사업시행인가부터는 투자하기 안전한 단계라는 사실을 인지하고 있다. 이때 매수자들이 몰리며 시세가 상승하므로 매도하기 좋은 타이밍이다.

② 감정평가 단계 '실망 매물' 매수

이번에는 아주 좋은 매수 타이밍을 짚어보겠다. 바로 감정평가가 난 직후에 시장에 나온 저렴한 물건을 매수하는 것이다. 감정평가액이 생각보다 적게 나왔다는 이유로 실망한 조합원이 시장에 내놓은, 일명 '실망 매물'이다. 실망 매물이 동시다발적으로 시장에 나오면서 가격이 더 떨어질 가능성도 높다. 이러한 실망 매물은 '반짝 세일'처럼 감정평가 직후에 우르르 시장에 나왔다가, 매매 거래가 이루어지면서 싹 사라진다.

그런데 매수자 입장에서 감정평가액이 낮은 물건은 초기 투자금이 적게 든다는 장점이 있다. 또한 이런 물건은 준공 후 입주 시까지 효자 노릇을 한다. 절차가 진행될수록 프리미엄이 점차 높게 붙으면서 초기 투자금이 부담스러워지는데, 이때 매수자 입장에서는 감정평가액이 낮아서 초기 투자금이 적은 물건을 환영할 수밖에 없다. 심지어 똑같이 34평형 아파트를 신청한 조합원 물건 중에서도 감정평가액이 적은 물건의 프리미엄이 훨씬 높게 붙는 기현상도 나타난다. 이렇듯 감정평가액이 낮은 물건은 절차가 진행될수록 인기가 하늘 높은 줄 모르고 치솟는다.

참고로 감정평가액이 낮은 물건을 매수해서 작은 평수를 받는다면 사실 큰 장점은 없다. 추후 프리미엄도 작게 붙을 것이기 때문이다. 다만 지방에서는 일반분양분이 워낙 많아서, 감정평가액이 낮은 물건이더라도 34평형 새 아파트를 받을 확률이 매우 높다는 사실을 기억하자.

③ 관리처분인가 직전 단계에서 매수

관리처분인가가 나기 직전이 좋은 매수 타이밍이 될 수도 있다. 2023년 1월 기준, 서울 강남구, 서초구, 송파구, 용산구 4개 구만 투기과열지구로 묶여 있다. 재개발의 경우 관리처분인가가 난 뒤에는 실질적으로 거래가 되지 않는데, 관리처분인가 이후에 사면 입주권을 받을 수 없기 때문이다. 그래서 관리처분인가 직전에 마지막으로 거래할 수 있는 물건이 시장에 나온다. 최근 용산구 한남3구역의 매물이 급매로 시장에 쏟아져 나와 거래가 활발히 진행된 것이 대표적인 예이다.

관리처분인가 직전에 이르렀다면 힘든 시간은 다 지나간 셈이다. 물론 그만큼 프리미엄이 높지만, 정말 '새 아파트 되기 직전'이라고 생각해도 된다. 이때 매수하면 준공까지는 5년 정도 걸리므로 그렇게 장기 투자는 아니다. 재개발·재건축으로 새 아파트를 마련하여 실거주하고 싶은 분들도 이 단계의 물건을 주의 깊게 살펴보았으면 한다.

어떤가? 짧게는 2년에서 4~5년까지, 재개발·재건축도 단기 투자가 가능하다. 재개발·재건축은 오래 걸린다는 고정관념, 이제는 벗어나도 되지 않을까 싶다. 생각을 유연하게, 두뇌를 말랑말랑하게 하자. 고정관념에 갇혀서는 탁월한 투자를 할 수 없으니 말이다.

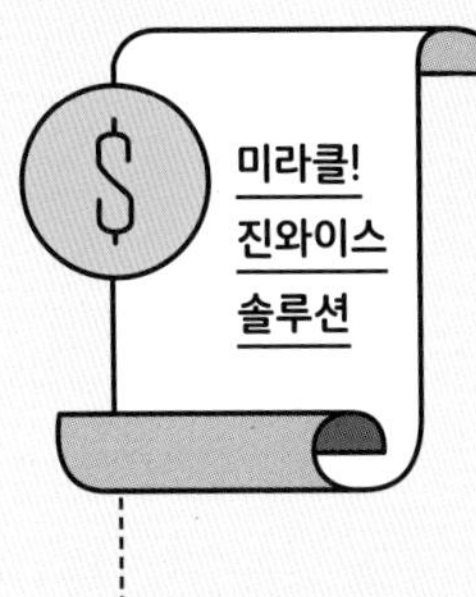

재개발·재건축 사업, 도중에 무산될 가능성이 있을까?

"재개발·재건축 사업이 아예 무산되면 어떡해요? 정말 큰일이지 않나요?"

재개발·재건축 투자가 오래 걸릴 수도 있다는 선입견은 해결했지만, 그래도 이러한 불안감이 남아 있을 것이다. 사실 사업 자체가 무산되는 경우가 가장 위험하다. 실제로 임장을 가보면 구역 곳곳에 이러한 문구가 적혀 있는 것을 심심찮게 찾아볼 수 있다.

"비리 조합장은 물러가라!"

"내 재산 다 내놓고 하는 사업인데, 터무니없이 낮은 감정평가액이 웬 말이냐!"

"억대의 추가 분담금, 서민은 운다!"

"조합설립부터 비리다! 조합설립은 무효다!"

시장이나 상권이 크게 형성된 구역에는 이런 항의 문구도 쓰여 있다.

"영세 상인의 생존권을 보장하라!"

"택도 없는 영업 보상비, 이게 말이 되냐!"

어느 구역이나 재개발·재건축 사업을 반대하는 비상대책위원회(줄여서 '비대위')가 있게 마련이다. 이런 문구들을 읽다 보면 재개발·재건축 사업이 굉장히 위험해 보이고 두렵기까지 하다. '괜히 매수했다가 사업이 무산되면 망하는 거잖아' 하는 생각에 이르게 된다.

그럼 실제로는 어떨까? 15년 투자 경력의 진와이스가 경험을 바탕으로 '정말 위험한 문제'와 '가볍게 지나갈 문제'들을 정리해보겠다.

| 낮은 감정평가액에 대한 조합원의 불만

이것은 위험해 보이지만 실제로는 별것 아닌 문제에 속한다. 사업시행인가 이후 감정평가가 나오면 어디나 한바탕 들썩이게 마련이다. 생각보다 감정평가액이 현저하게 낮은 조합원들의 항의가 이어지기 때문이다. 그러나 앞서 설명했지만, 감정평가액이 낮은 물건은 점차 시장에서 귀한 대접을 받게 된다. 감정평가액이 작으니 초기 투자금이 적게 들기 때문이다. 똑같이 34평형을 신청한 매물을 비교해보자.

(단위: 원)

34평형(84m²) 신청 매물		
주택 유형	빌라(A)	주택(B)
감정평가액 ①	1억	3억
프리미엄 ②	2.4억	2억
초기 투자금액 ①+②	3.4억	5억

어떤가? A의 초기 투자금이 훨씬 적게 든다. 심지어 B보다 프리미엄이 높게 붙었는데도 초기 투자금이 더 적으므로, 시장에서는 A와 같은 매물이 더욱 환영받는다. 추후 내야 할 분담금은 B가 더 작아도 당장 매수하는 입장에서는 초기 투자금이 적은 물건을 선호할 수밖에 없다. 실제로도 A와 같은 물건이 시장에서 먼저 거래된다. 그런가 하면 감정평가액이 전체적으로 낮게

나온 구역은 조합원분양가가 낮게 책정되는 것이 일반적이다. 반대로 감정평가액이 전체적으로 높게 나온 구역은 조합원분양가도 높게 책정된다.

결론적으로, 감정평가액이 낮게 나왔다는 것 자체가 심각한 문제라고 보기는 힘들다. 이러한 불만들이 사업을 뒤흔드는 경우는 보지 못했다.

| 조합장 해임

재개발·재건축 사업에서 조합장 해임 문제는 늘 나오는 이슈다. 조합장 비리를 거론하며 해임을 요구하는 곳이 종종 있다. 사업성이 좋고 사업 규모가 큰 구역일 때 더욱 그렇다. 앞서 살펴본 감정평가 문제보다는 조금 더 중대한 사항이지만, 사실 사업이 무산될 만한 문제는 아니다. 조합장이 해임되고 사업에 대해 잘 인지하고 있는 새로운 조합장이 선출되면 큰 문제없이 사업이 진행된다. 조합장 자리가 공석으로 오래 지속된다면 사업 절차가 지연될 수는 있다. 그러나 사업 자체가 무산되는 일은 흔치 않다.

| 시공사 해임

이 문제는 조금 더 예민하다. 요즘은 컨소시엄(여러 시공사가 하나의 구역을 맡아서 사업 진행하는 것)으로 진행하는 경우가 많은

데, 1군 단일 브랜드나 하이엔드 브랜드를 원할 때, 기존 시공사를 해임한 뒤 새로운 시공사와 계약하려는 조합이 더러 있다. 이름 없는 지방 건설사와 계약했다가 부동산 경기가 좋아지면서 1군 건설사로 '시공사 갈아타기'를 하려는 재개발·재건축 구역도 있다.

그런데 시공사 재선정이 생각보다 쉽지 않다. 조합장 바꾸듯이 쉽게 해임하고 재선정할 수 있는 사안이 아니다. 기존 시공사와의 계약 조건, 조합원에게 약속했던 혜택이나 자금 지원 등을 새로운 시공사와 다시 조율해야 하기 때문이다. 게다가 기존에 계약했던 시공사에서 계약 해지에 따른 손해배상을 청구하는 것이 당연한 수순이기 때문에 막대한 비용을 지불해야 한다. 이러한 과정에서 짧게는 6개월, 길게는 1년 이상 사업이 지연될 수 있다는 점도 리스크다. 손해배상 비용과 사업을 지연하면서까지 기존 시공사를 해임하는 것이 정말 조합원에게 유리한지에 대해서는 깊이 있는 분석이 필요하다.

시공사 해임 문제가 불거진 구역에 투자할 때는 생각보다 투자 기간이 길어질 수 있다는 리스크를 감안해야 한다. 그러나 시공사 해임 문제로 사업 자체가 무산되는 일은 없다.

| 조합설립 무효

이것은 정말 위험한 문제다. 비상대책위원회에서 '조합설립 무효'를 거론한다면 유심히 살펴보자. 특히 조합설립 무효에 관한 소송이 진행 중이라면, 이런 구역은 그냥 투자 리스트에서 삭제하길 바란다. 물론 비대위가 패소할 수도 있지만, 반대로 승소할 수도 있다. 비대위 주장대로 조합설립이 무효가 되면 그동안 진행된 사업은 모두 제자리로 돌아간다. 다시 조합을 설립해 빠르게 진행할 수도 있지만 그것조차도 몇 년이 걸린다. 이런 구역이라면 기존 조합원조차도 다른 구역으로 갈아타기를 권하고 싶다.

다시 한번 강조하지만, 조합설립 무효는 쉽게 넘길 수 있는 사안이 아니다. 단순히 프리미엄이 낮다는 이유로 이런 구역의 물건을 매수해선 절대 안 된다. 프리미엄, 즉 시장 가격은 항상 정확하고 옳다. 프리미엄 가격이 낮은 데는 다 그만한 이유가 있게 마련이다.

5부

이제 재개발·재건축의 전 과정이

머릿속에 그려질 것이다.

“절차는 알겠는데 이제 뭘 해야 하죠?”

이런 질문이 생생히 들려오는 듯하다.

기적을 만드는 임장 및 실전 매수의 기술

지금부터 해야 할 일은 매우 명확하다.

실제로 어디에서 재개발·재건축 사업이 진행되는지 찾아보고

직접 현장 임장도 해보는 일이다.

모의 투자만으로도 실력이 월등히 향상될 것이다.

18

손품, 발품 팔며 임장할 지역을 찾아보자

이제 정말 재개발·재건축 투자에 도전해볼 시간이다. '가진 돈도 많지 않고 아직 잘 모르겠는데, 어떻게 투자를 하지?' 이런 생각을 하며 늘 망설이다가 기회를 놓치는 분들이 많다. 하지만 나를 위해 모든 것이 완벽히 준비된 그 날은 절대 오지 않는다. 일단 뛰어들어 스스로 정보를 찾아보고, 다른 투자자의 이야기에 귀를 기울이고, 직접 임장을 다녀봐야 한다. 그렇게 많은 정보를 얻은 뒤에 스스로 생각을 정리해보는 과정을 반드시 거쳐야 한다. 이런 연습이 켜켜이 쌓여야 투자 근육이 붙고, 입지를 보는 날카로운 안목을 갖추게 된다.

'손품'으로 최대한 많은 정보를 얻자

각 도시의 재개발·재건축 구역에 대한 정보를 찾는 방법은 어렵지 않다. 각 도시의 시청 사이트에 정비계획구역 및 진행 절차, 재개발·재건축 사업이 진행 중인 구역은 물론 예정 구역까지 게재되어 있다. 시청 사이트마다 리스트를 찾아볼 수 있는 카테고리가 조금씩 다르니 검색해서 찾는 편이 빠르다. 예를 들어, 사이트 검색창에 정비사업 현황, 정비사업구역, 재개발, 재건축 등의 키워드로 검색하는 식이다.

서울시는 정비몽땅(cleanup.seoul.go.kr)이라는 사이트에 서울시 재개발·재건축 구역과 관련한 정보를 한눈에 볼 수 있도록 깔끔하게 정리해놓았다. 이외에는 앞서 말했듯 개별적으로 시청 사이트를 찾아서 검색하면 되고, 리스트를 다운받아볼 수도 있다. 참고로 시청마다 업데이트 주기가 달라서 실제 진행 상황과 차이가 있을 때가 있다. 그러나 어느 지역에서 어떤 규모의 정비사업이 진행되고 있는지 큰 그림을 그리는 데에는 무리가 없다.

서울의 재개발·재건축 사업구역을 정리한 '정비사업 정비몽땅' 사이트(위)와 성남시청 사이트에 게재된 정비사업 현황(아래)

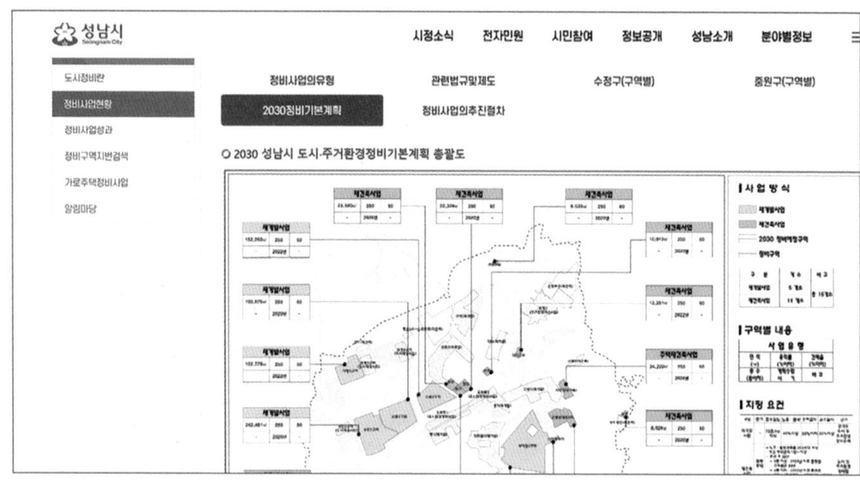

관심 구역의 입지를 낱낱이 파악해보자

큰 틀에서 정비사업구역을 알아보았다면, 이제 내가 관심 있는 구역을 정하고 구체적인 정보를 손품을 팔며 한번 확인해볼 시간이다. 관심 있는 구역이 속해 있는 인근 입지를 살펴보자. 부동산 전문 사이트 아실(asil.kr)이 재개발·재건축 구역을 꽤 정확하게 보여준다. 지명이나 아파트명을 검색하는 것만으로도 해당 지역의 지도에 재개발 구역이 함께 표기되니 편리하다.

이후에는 아실과 시청에서 올려준 재개발 구역에 대한 정보와 비교해본다. 어느 규모로 정비구역이 지정되었는지, 경계는 어디까지인지, 해당 구역이 지하철역과 가까운지, 주변에 초등학교가 있는지, 상권은 어떤지 등을 한눈에 살펴볼 수 있다.

자, 지금까지 도시의 전체 그림을 파악하고, 인근 재개발·재건축 구역을 찾아보고, 그 주변의 입지를 살펴보았다. 이제 구체적으로 관심 있는 재개발·재건축 구역의 개별 물건에 대한 정보가 필요하다. 주로 아파트를 대상으로 정비사업을 진행하는 재건축은 보통의 아파트들처럼 네이버부동산에서 시세 정보와 물건 정보를 얻을 수 있다. 그런데 재개발이나 단독주택 재건축 매물 정보는 네이버부동산과 같은 사이트에서 얻기가 힘들다. 아파트와 달리 재개발 물건을 찾을 때는 먼저 해당 재개발 구역의

아실에서 확인한 경기 성남시의 재개발 지도(위)와
네이버부동산에서 검색한 재건축 매물 정보(아래)

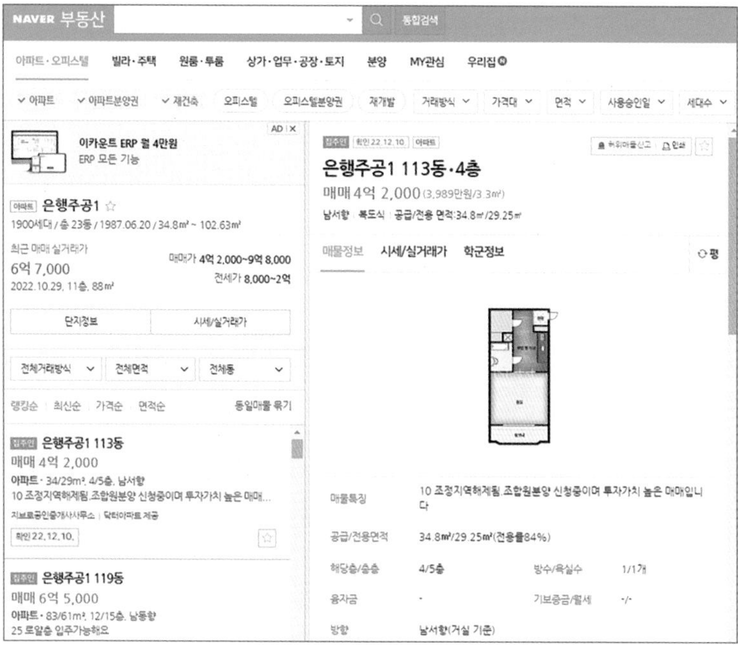

지도를 찾고, 네이버부동산의 빌라·주택 또는 상가·토지에 해당하는 탭을 누르고 매물을 개별 검색해야 하는 번거로움이 있다. 이런 수고에도 불구하고 매물이 귀한 재개발·재건축 특성상 네이버부동산에 올라오지 않는 경우도 많다.

재개발·재건축 매물을 찾아내는 가장 빠른 방법은 네이버와 같은 포털사이트에 구역 이름을 검색하여, 재개발·재건축 매물을 올리는 '중개사무소 블로그'를 찾아내는 것이다. 이전 게시글에 예전 매물에 관한 정보가 그대로 남아 있는 경우가 많아서 좋은 블로그 하나를 찾으면 그동안의 시세 변화까지 한눈에 파악할 수 있다. 추후 발품을 팔아 임장하러 갈 때 해당 블로그를 운영하는 중개사무소를 직접 방문해 보아도 좋다. 중개사를 통해 매물 브리핑과 함께 인근 지역 입지 및 재개발·재건축 사업에 관한 설명을 직접 들을 수 있기 때문이다.

손품이 완벽해도
백문이 불여일견

어느 정도 손품을 팔았다 싶으면 반드시 발품을 팔아야 한다. 모니터 속 지도가 결코 실제 세상을 똑같이 구현해주지 않는다. 실제로 임장을 갈 때는 먼저 내가 매수하고 싶은 구역이 속한 동, 구 및 인접 지역까지 함께 확인하는 것이 좋다. 함께 개발되었을 때의 '큰 그림'을 보기 위함이다.

부동산 투자는 첫째도 입지, 둘째도 입지다. 입지의 중요성은 아무리 강조해도 지나치지 않다. 내 물건이 위치한 곳은 물론이고, 맞닿은 지역의 입지까지 꼼꼼히 살펴야 한다. 그것이 곧 내 물건의 가치이기 때문이다. 내가 매수하고 싶은 재개발 구역의 물건이 지하철역과 가깝기는 한데, 정작 지역 사람들이 해당 노선을 잘 이용하지 않는다면 어떨까? 지하철역이 가깝고 주변 상권도 활성화되었으나 식당과 술집이 즐비하고 학원이나 병원, 초등학교가 멀다면? 지도상에는 '상권'이라는 이름으로만 표현되어 정확히 알 수 없던 점들을 임장을 가서 직접 확인할 수 있다. 인근에 사는 주민이 선호하는 지역이나 아파트 단지, 교통, 상권, 학군, 학원가, 일자리 등을 직접 걸어 다니며 확인해보자.

또한 매수하고 싶은 구역의 주변 입지는 더욱 꼼꼼히 살펴보아야 한다. 지도상으로 보았을 때는 초등학교가 가까운 줄 알았더니 8차선 도로를 건너가야 하는 곳과 아파트 쪽문만 열면 초등학교를 갈 수 있는 곳, 둘 중 어디 집값이 더 비쌀까? 이러한 세세한 요소들도 집값에 영향을 미친다. 특히 지방에서는 학군이 좋고 학원가가 형성된 곳의 집값이 높다. 늦은 밤 귀가하는 중·고생 자녀를 둔 부모라면 학원가와 가까운 집을 눈여겨볼 수밖에 없다. 교육열이 높은 부모는 초등학교 고학년쯤 학군지로 이사하여 아이가 대학에 가기 전까지 계속해서 거주하는 경우가 많다. 학군지의 입주 수요는 매매·전세 모두 꾸준하다. 애초부터 관심 구역을 선정할 때 이러한 점들을 고려하자. 이후 실제로 발품을 팔며 직접 확인해보는 것이다.

발품을 팔 때,
되도록 많은 중개사무소에 들러라

임장 시에 직접 재개발·재건축 구역의 중개사무소에 들러보는 것도 절대 빼놓을 수 없는 일이다. 블로그에 매물 정보를 올린 중개사무소에 가보아도 좋고, 일부러 간판이 꽤 낡은 곳을 들러도 괜찮다. 해당 지역에서 오래 일한 중개사라면 구역 내 변화와 외부에서 알기 힘든 동네 사정을 속속들이 알고 있을 확률이 높기 때문이다. 그중 구역 물건을 많이 소유한 조합원이자 중개사인 분을 만난다면 투자자 입장에서는 그야말로 '로또 당첨'이라고 할 수 있다.

그럼 해당 구역에 새롭게 문을 연 중개사무소는 들를 필요가 없을까? 그렇지도 않다. 요즘 중개사 중에서 블로그나 유튜브를 함께 운영하면서, 재개발 절차부터 지역 입지 브리핑까지 완벽하게 해주는 분들이 많다. 좋은 중개사를 만나면 인근 재개발 구역의 매물 정보는 물론 시세 변화까지도 파악할 수 있다. 이런 분들을 만나기 위해서라도 중개사무소를 되도록 여러 곳을 방문해보길 권한다.

그렇다면 어떻게 좋은 물건을 보유한 중개사를 만날 수 있을까? 좋은 물건을 소개받는 특별한 방법이 있을까? 그렇다. 다음 장에서는 중개사를 내 편으로 만드는 특급 비법을 알아보자.

19

'부동산 소장님' 내 편으로 만드는 특급 비법

한 후배가 재개발·재건축이 좋다는 이야기를 듣고 중개사무소에 갔다. 재개발·재건축의 기초 단어 몇 개만 공부하고 덜덜 떨리는 손으로 중개사무소 문을 열고 들어갔는데, 거의 쫓겨나다시피 했다고 하소연했다.

"재개발 공부나 더 하고 오라는 거야. 나는 구역 인근 초등학교에 우리 아이를 보내고 싶어서, 가진 돈으로 거기 작은 빌라 하나 사두려고 한 건데…. 무안하고 속상해!"

후배 말에 내가 더 속상했다. 곧바로 후배에게 이런저런 코칭을 해주었다. 후배는 용기를 내서 다시 다른 중개사무소를 찾아갔고, 그곳에서는 "어쩌면 이렇게 재개발을 잘 아느냐"는 말을 들으며 여러 물건을 소개받았다고 한다.

부동산 투자는 심리, 상대방을 먼저 이해하자

사실 중개사가 찾아오는 모든 손님에게 재개발·재건축 절차부터 매물 브리핑까지 다 설명해주기는 힘들다. 특히 재개발 구역은 물건이 참 귀하다. 몇천 세대가 넘는 대단지가 즐비한 아파트와는 달리, 작게는 200~300세대 단위로 사업이 이뤄지니 매물이 그리 흔하게 나오지 않는다. 이렇듯 귀한 재개발 물건을 두고 중개사무소 간에 서로 매물을 가져가려는 경쟁이 벌어지기도 하여 중개사 입장에서는 더욱 조심스럽다. 그러나 매수자로서는 중개사에게 여러 물건을 소개받아 그중 가장 좋은 물건을 가장 저렴하게 사고 싶다. 어떻게 하면 중개사에게 매물 소개를 제대로 받을 수 있을까?

나는 투자를 비롯해 어떤 일이든 먼저 '사람'을 이해해야 한다고 생각한다. 중개사 입장에서 생각해보자. 중개사의 관심은 무엇일까? 바로 '계약을 성사시키는 것'이다. 직장인이 월급을 받기 위해 회사를 다니듯 중개사는 거래를 성사시키기 위해 중개사무소에서 일을 한다. 그래야만 수입이 발생하는 사업 구조이다. 이를 이해한다면 '나쁜 중개사'도, '좋은 중개사'도 없음을 알 수 있다. 하루에도 수많은 손님이 중개사무소를 찾는데, 그저 '공부만 하러 온 손님'이 달가울 리 없다. 반대로 말하면 '확실하게 살 사람'으로 보이면 된다.

지금부터 간단하고 확실한 비결을 풀어보겠다. 이는 진와이스 유튜브에 올린 뒤로 많은 호응을 얻으며 유명해진 내용이기도 하다.

① 말을 많이 하지 마라

중개사무소에 들어가자마자 낯선 사람과 환경에 당황해 혼자 떠드는 사람이 있다. 중개사는 고객의 말이나 태도에서 진짜 매수할 사람인지 아닌지를 판단한다. 금목걸이, 다이아몬드 반지를 끼고 간다고 '진짜 매수자'로 보지는 않는다. 그보다는 말 몇 마디를 나눠보는 것으로 금세 파악한다. 그러니 그 '말 몇 마디'가 너무 중요하다. 말을 많이 해서 실수를 하느니 조용히 있는 편이 더욱 좋다.

이제 막 재개발·재건축 공부를 시작해서 용어조차 익숙하지 않다면, 전문 용어를 사용하지 않고 대화하면 된다. 나는 간단히 질문만 던지고 중개사의 답변을 유도하는 것이 포인트다.

"소장님, 여기 사업시행인가가 통과됐다면서요. 감정평가는 언제쯤 나온대요?"
"여기 감평가(감정평가액)가 적어서 실망 매물 좀 나오지 않았나요?"
"관처(관리처분인가)까지는 얼마나 걸린대요?"

이렇게 능숙하게 대화할 수 없는 '부린이'라면, 똑같은 내용을 다음과 같이 이야기하면 된다.

"소장님, 이 구역은 절차가 어디까지 왔어요?"
"감정평가까지 왔다고요? 감정평가액이 낮게 나온 물건이 있나요?"
"소장님이 생각하시기에 언제쯤 다음 단계가 진행될까요?"

어떤가? 어려운 전문 용어를 하나도 쓰지 않고 얼마든지 내가 궁금한 점을 물어볼 수 있다. 또한 중개사가 설명할 때는 집중해서 듣고 있다는 의미로 추임새를 넣어준다. "정말요? 소장님 아니면 그런 정보를 모를 뻔했어요" 하면서 말이다. 그러면 운 좋게 사업 전반에 대한 속사정까지 듣게 될지도 모를 일이다.

② 투자금을 미리 정하고 가라

"그래서 투자금은 얼마나 있어요?"

이렇게 투자금을 대놓고 물어보는 중개사도 적지 않다. 처음에 이러한 질문을 받으면 당황하기 마련이다. 투자금이 적으면 괜히 위축되기도 한다. 그런데 전혀 그럴 필요가 없다. 중개사가 투자금을 묻는 이유는 단순하다. 정말 물건을 사려는 사람인지 확인하기 위해서이기도 하고, 투자금에 맞춰 물건을 소개하려는 의도도 있다. 투자금이 1억 원 있는 사람에게 2억 원이 넘는 물건을 소개해봐야 소용이 없고, 투자금이 5억 원 있는 사람에게 1억 원짜리 물건을 소개하는 것도 예의가 아니다. 그러니 투자금에 대한 질문을 받으면 금액의 크고 작음에 상관없이 솔직하게 이야기하자.

얼마 전 지인이 경기도 김포시의 땅을 매물로 내놓았다고 한다. 지인은 재개발 매물을 알아보러 중개사무소에 들렀을 때 일부러 이 이야기부터 꺼냈다.

"소장님, 제가 갖고 있는 땅이 매도돼서 이달 말쯤에 잔금이 들어옵니다. 한 5억 원 정도 될 것 같아요."

이 말이 끝나자마자 중개사는 바로 매물을 찾기 위해 장부를 뒤적였다고 한다. 이렇게 투자금이 어떤 경로로 언제쯤 들어오는지까지 구체적으로 말해줄 수 있다면 중개사로부터 좋은 물건을 브리핑 받을 확률이 매우 높아진다. 설사 지금 딱 맞는 물건이 없더라도 나중에라도 '급매'를 소개받을 수도 있다.

③ 수수료를 깎으려고 하지 마라

물건을 소개받자마자 중개수수료부터 흥정하려는 분이 있다. 중개사 입장에서는 다짜고짜 중개수수료부터 깎고 싶다는 사람에게 좋은 물건을 소개하고 싶지는 않을 것이다. 보통 수수료는 매도가의 0.5% 정도로 그렇게 높은 편이 아니다. 문제의 소지가 있는 물건이거나 매매가가 굉장히 높은 특수 물건이라면 수수료율을 조정해볼 수도 있지만, 어디까지나 조심스럽게 제안하는 편이 낫다.

나는 절대로 수수료를 흥정하지 않는다는 투자 원칙을 갖고 있다. 투자금 자체가 큰 부동산의 세계에서 시세보다 몇천만 원씩 저렴하게 물건을 매수하는 일은 흔하다. 중개수수료를 깎아서 투자금을 아끼겠다는 생각보다는, 중개사에게 더 좋은 물건을 소개받기 위해 노력하는 편이 더 현명하다. 한번 중개사와 좋은 관계를 맺으면 다음에 좋은 물건이 나왔을 때 먼저 소개받을 확률이 높다. 그러니 욕심나는 구역일수록 수수료 흥정은 금기 사항이라는 점을 꼭 기억하자.

마지막으로 강조하고 싶은 한 가지가 더 있다. 초보 투자자가 중개사무소에 들어서자마자 메모지와 펜을 꺼내는 경우가 있다.

무엇이 중요한지 모르니 모두 적겠다는 의지를 불태우면서 말이다. 이렇게 메모지와 펜을 주섬주섬 꺼내는 손님은 중개사의 눈에 '부동산 공부하는 학생'으로 보이기 쉽다. 그냥 간단히 매물 정보를 정리해달라고 중개사에게 요청하는 것으로 충분하다.

자, 어떤가? 중개사로부터 좋은 물건을 소개받는 비법은 매우 간단하다. 말 많이 하지 말고, 메모하지 말고, 확실한 투자금을 알려주고, 수수료는 절대 깎지 마라. 중개사로부터 좋은 정보를 얻어내는 것 역시 투자자의 능력이며, 중개사는 나의 좋은 투자 파트너라는 사실을 잊어서는 안 된다.

20

빌라, 상가, 토지…
돈 되는 물건을 골라보자

"진와이스 님! 재개발 구역의 빌라, 상가, 토지를 사도 새 아파트를 받을 수 있다면서요? 그럼 이 중 어떤 물건을 사는 것이 가장 좋을까요?"

종종 이런 질문을 받는다. 여기서 '좋은 물건'이란 무엇일까? 일단 상승 흐름이 온 지역의 물건, 저평가 지역의 물건을 저렴하게 매수했다면 좋은 물건이라고 할 수 있다. 투자금 대비 수익률이 높기 때문이다. 여기에다 보유하는 동안 '속 썩을 일'이 적은 물건이면 금상첨화다. 그런데 재개발 투자에서는 빌라, 주택, 다가구, 상가, 토지 그리고 무허가 건축물까지 물건 종류가 매우 다양하다. 이 중 어떤 물건을 사야 나에게 가장 적합할까? 각 물건의 특징에 대해 살펴보고, 나는 어떤 물건을 매수하면 좋을지 스스로 판단해보자.

① 빌라

매수할 때 투자금이 가장 적게 들어가면서 매도할 때 효자 노릇을 하는 물건이 바로 '빌라'이다. 주택이나 상가에 비해 초기 투자금이 저렴한데 전세금은 주택보다 더 높게 맞출 수 있다는 장점도 있다. 세입자가 30여 년 된 낡은 주택보다는 그래도 공동주택으로 관리가 편리한 빌라에 거주하는 편을 더욱 선호하기 때문이다. 초보 투자자 시절에 주택 매물을 보러 간 적이 있다. 그때도 주택은 대지지분이 훨씬 높아 투자 가치가 있다는 것을 모르지 않았으나, 선뜻 매수할 용기가 나지 않았다. 기와를 얹은 데다가 천장이 낮은, 아주 오래된 주택이었다. 이렇게 관리하기 힘든 주택의 경우 끊임없이 보수 문제로 스트레스를 받을 수도 있겠다고 판단했다. 게다가 같은 재개발 물건이지만 빌라의 전세가를 더 높게 설정할 수 있다. 그때 내가 본 1억 1천만 원짜리 빌라 매물은 6천만 원 정도 전세금을 받을 수 있는데, 같은 구역의 비슷한 가격의 매물이어도 주택은 전세금을 4천만 원에도 맞추기가 힘들었다. 내 사례에 비추어 보면, 왜 일반적으로 빌라 매물이 인기가 많은지 알 수 있을 것이다.

빌라는 중간에 매도할 때도 인기가 많다. 동일한 프리미엄이 붙었다고 해도 빌라에 비해 주택 감정평가액이 워낙 높게 나오므로 주택 물건을 매수할 때 초기 투자금이 더욱 많이 들기 때문이다. 예를 들어, 감정평가액이 1억 원인 빌라 A와 2억 5천만 원인 주택 B가 있다고 하자. 둘 다 34평형을 신청한 조합원 물건이라면 프리미엄은 거의 동일하게 붙는다. 프리미엄이 1억 원씩 붙었다고 가정했을 때, 빌라 A를 매수하려면 감정평가액 1억 원에 프리미엄을 더한 2억 원이면 매수할 수 있다. 반면 주택 B는 2억 5천만 원에 프리미엄을 더한 3억 5천만 원이 필요하다. 똑같이 34평형 아파트를 받지만 주택 매수 시에는 초기에 2배에 가까운 투자금이 들어가는 것이다. 이런 특징 때문에 사업이 진행될수록 빌라의 인기는 계속 높아진다. 심지어 빌라 물건의 프리미엄이 1~2천만 원 더 비싸더라도 먼저 거래되는 상황이 벌어진다. 서울·수도권뿐만 아니라 전국적인 흐름이 그렇다. 한마디로 빌라는 처음부터 끝까지 사랑받는 매물이다.

(단위: 원)

	감정평가액 ①	프리미엄 ②	초기 투자금액 ①+②	비고
A 빌라	1억	1억	2억	34평형 배정
B 주택	2.5억	1억	3.5억	

② 주택

주택은 흔히 생각하는 마당이 있는 단층 혹은 2층짜리 집을 말한다. 매매가격은 빌라보다 높은 반면 전·월세 선호도는 낮아서 초기 투자금이 많이 들어간다. 그렇다면 주택에는 단점만 있을까? 아니다. 매매가격이 높고 대지지분이 커서 감정평가액이 높은 물건이 더 유리할 때가 있다. 사업성이 좋아서 비례율이 높은 구역이 대표적인 예다.

비례율과 물건 가격에 대해 간단히 살펴보자. 앞서 살펴봤던 빌라 A와 주택 B를 예로 들어 이해해보자. 비례율이 똑같이 100%일 때 A의 권리가액은 1억 원, 주택은 2억 5천만 원이다.* 그런데 비례율이 150%라면 어떨까? 현재 추정 비례율이 170%, 심지어 200%에 육박할 정도로 사업성이 좋은 구역도 있으므로 충분히 가능한 일이다. 이 경우 빌라 A의 권리가액은 1억 5천만 원, B 주택은 3억 7,500만 원이 된다. 비례율이 높아지니 권리가액에서 엄청난 차이가 생겨났다. 주택은 2억 5천만 원의 물건가격 대비 1억 2,500만 원을 추가로 더 인정받는 것이므로 추후 분담금 산정에서 매우 유리해진다. 사실 이 정도 권리가액이면 분담금이 거의 없다고 봐도 무방하다.

* 비례율(124쪽 참고)에 감정평가액을 곱하면 '권리가액'이 나오고, 이 권리가액에 따라 개별 물건의 조합원 분담금이 달라진다. 권리가액이 높을수록 조합원 분담금이 줄어든다.

(단위: 원)

	감정평가액 ①	비례율 ②	권리가액 ③(①×②)	비례율에 따른 수익 ③-①
A 빌라	1억	150%	1.5억	0.5억
B 주택	2.5억		3.75억	1.25억

이렇듯 비례율이 높은 구역에서 권리가액을 높게 받으면 투자 수익률이 좋아진다. 또한 이주비 대출이나 중도금 대출을 받을 수 없는 다주택자의 경우, 중도금 납부에 대한 걱정을 아예 할 필요가 없다는 장점도 있다. 다주택자가 처음부터 전략적으로 물건 가격이 큰 주택을 선택하는 것은 좋은 방법이다.

③ 다가구 주택

다가구는 3층 이하의 단독주택으로 개인 한 명이 소유하고 있으면서 여러 세대가 쓸 수 있는 건물을 말한다. 주인이 칸칸이 임대를 주고 월세를 받는 구조를 떠올리면 쉽게 이해할 수 있을 것이다. 언뜻 다가구 물건을 사려면 큰돈이 들어갈 것 같지만 실상은 그렇지 않다. 칸칸마다 받은 보증금이 레버리지가 되므로, 실제 매수할 때는 생각보다 큰돈이 들어가지 않는다. 단, 이주할 때는 보증금을 모두 내줘야 한다. 다주택자에게는 다가구 물건을 권하고 싶지 않은데, 혹시라도 이주비 대출이 나오지 않으면 큰 액수의 보증금을 돌려줄 방법이 없기 때문이다.

무주택자나 1주택자가 다가구 물건에 접근하기란 심리적 장벽 때문에 쉽지 않다. 그러나 실제 들어가는 투자금 대비 수익으로 따져보면 이주비 대출이 확실하게 나오는 무주택자나 1주택자가 다가구 주택을 매수하기에 더욱 수월하다. 다가구 같은 물건은 초보 투자자가 매수하기 어렵다는 고정관념을 깨면 돈 되는 틈새를 찾아낼 수 있다. 생각을 확장하고 실행하는 사람이 자산을 빠르게 늘리는 법이다.

또 하나의 중요한 팁이 있다. 다가구 물건을 매수할 때는 비례율을 잘 따져보아야 한다. 감정평가액 10억 원 정도 하는 다가구의 경우, 비례율이 150%라면 권리가액이 15억 원이나 된다. 물건 가격이 높은 만큼 비례율을 곱하면 권리가액도 껑충 뛰는 것이다. 이런 물건은 구역 내에 가장 좋은 집, 즉 펜트하우스를 신청해볼 수도 있다. 펜트하우스에 당첨되기만 한다면 그야말로 급이 다른 프리미엄이 붙는다. 다가구 물건 하나 덕분에 경제적 자유를 이룰 수도 있다.

④ 상가

원칙적으로는 재개발·재건축 구역의 상가를 매수하여 새 아파트를 받지는 못한다. 그러나 상가의 권리가액이 재개발·재건축 구역에서 분양하는 아파트 최소 평형의 조합원분양가보다 높다면 아파트를 받을 수 있다. 그럼 너무 작은 상가를 매수한 경우에는 그 무섭다는 '현금 청산'이 되는 걸까? 그렇지는 않다. 아파트를 받지 못하면 상가나 오피스텔로 받을 수 있다. 만약 오피스텔이 '아파텔'이라고 불리는 '투룸' 이상이라면 괜찮은 투자가 될 수도 있다. 또한 구역 내 다른 상가나 자투리땅을 추가로 매수하여 조합원분양가보다 권리가액이 높도록 맞추면 아파트를 받을 수도 있다.

재개발·재건축 구역의 상가를 매수할 때 가장 큰 장점은 보유 시 종부세 걱정이 없다는 것이다. 상가와 같은 영업용 건물의 종부세를 내려면 상가에 속한 토지의 공시지가가 80억 원이 넘어야 하기 때문에, 어지간한 재개발 구역의 상가 투자로는 종부세를 낼 일은 없다고 봐도 무방하다. 종부세를 걱정하는 다주택자 입장에서 상가 물건이 매력적인 이유다. 참고로 상가를 매수할 때의 취득세는 4.6%다.

그런가 하면 청약통장 가점이 매우 높아서 청약을 포기하고 싶지 않을 때에도 상가 물건이 유리할 수 있다. 어디까지나 상가를 매수하는 것이므로 여전히 무주택자 자격이 유지되기 때문이다. 이는 토지를 매수해도 동일하게 적용된다.

⑤ 토지

토지도 상가와 비슷한 장점이 있다. 취득세가 4.6%라는 점, 그리고 보유해도 종부세 걱정이 없다는 점이 그러하다. 종부세를 납부할 만큼의 공시지가를 넘어서기가 쉽지 않으므로 '종부세' 걱정은 하지 않아도 된다. 매수 시부터 보유 시까지 세금 걱정이 없는 '똘똘한 투자'라 할 만하다.

토지 역시 아파트를 받지 못하는 경우가 있다. 토지의 크기가 정해진 기준에 미달할 때에는 입주권이 나오지 않는다. 서울시 기준으로 $90m^2$ 미만일 경우 새 아파트를 받을 수 없다. 30~$60m^2$는 무주택자에게만 입주권이 주어진다. $30m^2$ 이하는 현금 청산 대상이다. 이러한 기준은 지자체마다 다르므로 매수할 때에 반드시 시청에 문의하고 중개사에게 한 번 더 확인한다. 참고로, 한 필지의 토지를 다 갖고 있어야 입주권을 받을 수 있는 것은 아니다. 지분 토지를 매수해도 새 아파트를 받을 수 있다.•

⑥ 무허가 건축물

"무허가 건축물은 불법 건축물 아닌가요? 그런데도 입주권을 준다고요?" 이렇게 질문할 수 있다. 원칙적으로 무허가 건축물 거주자는 재개발 조합원이 될 수 없다. 다만 일정 조건을 갖

• 지분 토지를 매수해도 입주권을 받을 수 있는 기준 일자가 있다. 이를 '권리 산정 기준일'이라 하며, 이 또한 시·도마다 기준이 다르게 적용된다. 지방은 대부분 정비구역 지정일이 권리 산정 기준일일 때가 많고, 서울의 경우 구조례 기준 2003년 12월 30일 이전에 소유권이 분리된 경우에만 인정해준다.

추면 입주권을 받을 수 있다. 일단 무허가 건축물 관리대장에 등록된 무허가 건축물이어야 한다. 무허가 건축물 관리대장이 아예 없는 곳도 있는데, 그런 경우 항공사진을 기준으로 삼는다. 특정 기간(1981년 12월 31일) 이전의 항공사진에 건축물의 존재 여부가 확인되면 입주권을 받을 수 있다. 여기까지만 들어도 굉장히 복잡하고 위험해 보여서 무허가 건축물을 선뜻 매수하기 불안할 수도 있다. 그럴 때는 조합에 해당 무허가 건축물에도 입주권이 나오는지 확인하는 편이 가장 확실하다.

무허가 건축물의 가장 큰 장점은 초기 투자금이 적게 든다는데 있다. 또한 감정평가액이 얼마가 나오든 무조건 아파트를 받을 수 있다. 감정평가액 1억 원의 상가보다 1천만 원의 무허가 건축물이 더 투자 가치가 있다는 말이다. 사업이 진행될수록 무허가 건축물의 인기는 하늘 높은 줄 모르고 올라간다. 물론 권리가액이 너무 작아서 34평형을 받기 어려운 경우도 있지만, 조합원 수 대비 일반분양 수가 월등히 많은 구역은 34평형을 거뜬히 받아내기도 한다. 전라남도 광주에서 권리가액 2천만 원의 무허가 건축물로 34평형을 받은 사례를 본 적이 있다. 그 물건은 프리미엄 5억 원이 붙어서 시장에 나왔다.

단, 무허가 건축물이 주거용이 아니라 상업용으로 쓰였을 때는 아파트를 받을 수 없다는 점을 꼭 기억해야 한다.

지금까지 다양한 재개발 물건의 장단점에 대해 알아보았다. '어떤 물건이 가장 좋을까'에 대한 답은 각자의 '상황에 따라 다르다'이다. 내 상황에 꼭 맞는 물건은 분명 따로 있기 때문이다. 내 상황에 맞는 물건이 좋은 물건이다. 각 물건의 특성을 정확히 파악한 뒤, 지금 나의 상황에 맞는 물건이 무엇인지 스스로 판단해보자.

진와이스 투자 꿀팁

아파트도 못 받는 작은 토지가 재개발 시장에서 금값인 이유 ☑

아파트를 받을 수 있는 크기 이하의 토지를 소유하고 있다면 현금 청산 대상이다. 예전에는 이런 물건을 매수하면 '속았다'라고 생각했는데, 지금은 달라졌다. 토지도 상가와 마찬가지로 추가 매수를 통해 필요한 크기의 토지 면적을 채우면 입주권을 받을 수 있기 때문이다. 부족한 토지를 매수하려는 수요가 늘어남에 따라 작은 토지의 몸값도 금값이 되었다.

서울 성수전략정비구역이 토지거래허가구역으로 묶이기 전,

그곳에 임장을 갔을 때 중개사로부터 들은 이야기다. 30m^2 미만의 도로 부지가 매매로 나왔는데, 아파트도 나오지 않는 그 작은 토지가 프리미엄만 3억 원이 넘어간다고 했다. 작은 도로 부지가 금값이 되니 주인은 아예 팔 생각이 없다고 했다. 앞으로 10년 가까이 사업이 진행되는 동안 공시지가와 시세는 계속 올라갈 테니 굳이 지금 매도할 이유가 없는 것이다. 이렇듯 조금만 공부하면 가치가 없어 보이는 물건 중에서도 보석을 찾아낼 수 있다.

21

'안전 마진' 먼저 알아보고 매수하자

저평가된 물건과 실제 평가 가치 차이에서 생겨나는 수익을 '안전 마진'이라고 한다. 재개발·재건축 투자에도 안전 마진이 있다. 안전 마진이 생겨나는 이유는 무엇일까? 사업시행인가가 난 재개발 구역 빌라 물건을 예로 들어보자. 빠르면 1년 안에 관리처분인가가 나고, 그로부터 4~5년 뒤에는 새 아파트가 될 것이다. 그러나 많은 이들이 낡은 빌라에 숨은 새 아파트의 가치를 보지 못한다. 또한 재개발·재건축 사업은 항상 지연될 수 있다는 리스크가 존재한다. 오랜 시간이 걸릴 수도 있다는 불확실성이 시세를 누르기 마련이다.

이렇듯 시세에 반영되지 않은 미래 가치와 실질적으로 발생하지 않은 위험 요소가 안전 마진을 만들어낸다. 실제 가치와 달리 시세가 눌려 있는 것이다. 그렇다면 어떻게 안전 마진을 계산할 수 있을까? 그리 어렵지 않게 계산해볼 수 있다.

'안전 마진' 먼저 알아보고 매수하자

① 관심 있는 재개발·재건축 구역의 매물 선별

지금부터 안전 마진을 한번 계산해보자. 내 집 마련 혹은 투자하고 싶은 재개발·재건축 구역을 선별하는 것이 최우선 과제이다. 18장에서 '손품'을 공부하며 이미 배웠지만, 재개발 구역에 대한 정보는 각 시청 홈페이지에서 찾을 수 있다. 또 중개사 블로그 등에서 검색해 개별 매물 정보를 알아볼 수도 있다.

② 비교 대상 아파트 선정 및 매물 시세 파악

안전 마진 계산에서 중요한 단계는 관심 있는 재개발·재건축 구역을 정하고 이와 비슷한 수준의 신축 아파트를 찾는 것이다.

동일한 입지를 공유하는 재개발·재건축 구역 인근의 신축 아파트를 비교 대상으로 정한다. 즉 교통, 학군, 학원가 등 비슷한 인프라를 누리는 인근 지역에서 아파트 브랜드, 연식까지 비슷한 아파트를 찾아내는 것이 관건이다. 비교 대상 아파트를 선정했다면 그 뒤에는 산수 수준의 계산만 하면 된다.

여기서는 인천광역시 부평구의 부개4구역과 최근 입주한 부평SK뷰해모로 아파트를 예시로 계산해보고자 한다. 최근 해당 지역을 직접 임장하면서 부개4구역과 부평SK뷰해모로 아파트가 입지 조건을 함께 공유하며 단지 규모 면에서 가장 적절한 비교 대상임을 다시금 확인했다. 부개4구역의 재개발 사업 개요와 비교 대상인 부평SK뷰해모로 아파트의 단지 정보를 215쪽 상단에 정리해놓았다.

이렇게 투자할 구역을 정하고 적절한 비교 대상 아파트를 찾았다면, 그다음에 해당 구역의 매물 정보와 비교 대상 아파트의 최근 거래 시세를 찾아낸다. 재개발 구역은 재건축 아파트와 달리 네이버부동산에서 매물 정보를 찾기가 어렵다. 그러나 포털사이트에서 구역 이름 등으로 검색하면 각 중개사무소에서 올린 매물 정보를 어렵지 않게 찾을 수 있다. 손품만으로 부족하다면 인근 중개사무소에 전화하거나 직접 해당 구역 중개사무소를 방문하는 것도 좋은 방법이다. 215쪽 하단에 감정평가액부터 프리미엄, 이주비 대출 등 부개4구역 매물 정보를 정리해놓았다.

부개4구역 사업 개요	
정비구역 명칭	부개4구역
정비구역 위치	인천광역시 부평구 부개동 13-5 일원
사업 추진 단계	이주·철거
시공사	디앨이앤씨
조합원 수	708
총 세대수	1,299

부평SK뷰해모로 단지 정보	
아파트 명칭	부평SKVIEW해모로
아파트 위치	인천광역시 부평구 부평동 955-172
세대수	1,559
연식	2022년 12월
입지	1호선 부개역 인근

부개4구역 매물 정보(84m²)	
감정평가액 ①	1억 6,460만 원
프리미엄 ②	1억 6,000만 원
조합원분양가 ③	4억 2,061만 원
이주비 대출 ④	8,230만 원(감정평가액의 50%)
실질 투자금 (①+②-④)	2억 4,230만 원
총 투자금 (②+③)	5억 8,061만 원

안전 마진을 계산할 때 해당 매물 정보에서 가장 주의 깊게 살펴봐야 하는 부분은 '프리미엄'과 '조합원분양가'이다. 이 두 금액을 합하면 총 매매가, 즉 내가 재개발·재건축 구역에 매수하는 물건의 총 투자금이 된다.

다음으로 부평SK뷰해모로 아파트의 현재 시세를 알아본다. 보통은 네이버부동산에서 쉽게 아파트 시세와 실거래가를 확인할 수 있는데, 해당 아파트는 입주한 지 얼마 되지 않아서 분양권 시세가 네이버부동산에는 나오지 않는다. 그러므로 '아실' 애플리케이션을 통해 시세와 구역 위치 정보 등을 확인했다.

내가 찾은 부개4구역의 조합원 매물은 84m², 즉 34평형 아파트를 받을 수 있는 물건이다. 비교 대상 아파트인 부평SK뷰해모로의 시세를 검색할 때도 같은 평형으로 확인하면 된다. 요즘은 층마다 가격 편차가 있으니, 중층의 거래 가격을 기준으로 삼거나 매매 평균 가격을 계산에 이용하면 된다.

③ 안전 마진 계산

안전 마진 계산은 간단하다. 비교 대상 아파트 시세에서 내가 선정한 재개발 물건의 총 투자금(조합원분양가+프리미엄)을 빼면 된다.

안전 마진 = 비교 대상 아파트 현 시세 - 총 투자금(조합원분양가+프리미엄)

부개4구역 입지 지도

출처: 아실

부평SK뷰해모로 시세

← 부평SK뷰해모로 3

계약	일	경과	체결가격	타입	거래 동층
22.12	19	14	매매 5억 9,200	84A	12층
	15	15	매매 5억 9,985	84A	16층
	08	3	매매 5억 6,050	84A	3층
	05		매매 5억 8,190	84A	14층
	01		매매 5억 9,470	84A	22층
22.11	29		매매 5억 8,835	84A	16층
	19		매매 6억 1,050	84A	15층
	18		매매 5억 9,585	84A	16층
	17		매매 5억 4,530	84A	2층
	17		매매 6억 885	84A	18층

출처: 아실

위의 공식에 대입하여 부개4구역의 안전 마진을 계산해보면 다음과 같다.

비교 대상 아파트 현 시세(5억 9,200만 원) - 총 투자금(5억 8,061만 원) =1,139만 원

계산 결과 1,139만 원의 안전 마진이 발생하는 것으로 나온다. 현재 안전 마진이 그리 크지는 않지만, 실제 해당 구역에 임장을 가보면 부개4구역의 입지가 부평SK뷰해모로 아파트보다 더 우위에 있음을 알 수 있다. 부개4구역에서 지하철 7호선 굴포천역까지는 약 도보 7분이면 도달할 정도로 교통이 편리하다. 또한 굴포천역 상권이 발달되어 있으며 역 인근 저층 아파트를 주축으로 재건축이 진행될 예정이기도 하다. 한마디로 더 좋아질 여지가 많은 지역이다.

이렇게 투자하고 싶은 구역의 안전 마진을 계산하면서 주변 입지를 꼼꼼하게 살펴보는 과정이 중요하다. 직접 임장을 다니며 투자 구역을 선별한다면, 숫자로 계산되지 않는 부분까지도 고려하여 최선의 선택을 할 수 있다.

22

실전 계약에서 절대 놓치지 말아야 할 것들

손품 팔고, 임장도 가고, 안전 마진도 계산해보는 모든 과정을 거쳐서 이 자리까지 왔다. 계약이라니, 정말 가슴이 두근거리는 일이다. 그런데 설레면서도 한편으로는 두렵기도 하다. 계약 과정에서 놓치는 일이 없는지 걱정되고 불안하다. 이번에는 힘들게 찾아낸 매물을 내 것으로 만드는 계약 과정에서 당신을 지켜줄 몇 가지 비법을 안내한다. 계약의 기본 규칙은 재개발·재건축뿐만 아니라 다른 모든 부동산 계약에도 적용된다.

가계약, '가벼운 계약'이 아니라 '매우 중요한 계약'이다

계약은 크게 가계약과 본계약으로 나뉜다. 가계약이란 매수하기로 결정한 뒤, 실제 계약을 체결하기 전에 그 물건을 선점하는 의미로 계약금의 일부를 보내며 진행하는 과정을 말한다. 그런데 가계약을 가볍게 생각하는 분들이 있다. 사실은 계약에 필요한 모든 사항이 이때 결정되는데도 말이다. 중개사가 말하는 대로 수긍해놓고 본계약일이 되어서 "잔금 날짜는 한 달만 미뤄주세요", "중도금 1천만 원만 깎아주세요"라며 중요한 요청 사항을 그제야 이야기하는 경우가 있다. 계약일 당일에 본격적인 협상을 하려다가는 자칫 계약이 깨질 수도 있다. 그러니 계약을 좌지우지할 수 있는 주요 사항은 가계약할 때 꼼꼼하게 문의하고, 이때 계약서를 문서로 미리 받아보아야 한다. 가계약할 때 결정해야 할 것들에는 무엇이 있을까?

① 계약일, 중도금 지급일, 잔금일: 6월 1일을 기억하라

가계약할 때 계약일과 중도금 및 잔금 지급일을 결정한다. 물론 계약 당일에 만나서 변경할 수도 있지만 양측의 합의가 필요하므로 가계약 시에 진지하게 날짜를 정하는 편이 좋다. 특히 잔금일은 부동산을 매수하는 취득일이 되기 때문에 신중하게 결정해야 한다.

잔금일을 결정할 때는 6월 1일을 기준으로 이전 혹은 이후인지를 살펴야 한다. 6월 1일을 기점으로 부동산을 소유한 사람이 그해에 재산세와 종부세를 납부하므로 매수자로서는 6월 1일 이후에 매수하는 편이 좋다. 아직도 첫 집을 매도했을 때의 잔금일이 기억난다. 인테리어가 한창 진행 중인 때에 잔금을 치르게 되었는데, 잔금 당일에 매수자의 표정이 어두웠다. 뒤늦게 중개사를 통해 매수자가 며칠 차이로 재산세를 내게 된 것 때문에 불만을 표현했다는 이야기를 전해 들었다. 당시 잔금일이 5월 28일이었던 것이다.

② 계약금, 중도금, 잔금 금액: 중도금을 반드시 설정하라

계약금은 통상 매매가격의 10%로 알고 있지만, 정해진 것은 아니다. 쌍방이 합의한 금액이면 얼마든지 상관없다. 계약금, 중도금, 잔금 중에서 가장 중요한 것은 중도금이다. 간혹 투자금이 적으니 중도금을 설정하지 않겠다는 분들이 있는데, 절대 권하지 않는다. 중도금을 설정하지 않으면 배액배상(매도인이 계약을 파기할 시 계약금의 배액을 매수인에게 배상)을 당할 수 있기 때문이다. 특히 부동산 가격이 급격히 오르는 상승장에서는 이런 식으로 계약이 깨지는 일이 꽤 있다.

창원에 한 아파트를 매수한 적이 있다. 매매가격 4억 원인 아파트 매수 계약을 하면서 잔금을 한 달 안에 치르기로 했다. 계약금은 10%에 해당하는 4천만 원으로 정했고, 중도금은 계약금을 낸 3일 뒤에 1천만 원을 보내는 것으로 합의했다. 처음에 매도자는 "한 달 안에 빠르게 이뤄지는 계약이니 굳이 중도금을 내지 않아도 되지 않느냐"고 제안했지만, 나의 투자 원칙에 따라 중도금을 지급하는 것으로 마무리되었다. 아니나 다를까. 해당 아파트는 잔금을 치르기도 전에 실거래가 기준 1억 원이 올라버렸다. 만약 중도금이 없었다면 매도인은 계약금의 배액을 나에게 배상하고서라도 계약을 해지하고 싶었을 것이다. 집값이 무섭게 오르는 시기에는 그 편이 더욱 이득이기 때문이다. 나는 1천만 원으로 계약을 지키고 1억 원 오른 아파트를 무사히 등기를 마칠 수 있었다. 이렇듯 힘들게 손품 팔고 임장하여 찾아낸 매물을 꼭 내 것으로 만들고 싶다면 중도금을 설정해야 한다. 반대로 하락장에서 내가 매도할 때도 마찬가지다. 잔금 전에 실거래가가 급격하게 떨어질 때를 대비해 중도금을 설정해놓으면, 매수자가 계약금 포기만으로 손쉽게 계약을 파기할 수 없다.

중도금 금액은 따로 정해져 있지 않아서, 쌍방이 합의하면 심지어 100만 원만 지급해도 중도금으로서 효력이 발생한다. 중도금이 실행된다는 것은 계약의 이행을 의미한다. 계약금만 지급한 계약은 아직 이행되지 않은 계약이라 매도자나 매수자 한쪽에서 단독으로 계약을 파기할 수 있다. 이행이 된 계약, 즉 중도금이 지급된 계약은 쌍방이 합의하지 않으면 계약 파기 자체가 불가능하다. '중도금 실행'은 한쪽이 계약 이행을 하지 않을 경우, 소송을 통해서라도 계약을 이행하고 등기를 가져올 수 있는 강력한 무기라고 할 수 있다.

그런데 중도금을 지급할 돈이 없을 때는 어떻게 해야 할까? 방법은 있다. 예를 들어, 가진 돈이 계약금 2천만 원이 전부라면, 미리 중개사와 상의하여 천만 원은 계약금으로, 천만 원은 중도금으로 계약서에 기입하는 것이다. 혹시 매도자가 이에 대해 불만을 제기하면 '계약을 꼭 이행하고 싶어서 중도금을 설정하려는 것'이라고 솔직하게 털어놓으면 된다. 처음부터 계약을 깰 생각이 없는 매도자라면 흔쾌히 응해줄 것이다. 실제 이렇게 계약을 진행한 적이 있었다.

'만병통치약' 특약을 반드시 활용하라

쌍방이 합의한다면 어떤 내용이든 특약에 넣을 수 있다. 특약을 효과적으로 활용한 사례를 살펴보자. 예를 들어, 빌트인 가전제품 때문에 종종 잔금일에 분쟁이 생길 때가 있다. 매수인은 아파트와 함께 매수했다고 생각했는데, 매도인이 이사하면서 가전제품을 가져가버린 상황이다. 이런 상황을 만들지 않으려면 계약서를 작성할 때 특약 하나를 추가하면 된다.

> 빌트인되어 있는 식기세척기, 인덕션, 광파오븐레인지, 시스템에어컨, 김치냉장고 등 모든 가전제품은 매매가에 포함된다.

매수자 입장에서는, 매수할 때부터 있던 하자나 파손에 대해 향후 6개월간 매도인이 보수해주기로 한다는 특약도 넣어두면 안전하다. 위의 특약 하나로 괜히 얼굴 붉힐 일 없이 웃으며 잔금을 치를 수 있다. 한편 재개발·재건축 물건을 매수할 때 필수 특약이 있다. 종종 정비사업구역의 물건에서 생기는 위험성을 비켜 갈 수 있는, 그야말로 마술 같은 특약이다.

> 본 매매는 매수자가 재개발로 인한 신축 아파트의 입주권을 얻고자 하는 계약으로서 매도인은 동 정비사업구역에 정당한 조합원의 지위를 가지며 이를 매수인에게 승계한다. 또한 동 구역 내에 매도인과 동일 세대 내에 모든 세대원이 본 건 부동산 외에 다른 물건이 없음을 확인하며 추후 문제가 될 경우 계약 취소 및 손해배상 등의 책임을 지기로 한다.

재개발의 경우 동일 구역 내, 동일 세대에 한 개의 입주권만 나온다. 만약 매도인이 빌라 한 개를 가지고 있고, 그 배우자가 토지를 가지고 있는 경우에도 두 부동산의 가격을 합쳐서 입주권은 한 개만 나오는 것이다. 이런 물건을 매수하는 경우 입주권이 나오지 않는 낭패를 겪을 수 있다. 매수 계약을 진행하면서 중개사무소와 조합 측에 조합원 지위 승계 여부 및 입주권이 나오는지 확인하는 것은 물론이고, 이렇게 특약이라는 안전장치를 걸어두면 두 다리 뻗고 잘 수 있다. 참고로 재건축에서 규제지역, 즉 조정대상지역이나 투기과열지구에 지정된 구역의 다물권자(재건축 아파트가 한 채 이상인 조합원)는 입주권이 한 개만 나온다. 현재 규제지역으로 지정된 재건축 구역의 아파트를 매수할 때에도 위의 특약을 넣으면 유리하다.

재개발·재건축 임대차 계약할 때 활용하면 좋은 특약

아파트와 달리 재개발 물건의 경우 빌라나 주택이 워낙 낡아서, 물건의 현상 유지를 위한 내용을 특약에 넣는 일은 거의 없다. 재개발 구역은 워낙 낙후되어 있기 때문에 임대인 처지에서는 한번 들어온 임차인이 오래오래 살아주는 것이 가장 좋다. 참고로 LH 전세자금대출을 받고 싶어 하는 세입자와 전세 계약을 하는 것도 좋다. 임대인은 LH와 전세 계약을 하고, LH가 임차인과 전대차 계약을 하는 식으로 계약이 성립된다. 임대인 입장에서는 든든한 회사와 계약하기 때문에 크게 문제가 없고, 계약을 갱신할 때마다 중개사무소에 가야 하는 번거로운 일도 없다.

그럼 재개발·재건축 투자를 할 때 어떤 특약을 넣는 것이 유리할까? 조합설립 단계부터 모든 임대차 계약할 때 특약으로 넣으면 유리한 조항이 있다.

> 본 주택은 재개발(재건축) 구역에 소재한 주택으로서, 재개발 사업이 진행되어 이주·철거가 시작되면 임차인은 아무런 조건 없이 2개월 내에 이사한다.

사실 이주·철거 시기에 한 구역 전체가 동시에 이사하게 되면 세입자가 인근에 살 집을 구하기가 어려워지는 경우가 많다. 전·월세 물건 자체가 부족해지고 시세도 급등하기 때문이다. 이주 시 임대인으로서 가장 지혜로운 방법은 임차인에게 되도록 미리 연락하여 이주 기간을 고지하고, 빠르게 전·월세를 알아보도록 돕는 것이다. 나 또한 임차인에게 미리 고지하는 것은 물론이고, 기간 내에 이주한 데 대한 감사의 뜻으로 조합원에게 지급된 이사비 일부를 보낸 적이 있다.

지금까지 매수·임대차 계약할 때 알아두면 좋은 사항들을 살펴보았다. 본계약 당일이 되면 미리 문서로 받았던 계약서대로 날짜, 금액, 특약 등이 정확하게 기입되어 있는지 꼼꼼하게 확인한 다음 도장을 찍고 계약금을 보내면 된다. 다시 한번 강조하지만, 계약할 때는 이미 합의된 사항에 따르도록 하자. 그것이 원만하게 계약을 진행하고 내 재산 또한 안전하게 지키는 방법이다.

진와이스 투자 꿀팁

아파트 임대차 계약할 때 넣으면 좋은 특약 ☑

아파트 임대차 계약은 재개발 구역의 임대차 계약과 다르다. 특히 신축·준신축 아파트인 경우 계약 조항을 꼼꼼하게 작성해야 내 물건의 가치를 지킬 수 있다. 가장 중요한 특약은 '금연'과 '반려동물'에 관한 것이다. 담배를 피우게 되면 새 아파트 벽지에 담배 냄새가 배기 때문에 이후에 매도를 하거나 새로운 임차인을 들일 때 제값을 받기가 어렵다. 반려동물도 마찬가지다. 고양이 발톱 자국이나 개가 물어뜯은 자국이 있으면 문제가 될 수 있다. 부득이하게 반려동물을 기르는 임차인을 만난다면 특약 한 줄로 서로가 편안해질 수 있다.

집에서 기르는 동물로 인한 도배, 장판 등의 파손은 임차인이 원상태로 복구하거나 손해배상을 하기로 한다.

이 모든 것이 가계약할 때 이루어져야 한다. 계약서는 문자 메시지나 문서로 기록을 남기는 것이 좋으므로 중개사에게 작성한 계약서의 사진과 사본을 쌍방에 보내달라고 요청한다.

23

임차인과 잘 지내는 비결이 있다

재개발·재건축 물건을 보러 갈 때 집을 둘러보는 데는 10분이면 충분하다. 매물 물건을 임장할 때 중요하게 확인해야 하는 것 중 하나는 누수와 배수 그리고 결로 여부다. 특히 누수나 배수에 문제가 생기면 수리하는 데 돈이 많이 드는 데다가 원인을 제대로 해결하지 못해 두고두고 고생할 때가 많다.

먼저 천장과 벽이 만나는 부분에 누수 때문에 생겼을지 모르는 얼룩이나 곰팡이가 있는지 살펴보자. 더불어 결로 흔적도 체크한다. 배수는 정말 눈으로 확인하기 어렵다. 모든 하수구에 물을 듬뿍 부어볼 수도 없는 노릇이다. 이런 부분은 현재 살고 있는 임차인 혹은 집주인에게 물어보고, 중개사에게 다시금 확인하자. 매도인이나 임차인 말만 듣고 매수를 해도 될지 크게 걱정할 필요는 없다. 매도인의 말 그리고 중개대상물 확인·설명서에 누수가 없고 배수가 원활하다고 적혀 있는 이상, 문제가 생기면 중개사를 통해 손해배상을 받을 수 있다.

그런데 계약서에 적혀 있지도 않고 손해배상을 받을 수 없는 것이 있다. 바로 사람이다. 이번에는 '사람'에 관한 이야기를 나눠볼까 한다.

모든 임차인은 선생님이다

나는 재개발·재건축 투자를 할 때 집을 보러 가지 않고 사람을 보러 간다. 매도인을 만나게 되면 왜 집을 파는지, 그리고 어디로 이사를 가는지 물으며 해당 집과 동네 분위기를 파악한다. 또한 매도인의 성향을 살펴 계약까지 어떻게 이끌어갈 것인지 가늠해본다. 임차인을 승계하는 계약, 즉 매수 이후에도 계속 같은 임차인이 거주하는 경우, 그리고 '주인 전세'로 주인이 매도하고 전세로 같은 집에 거주하는 경우에도 반드시 '사람'을 만나기 위해 간다. 임차인이 될 그 사람과 내가 계속해서 소통해야 하기 때문이다. 엄청나게 선한 임차인을 찾아야 한다는 말이 아니다. 그저 크게 문제를 일으킬 만한 소지가 없으면 된다.

그다음에는 임차인과 관계를 어떻게 끌어가야 할까? 좋은 관계를 만들어가는 나만의 방법이 있다. 바로 '호칭'이다. 나는 '우리 집 임차인은 모두 선생님이다'라고 생각한다.

실제로 나는 임차인을 모두 '선생님'이라고 부른다. 재개발·재건축 구역의 낡은 빌라나 오래된 아파트, 5년 차 준신축 아파트나 40평이 넘는 아파트 등 다양한 주택의 임차인이 내게는 모두 '선생님'이다. 임차인의 직업, 나이의 많고 적음과 관계없이 모두 선생님이라는 호칭으로 통일한다. 이 호칭은 나의 존중하는 마음을 표현함과 동시에 임대인과 임차인 사이에 적당한 거리를 둘 수 있도록 만들어준다. 가끔 수리를 요구하는 임차인의 전화를 받을 때가 있다. 이때 임차인이 어떤 태도를 보이든 내가 그를 존중하는 것이 먼저이다.

"네, 불편하셨겠어요. 선생님, 업체를 불러 수리한 후 비용 청구하시면 처리해드리겠습니다."

내가 깍듯이 예의를 갖추면 상대방도 어느새 선생님답게 행동하고 말하려고 한다. 선생님이라는 호칭이 상대뿐만 아니라 나를 높이는 격이다.

임차인을 빨리 들이는 방법이 있을까?

임차를 잘 맞추기 위해서는 기본적으로 '최고가'를 받겠다는 욕심을 버려야 한다. 전세금을 1천만 원이라도 더 받으면 그만큼 내 투자금이 줄어드는 것은 사실이다. 그러나 1~2천만 원 더 받으려다가 제때 전세를 맞추지 못하면 잠 못 이루는 밤이 이어진다. 나는 애초부터 시장 가격보다 조금 저렴하게 전세를 놓는 편이다. 그럼 대부분은 전세가 일찍 맞춰진다. 특히 재개발·재건축 구역에 생활 형편이 좋지 않은 이들이 낮은 전세가를 찾아서 들어오는 경우가 많다. 500만 원이라도 가격을 내리면 전세를 놓기가 더욱 수월하다.

진와이스 초보 투자자 시절, 가장 두려웠던 것은 임차인과의 관계였다. 수시로 수리해달라고 하면 어떻게 대응해야 할지 감이 잡히지 않았다. 이때 내가 세운 전략은 임대료를 낮춰서 전세를 놓는 것이었다. 재개발 구역의 전세가격 자체가 그다지 높지 않기 때문에 금액이 몇백만 원만 낮아져도 가격 경쟁력이 있다. 게다가 임차인이 거주하는 동안 전세금을 조금도 올릴 생각이 없다고 미리 알려준다. 대신, 원체 오래된 집이라 "작은 수리 정도는 직접 해주시길 부탁드립니다" 하고 정중하게 요청한다. 특약에도 넣지 않은 소소한 부탁에 대부분의 임차인은 30년 가까이 된 빌라의 작은 수리 문제로 전화를 한 적이 거의 없다. 물론 큰돈이 들어가는 보일러가 고장 났을 때는 집주인인 내가 지체 없이 해결했다.

'선생님'이라는 호칭으로 존중하기, 전세가를 낮게 책정하기, 그리고 동일한 임차인이 사는 동안 전세가 올리지 않기. 이 세 가지 비법으로 나는 지금껏 10년이 넘는 투자 기간 동안 임차인과 원만한 관계를 유지해오고 있다. 심지어 이주·철거 기간에도 커다란 잡음 없이 일을 진행할 수 있었다. 500만 원, 1천만 원이 투자의 세계에서 그렇게 중요할까? 마음 편하게 오래 투자할 수 있다면 그 정도의 돈은 그리 중요하지 않다.

상대를 배려하는 마음이 원만한 관계를 만든다

물론 앞 장에서 설명했듯이 이주·철거 관련 특약을 넣어두는 것은 기본이다. 재개발·재건축 사업에서 이주 기간에 이사를 가지 않아서 사업 진행 절차에 지장을 초래하면, 이에 대해 피해보상 청구를 하겠다는 무시무시한 공문을 받을 수 있다. 곤란한 때에 특약은 늘 굉장한 힘을 발휘하기 때문에, 계약서 조항을 꼼꼼히 살피곤 한다. 그러나 투자를 지속할수록 특약만큼이나 상대방을 배려하는 마음이 중요하다는 생각이 든다. 임차인 입장에서는 그동안 원만한 관계를 이어온 집주인이 마음에 들어서라도 제때 이주하려고 한다.

내가 이주 기간이 도래하기 몇 달 전부터 임차인에게 이주 사실을 고지하는 것도 이런 이유에서다. 임차인 입장에서는 지금껏 살아온 터전을 떠나 멀리 이사하고 싶지 않은 경우가 많은데, 재개발·재건축 이주 기간이라고 몇백 세대가 동시에 이사하게 되면 주변에 전셋집 얻기가 어려워진다. 나는 조금 앞서 이주 사실을 고지한 뒤, 새로운 집을 얻는 데 드는 계약금은 먼저 융통해주겠다고 제안한다. 그럼 아무 문제없이 진행될 때가 대부분이었다. 또한 조합원에게 나오는 몇백에서 몇천만 원에 달하는 '이사비'의 일부도 '임차인 선생님'에게 보내겠다고 약속한다. 생각보다 이사비가 빨리 나오지 않아서 임차인이 이사하고 몇 달이 지난 뒤에야 보낸 적도 있다. 그분은 나에게 고맙다는 인사를 했지만, 그 오래된 빌라에서 문손잡이가 흔들거릴 때마다 말없이 고치고 살아준 임차인이 더욱 고맙다. 그분이 내 마음을 편하게 해주었기에 나는 10년 가까이 그 빌라를 소유할 수 있었다. 내 돈 2천여만 원이 들어가 있는 그 빌라의 시세는 지금 10억 원 정도 한다.

24

적정한 시기에 매도를 통해 수익을 내자

부동산 투자의 꽃은 뭐니 뭐니 해도 '매도'다. 꽃이 활짝 피고 나서 열매를 거두듯, 매도를 해야 내 통장에 수익이 들어오니 말이다. 매수할 때는 손품, 발품 열심히 해서 투자해놓고 언제 매도할지에 대해 고민하지 않는다면, 정작 매우 중요한 과정을 소홀히 하는 셈이다. 매수만큼이나 매도가 중요하다는 사실을 반드시 기억해야 한다.

특히 매도 시기는 계약 전부터 정해두는 편이 좋다. 물론 부동산 시장 상황에 따라 계획이 달라질 수 있겠지만 적어도 큰 그림은 그려두고 투자를 시작해야 한다는 뜻이다. 5년 이상 장기적으로 보유할 물건과 2년 혹은 4년 뒤에 단기 매도할 물건을 매수 시점부터 미리 구분해두면 좋다. 이번 장에서는 구체적으로 어떤 기준으로 매도 시기를 정해야 하는지를 알아보자.

매도 시기는 앞으로의 수요·공급을 따져 미리 정한다

부동산 경기 흐름이 앞으로 어떻게 변할지 정확히 예측할 수 있는 사람은 세상에 없다. 제아무리 투자 전문가라고 해도 마찬가지다. 다만 미리 확인할 수 있는 데이터를 통해 가까운 미래를 예측해보고 최소한의 대응책을 생각해볼 수는 있다. 이때 참고하기 좋은 데이터가 앞으로의 수요·공급 그래프이다. 향후 몇 년간의 수요·공급 그래프는 '아실' 사이트 상단의 '입주 물량' 탭을 누르면 쉽게 찾아볼 수 있다.

237쪽 그래프는 아실을 통해 확인한 대구(위)와 인천(아래)의 수요·공급 그래프이다. 향후 3년간은 두 지역 모두 적정 수요를 넘어서는 아파트 공급이 예정되어 있다. 이렇게 입주 물량을 확인했을 때 내가 매도하려는 시기에 '공급 폭탄'이 터진다면 2년

대구광역시(위)와 인천광역시(아래)의 수요·공급 그래프

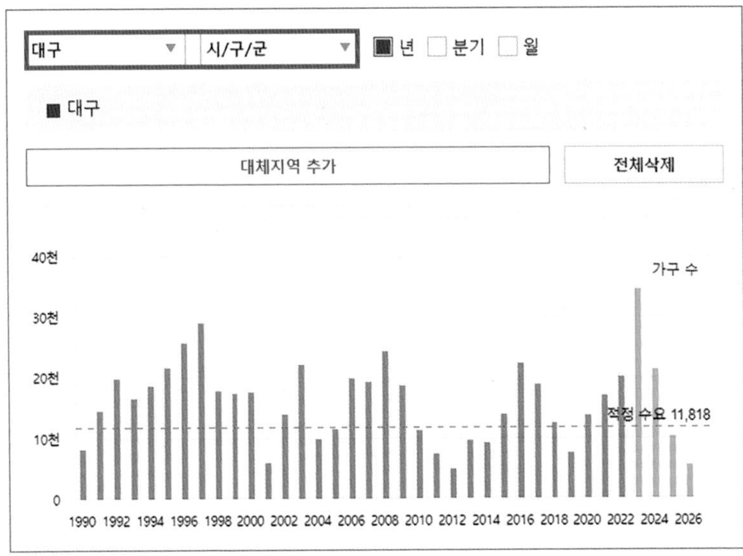

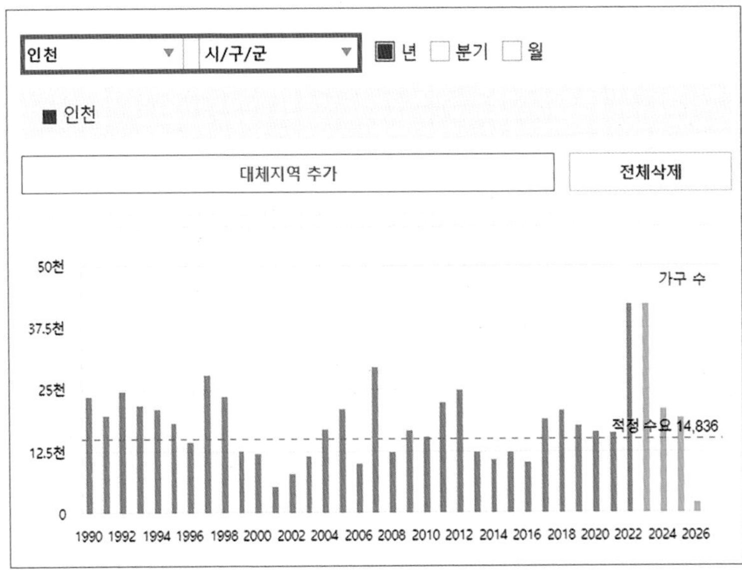

※ 빨간 막대는 2023년~2026년 사이 입주하는 아파트이다. (출처: 아실)

더 보유하거나 조금 더 일찍 매도하는 방안을 고민해야 한다. 반대로 해당 시기에 공급 물량이 적다면 그만큼 매도가 수월하고 높은 가격을 받을 수도 있다. 처음부터 입주 물량을 파악하고 매도 시기를 어느 정도 정해둔다면 보유하는 기간 동안 불안하지 않다.

그런데 여기에 포함되지 않은 공급 물량이 있다. 최근 재개발·재건축 구역에서 분양가상한제나 고분양가관리지역에 따른 제약으로 시세 대비 너무 낮은 분양가를 통보받은 경우, 후분양으로 사업을 진행하는 경우가 있다. 착공을 시작하고 입주 시기가 이미 정해졌으나 일반분양을 하지 않은 재개발·재건축의 경우에는 공식적인 입주 물량 데이터에 포함되지 않는다. 재개발·재건축 투자를 통해 관심 지역을 조사하다 보면 이렇게 그래프에 없는 입주 물량까지 찾아낼 수 있다.

큰 수익을 낼 수 있는 절호의 매도 타이밍을 잡아라

나는 좋은 재개발·재건축 물건이라면 장기 투자를 권하는 편이다. 단기 차익을 실현하려는 목적으로 매수·매도를 반복하는 투자가 늘 옳은 것은 아니다. 2년 또는 4년마다 세금 및 중개수수료를 납부하고 나면 생각보다 수익이 크지 않은 경우도 많다. 또한 매번 시장을 주시해야 하기에 심리적 스트레스도 상당하다. 반면에 애초부터 '좋은 물건을 오래 가져가겠다'라는 생각으로 느긋하게 투자에 접근하면 마음이 편하다. 재개발·재건축 투자에서 입지 좋은 구역의 물건을 오랫동안 보유하면, 사업 절차가 진행되면서 수익이 껑충 뛰는 것을 직접 확인하게 될 것이다. 입주할 때까지 보유한다면 최신식 아파트를 얻게 되는 것은 물론이고 조합원에게만 주어지는 혜택의 직접적인 수혜자가 될 수 있다.

이렇듯 장기 투자에는 매력이 상당하지만 상황에 따라서는 수익을 실현한 뒤에 단기 매도를 고려해볼 수도 있다. 몇 가지 적절한 매도 타이밍을 살펴보자.

① 조합설립 후 매수하여 사업시행인가 후 매도

재개발·재건축에서 가장 저렴하면서도 안전한 투자 타이밍은 조합설립 단계다. 이 단계에서 매수한 경우에 보통은 1~2년 뒤 사업시행인가를 받는다. 사업이 안정권에 들어서는 이 시기에는 재개발·재건축 투자를 잘 모르던 이들도 매수를 고려하게 된다. 수요가 늘어난 만큼 프리미엄 또한 높게 형성되므로 사업시행인가 이후에는 좋은 가격에 매도할 수 있다.

② 관리처분인가 전 매도

사업시행인가 전 혹은 직후에 매수하여 관리처분인가 전후에 매도하는 방법도 있다. 관리처분인가가 나면 사업의 80%가 완성되는 시점이어서 리스크가 거의 없다고 봐도 무방하다. 프리미엄이 오를 대로 오른 입주권은 수익을 실현하기 딱 좋은 상품이다. 만약 입주까지 가져갈 상품이 아니라면 투기과열지구 재개발 물건은 관리처분인가 이전에 매도를 고려해야 한다. 관리처분인가 이후에는 재개발 물건을 매도할 수 없기 때문이다. 정확히 말하면 매도는 가능하지만 매수자가 조합원 지위를 승계받을 수 없으므로, 사실상 시장에서 물건이 거래되지 않는다.

꼭 알아두어야 할 현명한 실전 매도의 기술

지금까지 향후 공급 물량에 따라 매도 시기를 미리 정하는 법과 재개발 투자에서의 매도 타이밍을 간단히 짚어보았다. 다음은 이외에 강조하고 싶은 매도의 기술이다.

첫째, '꼭대기'에서 팔 생각을 하지 말아야 한다. 아주 저렴한 가격에 사서 매우 비싸게 팔고 싶은 욕심은 누구에게나 있다. 그러나 '바닥'과 '꼭대기'가 어디인지 정확히 아는 사람은 아무도 없다. 한 번의 매도를 통해 엄청난 수익을 얻겠다는 생각보다는 어느 정도 수익이 나면 만족하는 여유가 필요하다. 사실 빠른 시간 안에 큰 수익을 얻고 싶다는 욕심은 주로 대출을 크게 일으켜 투자했을 때 생겨난다. 처음부터 큰 리스크를 떠안고 시작하니 조급해지는 것이다. 조급함은 투자의 적이라는 사실을 꼭 기억하자.

둘째, 매도를 하고 통장에 들어온 돈이 '진짜 내 돈'이라고 생각해라. 내가 가진 물건이 1억이 오르고 5억이 올랐어도 매도하고 통장에 돈이 입금되기 전까지는 수익을 실현했다고 생각해서는 안 된다. 간혹 내 집값이 올랐다고 자동차를 바꾸고 해외여행부터 가는 분들이 있다. 이런 태도는 부자의 길에서 점점 멀어지는 지름길이다. 물론 여행도, 차를 바꾸는 것도 좋다. 하지만 젊을수록 자산의 규모를 늘리는 데 집중하는 게 어떨까? 나는 몇천만 원이 몇 년 뒤에 몇억 원이 되어서 돌아오는 경험을 실제로 한 사람이다. 나도 했으니 당신도 할 수 있다. 진심으로 당신이 현명한 투자를 통해 부자가 되었으면 좋겠다.

원하는 시기에 빨리 집을 매도하는 기술 ☑

'내 집은 왜 이렇게 빨리 안 팔릴까' 고민하는 분들이 있다. 그런데 중개사무소 몇 군데에 내놓았느냐고 물으면 보통 한두 곳, 많아야 서너 곳을 말한다. 상승장이든 하락장이든 내가 원하는 가격으로 원하는 시기에 매도하고 싶다면 최소한 50곳 이상의 중개사무소에 매물을 올리기를 추천한다. 여기 일일이 전화하지 않고도 매물을 내놓는 방법이 있다.

먼저 네이버부동산에서 내가 소유한 부동산 인근의 중개사무소 전화번호를 찾는다. 50개 정도의 전화번호는 금방 수집할 수 있다. 그리고 매도하려는 아파트나 재개발 빌라의 매물 정보를 자세하게 정리하여 일괄 메시지를 전송하면 끝이다. 참고로 매물 정보는 가능한 한 자세하게 올리는 편이 유리하다. 또한 전세 매물의 경우 내 물건의 전세가격보다 더 비싼 매물이 많은 구역의 중개사무소 위주로 매물을 내놓기를 권한다. 조금 더 저렴한 전세 매물을 찾아 이동하려는 수요를 흡수하기 위해서다. 이런 방법으로 매물을 내놓았을 때 생각지도 못했던 중개사무소에서 연락이 와 계약을 진행하게 된 경험이 적지 않다. 특히 본인이 가진 물건이 많지 않은 중개사일수록 먼 곳의 물건도 적극적으로 브리핑하여 계약을 성사시키는 경우가 많다.

이렇게 적극적으로 매도에 나서면 아무리 매매하기 힘들고 전세 맞추기 어려운 시기에도 새 주인과 임차인을 만날 수 있다.

어떻게 합법적으로 세금을 줄일 수 있을까?

'세금'이라는 말만 들어도 머리가 지끈거린다. 특히 부동산 투자에서는 복잡한 세금 문제로 골머리를 앓는 일이 많다. 그러나 세금만 제대로 알아도 아파트 한 채 값을 벌 수 있다. 지금부터 '돈 버는 세금 공부'를 시작해보자.

먼저 부동산 세금의 종류부터 살펴보자. 취득세, 재산세, 종합부동산세, 양도소득세가 있다. 그런데 위의 세금을 다루는 주무부서가 다르다는 사실을 알고 있는가? 세금은 국세와 지방세로

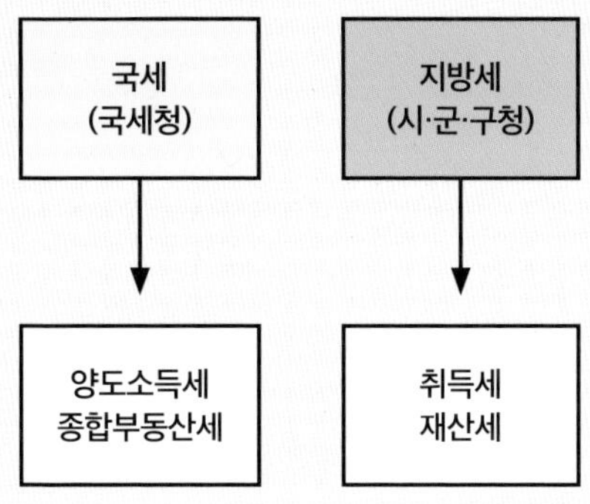

나뉜다. 국세는 말 그대로 국가에서 부과하고 거둬들이는 세금이고, 지방세는 지방자치단체에서 부과하고 징수하는 세금이다. 종합부동산세와 양도소득세는 국세에 속하고, 취득세와 재산세는 지방세에 속한다. 자, 이제 각각의 세금과 재개발·재건축 투자에서의 절세 포인트를 간단하게 짚어보자.

| 취득세(지방세)

일정한 자산을 취득할 때 부과하는 조세로, 지자체에서 부과·징수한다. 지난 정부에서는 '취득세 중과' 제도를 도입했다. 이 제도에 따르면 주택 수에 따라 부가세율이 다르다. 무주택자가 첫 집을 매수할 때는 매수가액에 따라 1.1~3.3%의 기본세율을 적용하여 매기고, 조정대상지역에서 두 번째 집을 매수할 때부터 취득세가 8%로 높아진다. 세 번째 집부터는 12%가 적용되

지역	1주택	2주택	3주택	법인·4주택 이상
조정대상지역	1~3%	8% →1~3%	12% →6%	12% →6%
비조정대상지역		1~3%	8% →4%	12% →6%

므로 부담이 상당했다.

한편 2022년 12월, 윤석열 정부는 취득세 중과를 완화하는 시행령을 내놓았다. 두 번째 집을 매수할 때도 기본세율을 적용하고, 세 번째 집부터 최고 세율을 6%로 하는 제도이다. 다만 이 제도는 국회의 동의가 필요하므로 2023년 2월 이후의 상황을 지켜보아야 한다. 정부는 국회 입법 통과 시 해당 제도를 2022년 12월 21일부터 소급 적용하겠다고 밝혔다. 즉, 2022년 12월 21일 이후로 잔금을 치르는 이들에 한해 취득세 중과 완화를 적용하겠다는 뜻이다.

참고로 주택이 아닌 상가, 토지, 오피스텔 등의 취득세는 일괄 4.6%이며, 이는 재개발·재건축 투자에도 동일하게 적용된다. 관리처분인가 이후 입주권 상태에서는 멸실 이전과 이후로 나뉜다. 멸실 이전에는 주택 취득세로 따져보아야 하고, 이후에는 토지로 간주되어 4.6%의 취득세를 내게 된다. 멸실, 즉 철거 이전에는 집이 현존하는 상태이므로 주택으로 취급하지만, 철거 이후로는 빈 땅만 남으므로 토지에 해당하는 세금을 부과하는 것이다. 이때 멸실 여부는 반드시 지자체에 '멸실 등기'가 되었는지를 기준으로 판단한다.

| 재산세(지방세), 종합부동산세(국세)

제산세와 종합부동산세 등 보유세에서 가장 중요한 건 날짜다. 세금 부과 기준일인 6월 1일에 누가 소유했는지가 중요한데, 6월 1일자 등기 소유자가 그해의 재산세와 종합부동산세를 납부해야 하기 때문이다. 그러므로 매수자 입장이면 6월 1일 이후에 매수하는 편이, 매도자 입장이면 6월 1일 이전에 잔금일을 정해 매도하는 편이 유리하다. 특히 종합부동산세가 부과되는 다주택자, 고가 주택을 보유한 경우에는 이 부분을 꼭 알아두어야 한다.

참고로 다주택자나 법인의 아파트 매도가 1년 중 1~3월에 집중되는 경향이 있다. 이때 계약금을 치르면 통상적으로 5월 정도에 잔금을 치르게 되므로, 다주택자나 법인 입장에서는 종합부동산세 중과를 피할 수 있기 때문이다. 원하는 지역에 내 집 마련을 하고 싶다면, 이 시기에 나오는 매물을 눈여겨보고 '급매'를 찾아보는 것도 좋은 선택이다.

| 양도소득세(국세)

부동산에서 주택, 상가, 토지 등의 권리를 양도하면서 생기는 차익에 부과하는 세금이다. 보유 기간과 양도차익의 금액에 따라 세율이 달라진다. 1주택자가 갈아타기할 때는 조건만 맞으면 상급지로 옮겨가면서 종전 주택을 비과세 받을 수 있으니, 이를 통해 자산을 늘려봄직하다. 국세청 홈페이지(nts.go.kr)에서 양도소득세를 모의 계산해볼 수 있다.

투자자가 모든 세금을 정확하게 다 파악할 수는 없다. 각자 처한 입장과 상황에 따라 다르게 적용되는 부분이 많기 때문이다. 기본적인 세금을 익힌 뒤에는 세무 상담을 적극 활용하기를 권한다. 나라에서 운영하는 국세상담센터(126번)에서 무료로 세무 상담을 받을 수 있고, 필요한 경우 유료 세무 상담 서비스를 받는 것도 큰 도움이 된다. 1시간 정도의 전문 상담을 받는 데 드는 비용은 그리 크지 않다. 물론 기본 세무 지식을 익혀야 상담 효과를 극대화할 수 있다는 점은 염두에 두어야 한다. 이번 장에서 세금 공부를 한 이유이기도 하다.

6부

누구에게나 딱 맞는 최적의 투자란 없다.

각자 처한 상황과 투자 성향이 다르기 때문이다.

재개발·재건축 투자도 마찬가지이다.

이번에는 나에게 딱 맞는 최적의 투자법을 찾는 시간이다.

나에게 딱 맞춘
최적의 투자법 찾기

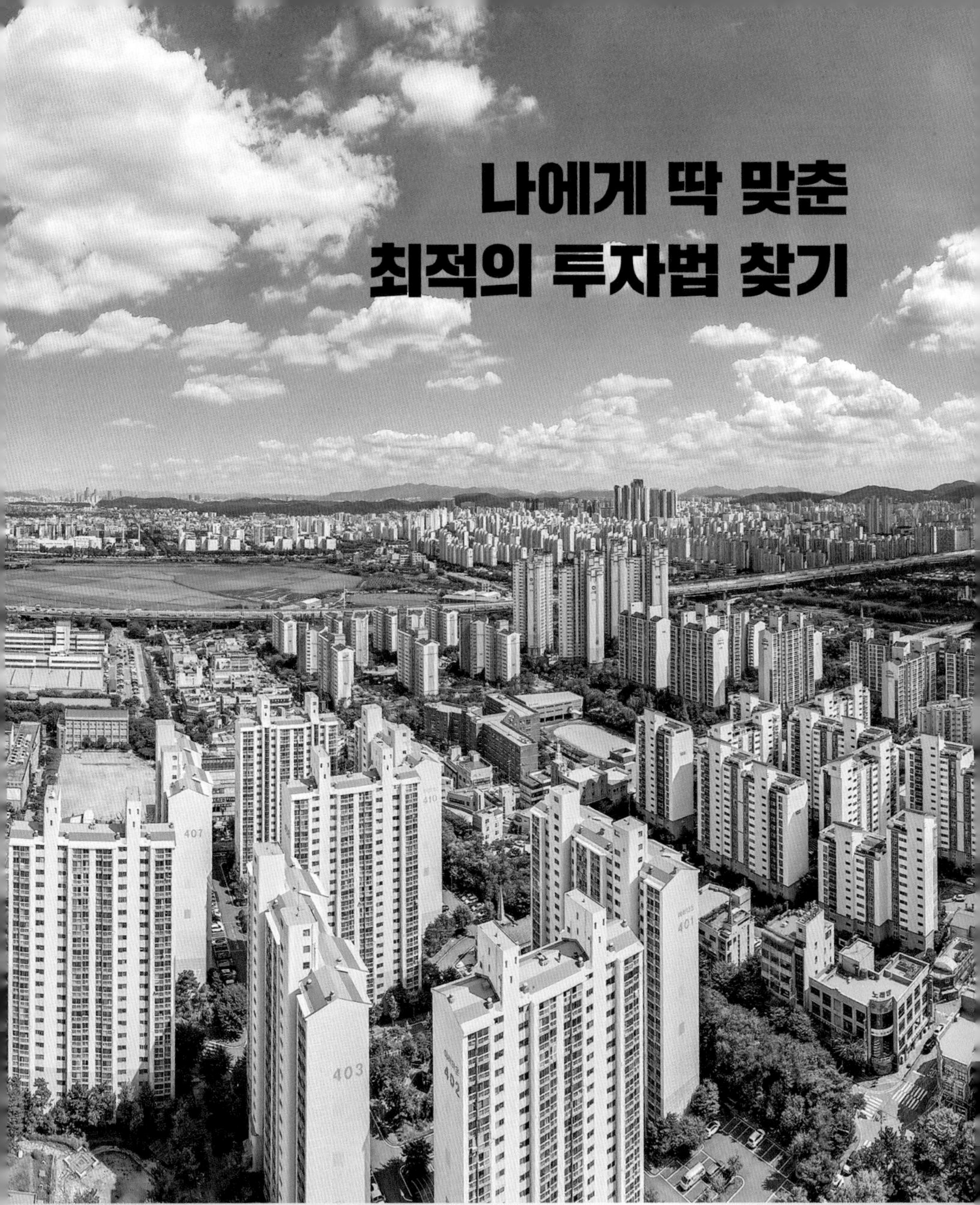

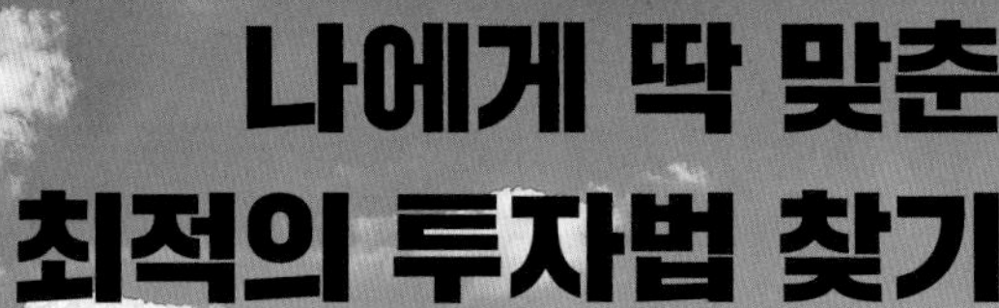

다양한 상황별 투자 고민을 살펴보며
나는 어떤 재개발·재건축 투자를 하면 좋을지
질문과 답에서 길을 찾아보자.

25

무주택자, 어떻게 투자해야 할까?

Q. 예비 신혼부부이다. 몇 년간 무섭게 오르는 집값을 보며 망연자실할 수밖에 없었다. 지금은 집값이 하락세라고 해도 여전히 나와 예비 배우자의 소득으로 집을 사는 것은 무리이다. 일단 전세나 월세를 살아야 할 것 같다. 막막하고 답답한데 어떻게 해야 할까?

A. 지방 광역시 재건축 구역에 임장을 갔을 때의 일이다. 외

관이 낡은 5층 아파트가 눈에 띄었다. 오래된 아파트여도 단지 주변이 깨끗하고, 바로 앞에 길을 건너지 않고 갈 수 있는 초등학교가 가까이 있었다. 해당 아파트는 인구 150만 명이 넘는 광역시 재건축 예정 구역 리스트에 올라가 있었다. 이제 곧 재건축 사업을 시작할 곳이라는 뜻이다. 공시가격은 1억 원이 훌쩍 넘기에 다주택자가 매수하기 어려운 물건이었다. 매매가 대비 이 낡은 아파트의 전세가가 그리 낮지 않다는 점이 인근의 거주 수요를 짐작하게 했다.

그 집을 보면서 이런 곳에서 신혼을 시작하면 어떨까 하는 생각이 들었다. 깨끗하게 새시부터 내부를 모두 수리하는 데 1천만 원 정도면 충분하다. 너무 크게 대출을 일으키지 않는다면 매수를 고려해볼 만하다.

사실 재개발·재건축 아파트에서 신혼 생활을 시작하는 것이 만만치는 않다. 비좁고 오래된 아파트에 지인을 초대하기가 꺼려질 수도 있으니 말이다. 그러나 주눅 들 필요는 없다. 이렇게 똑부러지게 이야기해주면 그만이다.

"내가 공부해보니 재건축 아파트를 미리 사두는 게 좋겠더라고. 저렴한 가격으로 새 아파트를 미리 매수할 수 있으니까. 지금 광역시 예정 구역에 들어가 있고, 곧 구역 지정이 될 것 같아. 지금 당장 살기는 불편해도 미래를 위해 감수하려고. 10년 뒤엔

이 아파트가 신축 아파트가 되어 있을 거야. 난 오래된 아파트를 산 게 아니라, 빛나는 미래를 산 것이나 다름없어. 그래서 지금 조금 불편해도 행복할 수 있는 거야. 이런 고생, 젊을 때 아니면 언제 하겠어?"

한창 유튜브에서 '카푸어' 영상이 화제가 된 적이 있다. 사회초년생이 오피스텔 월세에 살면서 외제차를 끄는 것이다. 비싼 자동차가 자신의 신분을 대변해주는 것 같은 기분일지도 모르겠다. 하지만 자산이 많지 않은 상황이라면 걱정스럽다. 월세와 차 할부금을 내고 나면 통장에 모이는 돈이 많지 않을 테니 말이다. 자산을 늘려야 할 때 자산이 아닌 부채를 늘려가는 것을 보면 안타까운 마음이 든다.

신축 오피스텔 대신 재개발·재건축 구역의 물건을 매수하여 거주하는 것은 어떨까? 삶의 질과 거주 만족도는 '풀 옵션' 오피스텔과 비교할 수 없겠지만, 미래를 위한 선택이라고 생각해보는 것이다. 제대로 지역과 흐름을 분석하고 매수한다면, 사업이 진행되면서 내가 매수한 재개발·재건축 물건의 가격은 알아서 올라갈 것이다. 훗날 시간이 지나 결혼을 하고, 아이를 낳고, 아이가 초등학교 가기 전에는 25평 혹은 34평의 새 아파트에 입주할 수 있다. 재개발·재건축 물건을 딱 하나만 소유하고 있다면 이주비 대출 등 모든 것을 문제없이 무이자로 받을 수 있기에 자금 문제를 겪을 일도 없다. 내가 열심히 사는 동안 헌 집은 새 아파트가 되어 있을 것이다.

시작이 다르면 끝도 다를 수밖에 없다. 지금의 삶이 나중을 결정한다. 당장은 불편하고 힘들지만 견뎌낸다면 자산은 불어나리라 확신한다. 이것이 바로 내가 가진 돈 4~5천만 원으로 10억 아파트를 산 비결이다. 나 진와이스가 그렇게 재개발·재건축 투자를 시작했기에 자신 있게 말할 수 있다.

26

1주택자, 집 2채를 장기간 비과세 받을 수 있다고?

Q. 1주택자이다. 나는 재개발·재건축 투자를 통해 상급지로 가고 싶다. 그런데 지금 소유한 아파트가 소위 말하는 '똘똘한 한 채'인 것 같다. 내가 살고 있는 아파트도 꽤 입지가 좋은 지역에 있고, 신축 아파트이다. 이런 상황에서는 어떻게 해야 할까?

A. 내 집을 소유하고 있으면서 집 한 채를 더 사고, '세금 폭

탄'을 피하는 방법이 있을까? 집 두 채의 상승분 모두를 가져갈 수 있는 방법 말이다. 그런 방법이 재개발·재건축에 있다. 짧게는 5~6년에서 길게는 7~8년까지 집 두 채의 양도소득세를 비과세 받을 수 있는 전략이다. 이 전략을 활용하면 아파트 여러 채를 갭 투자하는 것보다 더욱 나은 수익을 얻을 수도 있다.

방법은 간단하다. 내가 소유한 집 외에 재개발·재건축 입주권을 매수하는 것이다. 입주권이란 재개발·재건축 절차 중 관리처분인가 단계 이후 해당 구역의 기존 소유자들에게 새로 지어지는 주택에 입주할 수 있는 권리를 말한다. 특히 입주권을 매수할 때에는 재개발·재건축 투기과열지구 5년 재당첨 제한에 해당되지 않는다는 장점도 있다. 이때 비과세 전략을 위해 반드시 기억해야 하는 포인트가 있다.

① 전략적으로 실거주할 수 있는 곳에 입주권을 매수하라

양도소득세 비과세를 받기 위해서는 입주권이 새 아파트 준공으로 이어져 2년 안에 전 세대가 전입하여 1년간 실거주해야 한다. 즉 전략적으로 실거주 가능한 곳의 입주권을 매수해야만 두 채를 장기간 보유하면서 양도소득세 비과세를 받을 수 있다. 이때 첫 번째 집에 대한 비과세 요건(거주·보유 조건)을 갖춰야 하는 것은 당연하다. 물론 입주권을 매수하기 전에 비과세 요건을 다 갖춰야 하는 것은 아니다. 입주권을 매수하면 입주 시까지

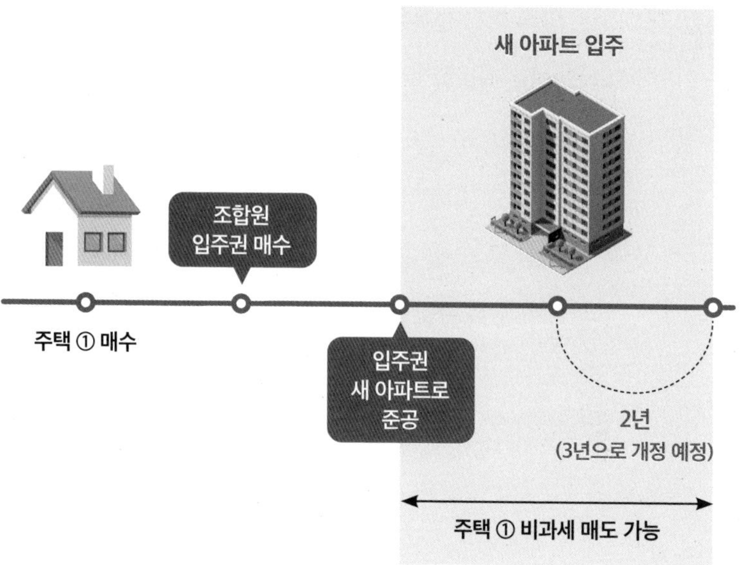

보유 기간만 2년이 훌쩍 넘기 때문에 기존 주택 보유 기간을 충족할 것이다. 여기에 비과세를 받으려면 2년 거주 요건까지 갖춰야 하는 지역이 있으므로 현재 거주하는 지역의 비과세 요건을 개별적으로 확인하기 바란다.

입주권을 매수한 뒤 새 아파트 준공까지는 5년 정도 걸리는데, 기존 주택을 보유한 기간의 상승분을 모두 다 세금 한 푼 내지 않고 비과세를 받을 수 있다. 이때는 입주 후 2년(3년으로 개정 예정) 안에만 기존 주택을 매도하면 비과세를 받는 데 아무런 문제가 없다는 점도 알아두면 좋다.

② 새 아파트 입주 이후 실거주·보유 요건을 만족하면 언제든지 비과세로 매도할 수 있다

입주권이 새 아파트로 바뀐 이후의 투자 플랜을 세워보자. 입주권 매수가보다 새 아파트 준공 후의 시세가 훨씬 높을 것이다. 게다가 신축 아파트는 입주 후 만 4~5년이 되었을 때 가장 몸값이 높다. 이때까지 보유하고 실거주하면서 다시 양도세 비과세를 받을 수 있고, 새 아파트에 살면서 또다시 상급지 입주권을 매수하며 같은 방식으로 투자를 진행할 수도 있다.

사실 집이 여러 채일수록 자산을 키우기가 유리하다. 상승 흐름이 왔을 때 전체적으로 가격이 상승하면서 자산이 커진다. 그런데 세 채 이상의 다주택자는 비과세 전략을 세우기가 매우 어렵다. 장기적으로 두 채의 '똘똘한 아파트'를 양도소득세 비과세 받을 수 있는 전략은 재개발·재건축 투자 외에 어디에도 없다.

세금을 조금만 이해하면 '똘똘한 아파트'와 '똘똘한 입주권'으로 집 두 채를 장기간 비과세를 받을 수 있다. 고도의 부동산 지식이 필요한 것도 아닌데, 세금 공부에 대한 열매는 매우 달다. 1주택자가 반드시 재개발과 함께 세금을 공부해야 하는 이유가 바로 여기에 있다.

27

다주택자, 재개발·재건축 투자로 세금을 줄일 수 있다고?

Q. 지금껏 아파트 투자를 해온 다주택자이다. 무엇보다도 매해 내야 하는 종합부동산세 때문에 골머리를 앓고 있다. 나 같은 다주택자가 재개발·재건축 투자를 통해 세금 부담 없이 자산을 키울 수 있는 방법이 있을까?

A. '다주택자' 하면 집이 다섯 채 이상 되는 사람들을 떠올리며 '극소수'의 이야기라고 여기기 쉽다. 그러나 사실 주택 가격

에 상관없이 세 채 이상의 집을 소유한 것만으로도 다주택자로 간주되어 보유세에서 가장 부담이 되는 종합부동산세(이하 종부세) 중과 대상이 된다. 취득세는 주택을 취득할 때 한 번만 내면 끝이고, 그 이상의 수익을 내면 그만이다. 또한 추후 양도소득세를 납부할 때 취득세는 취득원가(필요 경비)로 처리되어 이미 납부한 세금을 공제받을 수도 있다. 그런데 종부세는 이러한 공제 없이 해마다 납부해야 하는 정말 골치 아픈 세금이다.

2023년부터 확 바뀐 종부세는 개인이 소유하고 있는 부동산 전부를 합쳐서 공시가격 9억 원을 초과하는 금액을 대상으로 금액대별로 누진세로 납부한다. 1세대 1주택자는 공시가격 12억 원까지 기본 공제를 받는다. 그러나 과세 표준이 12억 원을 넘을 시 중과세를 적용받기 때문에 종부세에서 완전히 자유롭다고 할 수는 없다.

그런데 종부세에서 자유로운 투자 방법을 재개발·재건축에서 찾을 수 있다. 재개발 구역의 토지와 상가를 매수하는 방법이다. 토지의 경우, 비사업용 토지 공시지가가 5억 원 이상일 때 종부세 과세 대상이 된다. 사실 토지의 공시지가가 재개발·재건축 구역 내에서 5억 원을 넘기란 거의 불가능하다. 얼마 전, 내가 소유한 재개발 빌라를 멸실 이후의 토지 상태로 배우자에게 증여한 적이 있다. 실제 매매가격이 7억 원 정도인 이 입주권의 공시지가를 알아보니 5천만 원 정도에 불과했다. 보통 매매가격 7억 원인 아파트의 공시가격이 4~5억 원가량 한다. 공동주택의 공시가격과 건물이 없는 토지의 공시지가는 이렇게나 큰 차이가 난다.

주택이 허물어지고 토지만 남은 입주권은 새 아파트를 지을 때까지 종부세에 대한 부담에서 완전히 자유롭다. 주택 여러 채 대신 똘똘한 입주권을 몇 개 갖고 있다면 취득부터 보유까지 세금에서 자유롭고, 2년 이상만 보유하면 일반과세로 매도할 수 있다. 물론 '똘똘한 물건'이라면 새 아파트로 준공되고 나서 적어도 4년은 보유하는 것이 더욱 현명한 투자이다.

28

투자금이 소액이면 어떻게 할까?

Q. 재개발·재건축 투자를 열심히 공부했으나 마음이 답답하다. 현재 가진 돈이 너무 적기 때문이다. 소액으로도 접근할 수 있는 주식 투자와 달리 부동산 투자는 시작부터 목돈이 필요한 듯하다. 1년 내내 월급을 열심히 모아도 몇천만 원 모으기가 힘든데, 어떻게 해야 할까? 아무래도 부동산 투자는 미뤄야 하는 걸까?

A. 부동산 투자를 시작하는 많은 분들의 고민 중 하나가 '부족한 투자금'이다. 그렇다고 적당한 투자금이 모일 때까지 기다리기만 한다면 기회는 좀처럼 오지 않을 확률이 높다. 지금 당장 투자금을 모으거나 적은 돈으로도 시작할 수 있는 투자 방법이 있는지 고민해보아야 한다. 길은 주어지는 것이 아니라 찾아야 하는 법이다. 이번에는 그 방법에 대해 함께 고민해보자.

① 자산 점검 및 지출 체크하기

가장 먼저 해야 할 일은 자산을 점검하고 내 투자금이 정확히 얼마인지 알아보는 것이다. 여기저기 자금이 분산되어 있으면 가용 자산을 제대로 파악할 수 없다. 예금·적금은 물론이고 불필요한 보험을 해지하여 목돈을 마련할 수도 있다. 참고로 자산 관리를 할 때는 보험이 내 수입의 몇 퍼센트를 차지하는지 반드시 확인해보아야 한다. 실비 보험, 환급이 되지 않는 암 보험, 기타 특약이 없는 보험 등 비용 부담은 적으면서도 꼭 필요한 보험 위주로 가입하는 편이 좋다. 이렇듯 매달 나가는 보험을 획기적으로 줄이면 투자금을 훨씬 빨리 모을 수 있다.

그다음에는 매달 얼마를 쓰는지 지출을 한번 체크해보자. 의류비, 식비, 주거비, 교육비 등 항목별로 구분하여 소비 내역을 정리하고, 필수 지출 비용과 줄일 수 있는 비용을 구분해본다. 불필요한 지출만 막아도 투자금이 모인다.

② 재건축 아파트에 소액 투자하기

부동산 투자에서 5천만 원은 소액으로 느껴진다. 이 정도 금액으로도 부동산 투자를 할 수 있을까? 사실 목포나 군산 같은 소도시에서도 5천만 원으로는 10년이 지난 구축 아파트밖에 매수할 수 없다. 지방 소도시일수록 지역 내 1등 아파트나 최소한 상위 20% 이내의 신축 또는 5년 이내 준신축 아파트를 매수해야 안전한데, 5천만 원으로는 힘들다는 것이 문제다.

이렇듯 투자금이 너무 작을 때 재개발·재건축 투자를 시작해보는 것은 어떨까? 지방 광역시에서 이제 막 구역 지정이 됐거나 구역 지정을 앞둔 곳들은 5천만 원으로도 투자할 수 있다. 우리는 이미 5부에서 손품, 발품을 팔고 시세 조사를 하는 방법을 익혔다. 실제로 광역시 재개발·재건축 구역의 시세를 조사해보면 5천만 원으로도 충분히 투자가 가능하다는 사실을 깨닫게 될 것이다.

할 수 있다면 실거주를 적극적으로 고려해보아도 좋다. 특히 재건축 아파트는 대체로 인프라가 잘 갖춰져 있다. 도로가 말끔하고 학군이 우수한 경우도 많다. 집만 낡았을 뿐 여전히 살기 좋은 지역이라는 뜻이다. 이런 집을 매수하여 깨끗이 수리하고 입주한다면 마음 편히 거주할 수 있다. 열심히 직장 생활을 하고 아이를 키우는 동안 조합설립, 시공사 선정을 지나 사업시행인가 단계에 이르며 시세가 껑충 뛰는 것을 직접 확인하게 될 것이다.

③ 대체 주택 비과세로 주택 2채 비과세 받기

소액으로 조합설립 단계의 재건축 주택을 매수한 경우를 생각해보자. 시간이 흘러 사업시행인가 단계에 이르면서 그동안 시세는 껑충 뛰었을 것이다. 서울·수도권이나 지방 광역시급 재개발·재건축 구역은 사업이 진행될수록 시세가 오르기 마련이다.

그렇다면 이때쯤 기존 주택은 전세를 놓고, 그동안 모은 돈과 전세금을 레버리지로 더 나은 입지의 집을 매수해도 좋다. 사업시행인가 이후에 조합원이 새로운 주택을 매수하여 1년 이상 거주하면 해당 주택은 양도소득세 비과세를 받을 수 있다. 기존 주택도 비과세 요건을 갖춘 경우 양도소득세 비과세를 받을 수 있음은 물론이다. 이것이 바로 '대체 주택 비과세' 제도이다. 재개발·재건축 사업에서 사업시행인가 단계를 넘어섰다면 머지않아 주택을 철거하고 새 집을 짓게 될 것이다. 그동안 거주할 주택이 필요하다는 것을 정부도 인지하고 있다. 재개발·재건축 사업으로 인한 불가피한 상황에서 실거주할 대체 주택을 매수하는 것이므로, 일정 요건(대체 주택에서 1년 이상 거주)을 갖추면 대체 주택의 양도차익에 대한 세금을 부과하지 않는다.

기존 주택이 관리처분인가를 받은 뒤 이주·철거를 하고 새 아파트로 탈바꿈하면 그때 대체 주택을 매도하고 새 아파트에 들어가면 된다. 새 아파트의 거주·보유 요건을 갖추면 해당 주택도 비과세를 받을 수 있다. 정말 자금이 부족하다면 이런 방식으로 7~10년 동안 주택 두 채에 대한 시세차익을 가져가면서 비과세 혜택까지 전부 누릴 수 있다. 처음의 5천만 원이 10억 원으로 불어나는 경험을 하게 될 것이다.

위의 투자법은 말 그대로 '시간'에 투자하는 방식이다. 당장 관리처분인가가 난 입주권을 매수한다면 4~5년 내에 새 아파트가 되고 시세가 껑충 뛸 것이다. 그러나 억대의 입주권 프리미엄을 낼 돈이 없는 이들에게는 그림의 떡일 뿐이다. 욕심을 내려놓고 교통, 학군, 입지를 따져보며 '똘똘한 녀석'을 찾아내는 수고가 필요하다. 당장 투자금은 작지만 앞날이 창창한 젊은 투자자라면, 조합설립인가 전후의 물건을 매수하여 꿈과 자산을 함께 키워보자. 현재의 5천만 원이 미래에는 10억 원으로 불어날 테니 말이다.

29

넉넉한 투자금, 어떻게 활용할까?

Q. 열심히 내 사업을 일구며 몇십 년 달려오다 보니 어느덧 통장에 잔고가 쌓이게 되었다. 감사하고 행복한 일이지만, 부동산 투자에 대해서는 전혀 모른다는 점이 아쉽다. 이제야 부동산을 공부해나가며 재개발·재건축 투자에도 눈을 뜨게 되었다. 투자금은 비교적 많은 편이지만 시간은 부족한 나 같은 사람에게 적합한 재개발·재건축 투자법이 있을까?

A. 나는 투자금이 넉넉할 때는 시간에 투자하지 말고 '시간을 사야 한다'라고 강조한다. 예전에 재개발·재건축 구역에 조합원 분양 신청을 할 때, 한지에 한자로 쓰인 등기부등본을 본 적이 있다. 연세가 지긋하신 어르신의 등기부등본이었다. 그 동네에서 평생을 살아오셨을 것이라고 생각하니 물건의 가치가 더욱 값지게 느껴졌다. 재개발·재건축 사업에서 '프리미엄'이란 오래 전부터 그곳에 거주했던 분들의 '시간의 가치'이다. 재개발·재건축 구역 투자자들은 낡은 집을 사는 것이 아니라 그분들의 시간을 사는 것이다.

그렇다면 시간을 어떻게 사야 효율적일까? 재개발 투자에서는 최소한 사업시행인가를 받은 물건 또는 관리처분인가 이후 입주권을 매수하는 편이 가장 좋다. 사업시행인가만 받아도 사업이 무산될 일이 거의 없다고 보면 된다. 이 단계에서 지방의 경우 시공사 선정은 물론이고 전체 세대수, 즉 조합원 세대수, 일반분양 세대수, 임대 세대수까지도 거의 정확하게 알 수 있으며, 추정 비례율도 계산해볼 수 있다. 투자자로서는 사업성을 충분히 검토한 이후에 진입할 수 있는 단계라고 할 수 있다. 물론 여러 번 강조하지만, 조금 더 기다렸다가 감정평가 이후의 물건을 매수하면 한층 더 안전하다. 감정평가액과 프리미엄 가격, 추후 내야 할 분담금까지 제대로 파악할 수 있는 시점이기 때문이다. 감정평가 이후의 '실망 매물'을 집중 공략하는 방법에 대해서도 여러 번 강조한 바 있다.

이때 자금이 넉넉한 투자자에게 유리한 두 가지 투자법이 있다.

① 처음부터 감정평가액이 높은 물건을 매수하는 방법

사업성이 있는 구역을 매수할 계획이라면 감정평가액이 높은 물건을 사는 편이 더욱 유리하다. 감정평가액에 비례율을 곱하면 권리가액이 나오는데, 이 권리가액이 내 물건의 '진짜 가치'이다. 권리가액에 따라 추후 내야 할 분담금이 정해지고, 심지어 권리가액이 크면 나중에 환급금을 받는 경우도 있다. 그런데도 실제 시장에서는 감정평가액이 높은 물건보다 낮은 물건이 더욱 환영받는다. 간단한 예시로 살펴보자. A빌라와 B주택의 감정평가액과 34평형 조합원분양가가 다음과 같을 때 실제 시장의 반응은 어떨까?

(단위: 원)

	A빌라	B주택
조합원분양가(34평형)	3억	
감정평가액 ①	1억	3억
프리미엄 ②	3억	2.5억
초기 투자금 ①+②	4억	5.5억

A빌라와 B주택은 무엇보다 초기 투자금에서 매우 큰 차이가 난다. 똑같은 34평형 아파트를 분양받는데 A빌라를 매수하려면 1억 원에 프리미엄 3억 원을 더한 4억 원의 초기 투자금이 필요하다. 그런데 B주택을 매수하려면 5억 5천만 원이나 든다. 감정평가액이 큰 물건이라 평균보다 낮은 프리미엄이 붙었지만, 역시나 초기 투자금이 훨씬 많다. 이런 물건은 투자자의 관심을 받기 어렵다.

그런데 투자금이 넉넉하다면 전략적으로 감정평가액이 큰 물건을 매수하는 것은 어떨까? 해당 구역의 비례율이 130%라고 가정해보자. A빌라와 B주택의 권리가액을 계산해보면 다음과 같다.

(단위: 원)

	A빌라	B주택
비례율 ①	130%	
감정평가액 ②	1억	3억
권리가액 ①×②	1.3억	3.9억
분담금 (조합원분양가-권리가액)	1.7억	0.9억(환급)

빌라의 권리가액은 1억 3천만 원, B 주택의 권리가액은 3억 9천만 원이다. 감정평가액에 비례율을 곱하니 A 빌라를 매수할 때보다 B 주택을 매수할 때 권리가액이 더욱 높아졌다. 다주택자

인 경우에도 중도금 대출이 나오지 않는 것을 걱정할 필요가 없고, 심지어 B 주택을 매수하면 사업이 끝난 뒤 9천만 원을 환급받는다. 이렇듯 애초에 중도금 대출을 무이자로 받을 수 없는 다주택자일수록 감정평가액이 높은 물건에 전략적으로 접근해볼 만하다.

투자자 입장에서는 초기 투자금이 많이 들어가면 당장은 손해 보는 것 같은 기분이 든다. 그러나 결과적으로 자금이 많은 투자자라면 감정평가액이 높은 물건을 매수하는 편이 더욱 유리하다.

② 감정평가액 큰 물건으로 펜트하우스나 아파트 2채를 받는 방법

감정평가액이 높은 물건을 매수할 때의 장점이 하나 더 있다. 시장에서 가치가 높은 '펜트하우스'를 전략적으로 노려볼 수도 있다는 것이다. 감정평가액이 크면 클수록 펜트하우스를 받을 수 있는 확률은 더욱 높아진다. 사실 펜트하우스는 '없어서 못 사는' 좋은 물건이다. 25평이나 34평 아파트에 비해 펜트하우스의 프리미엄이 더욱 높게 형성되기 때문이다. 또한 감정평가액이 높다면 아파트 두 채를 받을 수도 있다. 심지어 감정평가액이 월등히 높아서 상가까지 총 세 채(25평·34평 아파트 및 상가)를 받는 실제 사례도 보았다. 이렇듯 감정평가액이 큰 물건은 그야말로 '효자 물건'이라고 할 만하다.

그런가 하면 아파트 두 채 대신 '세대 구분형 공동주택'을 신청할 수도 있다. 세대 구분형 공동주택이란 하나의 주택 내에서 2세대가 거주할 수 있도록 현관 및 공간을 2개로 분리한 형태의 집을 말한다. 각 세대별로 욕실과 부엌, 현관문이 따로 있는 등 완전히 독립된 주거 공간으로 활용할 수 있고, 따로 세입자를 둘 수도 있다. 사실상 주택 두 채라고 보아도 무방하나 법적으로는 주택 한 채이므로, 특히 다주택자의 경우 취득세, 종부세, 양도세 중과 등에서 절대적으로 유리하다.

지금까지 자금이 넉넉한 투자자의 탁월한 재개발·재건축 투자법에 대해 알아보았다. 초기 투자금이 크다는 점이 무조건 단점으로 작용하는 것만은 아님을 깨달았을 것이다. 그런 의미에서 나는 '누구에게나 통하는 완벽한 투자'는 없다고 말하고 싶다. 내가 처한 상황에 따라 최적의 투자가 달라지기 때문이다. 최적의 투자를 하기 위해서는 계속해서 공부하는 수밖에 없다. 끊임없이 연구하면 막막한 상황에서도 길을 찾을 수 있다.

진와이스 투자 꿀팁

자금이 넉넉한 무주택자는 어느 단계에서 매수해야 할까? ☑

투자금이 넉넉하다면 서울·수도권이나 광역시의 '똘똘한 입주권'을 매수할 수도 있다. 그런데 투자금은 많으나 무주택자인 분들이 있다. 생각보다 이런 사례가 꽤 있는데, 집은 매수하지 않고 월세로 거주하면서 자금을 모두 사업에 운용하는 경우다. 이런 상황이라면 입주권을 매수하는 것을 권하진 않는다. 입주권은 주택이 아니므로 오랫동안 보유하고 있어도 양도세를 산정할 때 보유 기간에 포함되지 않는다. 이런 경우에는 관리처분인가 직전의 물건을 매수하는 편이 좋은데, 본질적으로 주택을 매수하는 것이므로 매수 후부터 모두 보유 기간으로 인정받기 때문이다.

30

현금 청산이 무서운데, 어떻게 피할 수 있을까?

Q. 재개발·재건축 투자를 공부하다 보니 '나도 해볼 수 있겠다' 하는 자신감이 생겼지만, 한편으로는 걱정이 되기도 한다. 바로 '현금 청산' 때문이다. 현금 청산 대상이면 입주권을 받을 수 없다고 하는데, 나에게도 이런 일이 생길까 봐 두렵다. 현금 청산을 피할 수 있는 확실한 방법이 있을까?

A. 재개발·재건축을 처음 접하는 분들이 가장 두려워하는 부

분 중 하나가 '현금 청산'이다. 물건 자체에 문제가 있어서 애초부터 새 아파트를 받을 수 없을 때 현금 청산의 대상이 된다. 그런데 현금 청산을 지나치게 두려워할 필요는 없다. 미리 공부하면 현금 청산이 되는 물건을 쉽게 구분해낼 수 있기 때문이다. 오히려 이런 물건을 잘만 활용하면 뜻밖의 수익을 낼 수도 있다. 이번에는 현금 청산에 대한 두려움을 없애고, 꿀 같은 투자 포인트까지 알아보자.

① 재건축: '땅'만 소유하면 현금 청산 대상이다

먼저 재건축 물건 중에서 입주권이 나오지 않는 물건을 확인해보자. 재건축 사업의 조합원이 되려면 기본적으로 '토지'와 '건축물'을 동시에 소유하고 있어야 한다. 이때 토지와 건축물 중 하나만 소유하고 있다면 현금 청산 대상이다. 공동주택, 즉 아파트를 소유하고 있다면 조합원이 되는 데 대개 아무런 문제가 없다.

과연 땅이나 건물만 소유하여 문제가 되는 사례가 있을까? 그렇다. 재건축 사업에는 공동주택 재건축뿐만 아니라 단독주택 재건축도 있다. 주위 정비기반시설은 비교적 양호하지만 주택들이 낡았을 때 단독주택 재건축을 진행한다. 단독주택 재건축 역시 재건축법을 따르지만, 실제로 임장을 가면 재개발 지역으로 착각할 만큼 구분이 쉽지 않다. 이때 건물 혹은 땅만 소유한 단독주택 재건축 물건이 종종 있으므로 매수 전에 반드시 확인해야 한다.

그런가 하면 재건축 구역의 도로 부지나 나대지만 소유한 경우에도 입주권을 받을 수 없으며, 일명 '뚜껑'이라고 불리는 무허가 건축물도 입주권이 나오지 않는다. 내가 매수한 빌라가 있는 단독주택 재건축 구역에 있었던 현금 청산 이야기다. 큰 도로에 가까운 2종 일반주거지역에 네모반듯한 커다란 나대지가 있었다. 내가 매수한 9천만 원짜리 빌라와는 비교가 안 될 정도로 값비싼 땅으로 보였다. 이런 땅만 소유하고 있어도 입주권을 받을 수 있을 것 같지만 그렇지 않다. 아니나 다를까. 조합에 확인해보니 해당 토지는 현금 청산 대상이라는 답변을 받았다.

정리하면, 재건축은 땅만 소유하거나 건축물만 소유한 경우 입주권이 나오지 않는다. 재건축 물건을 매수하기 전에 이 부분을 확인해보면 된다. 미리 조합에 물어보는 것만으로도 문제의 소지가 있는 물건을 걸러낼 수 있다.

재건축 사업에서 현금 청산의 대상이 되는 경우

- 토지와 건축물 중 하나만 소유하고 있을 때
- 도로 부지, 나대지, 무허가 건축물을 소유하는 경우

---

② 재개발: 물건별로 철저히 현금 청산 대상을 파악하자

재개발 사업에서는 토지나 건축물 중 하나만 소유해도 입주

권을 받을 수 있다. 그러나 물건의 크기가 너무 작은 경우 현금 청산의 대상이 되기도 한다. 토지, 상가, 건축물 등 종류별로 기준이 다르므로 하나하나 짚어보자. 참고로 입주권을 받을 수 있는 토지 크기에 대한 기준은 지자체별로 다르다(이 책에서는 서울시를 기준으로 설명한다).

| 토지

30m^2 미만의 토지는 재개발 입주권이 나오지 않는다. 이런 토지를 현장에서는 '물딱지'라는 은어로도 부른다. 소유한 토지 면적이 기준에 미달하여 입주권을 받을 수 없는 경우에도 방법은 있다. 토지를 더 매수하여 필요 기준을 충족하면 된다. 예를 들어, 30m^2 미만의 도로 부지를 소유한 경우, 토지 면적의 합이 서울시 기준 90m^{2}를 넘도록 추가로 매수하면 문제없이 입주권을 받을 수 있다.

예전에는 30m^2 미만 토지는 가치가 없다고 여겨졌으나, 지금은 오히려 투자 가치가 높은 물건으로 인식되고 있다. 토지 면적 기준을 맞추고 입주권을 받으려는 투자자가 일부러 작은 토지를 찾는 수요가 늘어나고 있기 때문이다. 30m^2 미만의 작은 토지에 '억' 단위의 프리미엄이 붙는 일도 흔하다.

| 상가

토지와 마찬가지로 너무 작은 상가는 입주권을 받을 수 없다. 명확한 기준은 다음과 같다. 재개발 구역 내 조합원 분양 물건 중에서 가장 작은 물건의 조합원분양가보다 권리가액이 작은 상가를 소유했을 때 새 아파트를 받을 수 없다. 이때 무조건 현금 청산의 대상이 되는 것은 아니고, 상가나 오피스텔을 받을 수는 있다. 그러나 재개발 사업에서 가장 가치가 높은 것은 역시 아파트이다. 권리가액이 작은 상가로 아파트 입주권을 받을 수 있는 방법은 없을까?

다행히 방법이 있다. 권리가액을 높일 수 있는 다른 물건을 더 매수해서 권리가액 기준을 맞추는 것이다. 예를 들어, 내가 소유한 재개발 구역 내 제일 작은 25평형 조합원분양가가 2억 원이라고 가정해보자. 내가 가진 상가의 권리가액이 1억 원 정도이면 원래는 새 아파트를 받을 수 없으나, 조합원분양가 2억 원이라는 기준을 맞추기 위해 다른 물건을 더 매수하면 아파트 입주권을 받을 수 있다는 뜻이다. 참고로 이런 경우 무조건 25평형을 신청해야 하는 것은 아니다. 기준을 충족시켰다면 어떤 평형이라도 신청할 수 있다.

| 무허가 건축물

재개발 구역의 무허가 건축물을 매수해도 입주권을 받을 수 있다는 점에 대해서는 여러 번 설명한 바 있다. 그런데 '무조건' 새 아파트를 받을 수 있는 것은 아니다. 서울시 기준으로 1981년 12월 31일 현재 무허가 건축물 관리대장에 등재되어 있거나 항공사진으로 무허가 건축물이 현존한다는 사실을 확인 가능하면 재개발 입주권이 나온다. 이 또한 지자체마다 기준이 다르니 반드시 확인해야 한다. 사실 조합설립 이후에 무허가 건축물을 매수하면 매우 안전한 투자를 할 수 있다. 조합을 통해 입주권이 나오는지에 대해 기본적인 조합원 정보와 기준을 미리 확인할 수 있기 때문이다.

이렇게 안전하게 미리 확인하고 매수한다면 무허가 건축물은 내내 '효자 노릇'을 할 것이다. 먼저 취득가액이 절대적으로 낮은 편이므로 초기 투자금이 현저히 적게 든다는 장점이 있다. 무허가 건축물의 감정평가액은 보통 2천만 원을 넘지 않는 수준이다. 여기에 프리미엄만 더하면 매수 가능하니, 비교적 저렴하다는 빌라와 비교해보아도 초기 투자금이 훨씬 적게 든다. 또한 무허가 건축물은 공시가격이 아예 없거나 매우 낮아서 보유세 부담이 거의 없다. 즉, 무허가 건축물은 저렴하게 매수가 가능하면서 새 아파트로 준공될 때까지 보유세 부담도 없는 매력적인 물건이다. 이러한 장점 때문에 보유세 부담이 비교적 큰 빌라나 주택에 비해 무허가 건축물의 프리미엄이 더 높게 형성되는 것이다.

왠지 위험한 투자라고 느껴졌던 무허가 건축물에 이런 수많은 장점이 숨어 있다. 잘 모를 때는 무엇이든 위험하게 느껴진다. 그러나 알고 나면 황금 같은 기회가 눈에 보이기 시작한다. 재개발·재건축 투자에서도 역시나 아는 것이 힘이다.

재개발 사업에서 아파트 입주권을 받을 수 없는 경우(서울시 기준)	
토지	30m^2 미만의 토지를 소유한 경우 현금 청산 대상 →토지를 더 매수하여 필요 기준을 충족하면 아파트 입주권 받을 수 있음
상가	재개발 구역 내 조합원 분양 물건 중에서 가장 작은 물건의 조합원분양가보다 권리가액이 작은 상가를 소유한 경우 원칙적으로 상가 혹은 오피스텔 분양권을 받음 → 권리가액을 높일 수 있는 다른 물건을 더 매수해서 권리가액 기준을 맞추면 아파트 입주권 받을 수 있음
무허가 건축물	1981년 12월 31일 현재 무허가 건축물 관리대장에 등재되어 있지 않거나 항공사진으로 확인할 수 없는 경우 현금 청산 대상 → 조합에 문의해 미리 아파트 입주권을 받을 수 있는지 확인 가능

| 무주택자만 입주권을 받을 수 있는 물건

무주택자에게만 입주권이 나오는 물건이 있다. 서울시 기준 30m^2 이상 60m^2 미만의 토지가 여기에 해당한다(이 또한 지자체별로 기준이 다르므로 사전에 확인해야 한다). 전라남도 광주에 임장을 갔을 때 이러한 물건을 본 적이 있다. 가격이 저렴한 토지였는데, 무주택자에게만 조합원 지위와 새 아파트를 받을 수 있는 권리가 승계된다는 것이다. 이렇듯 매수자가 제한되는 물건은 일반적인 매물 대비 프리미엄이 낮게 형성된다. 임장을 다녀온 이야기와 더불어 관련 정보를 진와이스 블로그에 올렸더니, '정말 꼭 필요한 물건인데 중개사무소 연락처를 받을 수 있느냐'는 비밀 댓글이 달렸다. 중개사무소 명함을 잃어버려서 네이버부동산 로드뷰까지 동원해 겨우 연락처를 찾아낸 기억이 난다. 그분은 연신 감사 인사를 하며 계약하러 간다고 이야기했다. 이처럼 현재 무주택자라면 무주택자에게만 입주권이 나오는 물건을 노려보아도 좋다.

현금 청산, 참 두렵게 느껴지는 단어다. 무허가 건축물, 나대지, 도로 부지는 또 어떤가. 잘 모를 땐 전혀 매수하고 싶지 않은 물건들이다. 그러나 투자 가치가 높다는 사실을 알고 나면 다르게 보일 것이다. 현금 청산을 피해서 투자하는 방법은 매우 간단하다. 미리 기준을 공부하고 매수 전에 체크하면 된다.

31

투기과열지구에서 물건을 살 때 확인할 것이 있다고?

Q. 현재 투기과열지구로 지정되어 있는 서울시 몇몇 지역에 투자하고 싶은데 재개발 투자를 할 때는 더욱 신중해야 한다는 말을 들었다. 어느 시점에 매수하는지에 따라 조합원 지위를 양도받을 수 없다고 한다. 괜히 투자했다가 실패할까 봐 두렵다. 어떻게 해야 할까?

A. 투기과열지구에서는 재개발·재건축의 경우 특정 시점 이

부동산 규제지역 현황

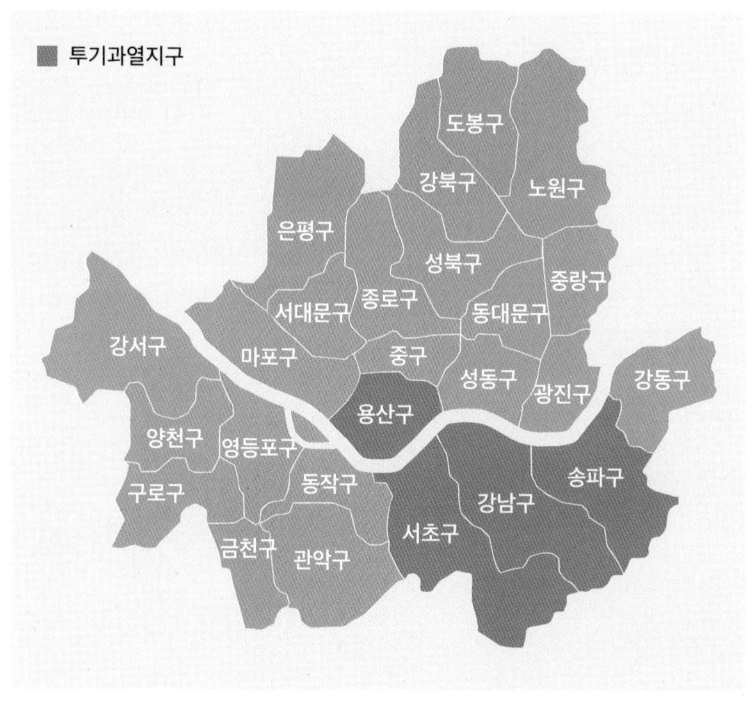

후에 매수·매도가 불가능하다. 더 정확히 말하면 매수·매도는 가능하지만 매수자에게 조합원 지위가 양도되지 않는다. 2023년 1월 현재 서울 용산·강남·서초·송파 등 네 곳이 투기과열지구에 해당한다. 해당 지역에 투자한다면 아래 사항을 반드시 확인해야 한다. (한편 현재 이에 해당하지 않더라도 투기과열지구로 지정되는 즉시 전매 제한이 적용되므로 재개발·재건축 투자를 계획한다면 기본 상식으로 알아두어야 한다.)

① 재개발일 때

재개발의 경우, 투기과열지구에서 관리처분인가 이후로는 거래가 불가능하다. 이때부터는 물건을 매수해도 조합원 지위를 양도받을 수 없으므로 아무도 매수·매도 거래를 하지 않는다. 그러므로 투기과열지구에서는 관리처분인가가 나기 직전에 거래가 매우 활발히 이루어진다. 이주·철거를 하고 새 아파트로 준공될 때까지 5년 이상 해당 물건을 소유하기 어려운 사람들이 시장에 물건을 내놓고, 5년 이상 물건을 팔지 못하더라도 해당 지역에 반드시 새 아파트를 갖고 싶은 사람들이 이러한 물건을 매수하는 것이다. 관리처분인가가 나기 직전의 이 시점이 거래가 활발히 일어나는 매수·매도 타이밍이다. (물론 입주권 상태가 아니므로 취득세, 양도소득세 등의 세금을 따져보아야 한다.)

그런데 투기과열지구 내의 구역이라도 2018년 1월 24일 이전에 최초로 사업시행인가를 신청한 구역은 관리처분인가 이후여도 매수와 매도가 자유롭다. 현재 투기과열지구로 묶인 지역 내 재개발 구역 중 이에 해당하는 구역은 개별적으로 확인하기 바란다.

투기과열지구 내 조합원 지위가 양도되지 않는 시점(재개발)

관리처분인가를 받은 이후로는 조합원 지위가 양도되지 않음

※ 단, 2018년 1월 24일 이전에 최초로 사업시행인가를 신청한 구역은 투기과열지구여도 매수·매도가 자유로움

② 재건축일 때

투기과열지구 내 재건축은 조합설립 이후에 거래가 되지 않는다. 조합설립부터 입주까지 보통 10년은 걸리는데, 그동안 매도 등의 재산권 행사를 할 수 없다는 뜻이다. 투기과열지구 내 재건축 아파트에 투자할 때는 이 점을 반드시 고려해야 한다.

단 몇몇 예외 조항이 있다. 투기과열지구 내 재건축 사업에서 조합설립 후 3년 이내에 사업시행인가를 신청하지 않거나, 사업시행인가 이후 3년 내에 착공하지 못한 경우는 예외적으로 거래가 가능하다. 또한 착공 후 3년 이내에 준공되지 않는 경우 3년 이후부터 준공 시까지 거래가 가능하다. 단, 3년 이상 보유한 조합원에 한하여 매수·매도 시 조합원 지위가 양도된다. 오랫동안 사업이 진행되지 않는 구역의 조합원에 대한 구제 방안이라고 할 수 있다.

참고로 투기과열지구 지정에도 불구하고 재개발·재건축 사업에서 공통적으로 거래가 가능한 기본적인 조건이 있다. 해당 재개발 구역에 5년 거주하고 10년 보유한 조합원의 물건은 언제

든지 매도할 수 있고, 매수자가 조합원 지위를 양도받을 수 있다. 그 외에도 사업 등의 이유로 전 세대원이 다른 구역으로 이주하는 경우 등 몇몇 예외 사항에 해당하면 조합원 지위를 양도할 수 있다.

투기과열지구 내 조합원 지위가 양도되지 않는 시점(재건축)

조합설립 이후에는 조합원 지위 양도되지 않음

※ 단, 다음의 몇몇 예외 사항에서 3년 이상 보유 시 조합원 지위 양도 가능
① 조합설립 후 3년 내 사업시행인가를 신청하지 않은 경우
② 사업시행인가 후 3년 내 착공하지 못한 경우
③ 착공 후 3년 이내에 준공되지 않는 경우

지금까지 투기과열지구에서 재개발·재건축 투자를 할 때 유의해야 할 사항을 알아보았다. 그런데 과연 상승장에서 투기과열지구로 지정되는 것이 나쁘기만 할까? 투기과열지구로 지정되면 투자에 각종 규제를 받으므로 전체적으로 '가격 눌림' 현상이 발생한다. 특히 재개발·재건축 투자는 규제의 영향을 더욱 많이 받는다. 규제가 강력한 곳은 시세 상승이 더디거나 멈춰 있다. 그러나 투자자라면 규제의 강도와 안전 마진은 정비례한다는 사실을 알아야 한다. 규제가 강해서 가격이 눌릴수록 매수자는 더욱 높은 안전 마진을 확보하게 되는 셈이다.

그렇다면 반대로 하락 혹은 조정기가 찾아와 규제가 해제되

면 투자가 어려울까? 그렇지도 않다. 해당 도시 내에 절대적으로 가치 있는 입지와 상품이 있다. 이 물건들은 시장 분위기가 좋아지면 제자리를 찾아간다. 또한 이런 때에 시장을 면밀히 살피며 제 가치에 훨씬 못 미치는 '급매물'을 잡을 수도 있다. 지금은 그런 가치 있는 물건을 찾아내기 위해서 조용히 공부하며 통찰력을 키우기에 아주 좋은 시기이다. 내 경험을 말하자면, 10년 가까이 소유할 정도로 '똘똘한 물건' 대부분을 조정기와 하락장에 매수했다. 이런 시기에는 좋은 물건을 꼼꼼히 골라가며 매수할 수 있다.

탁월한 투자자는 상승장에도, 하락장에도 투자할 방법을 찾아낸다. '바닥'을 잡겠다며 행운을 기대하기보다는 꾸준히 시장을 모니터링하며 자신에게 맞는 최적의 투자 방법을 스스로 찾아내자.

매수 전에 반드시 확인해야 하는 체크리스트

여기까지 달려온 당신에게 박수를 보낸다. 거대한 변화를 만드는 재개발·재건축의 매력을 깨닫고 전체 과정부터 각 과정별 투자 포인트를 공부하기까지 쉽지만은 않았을 것이다. 이제 큰 틀에서 재개발·재건축 투자에 대한 감을 잡았으니, 특별히 어려운 부분을 두세 번 더 읽어보며 부족한 점을 채워나가면 된다. 무엇보다 직접 현장에 가보는 '임장'은 필수다.

마지막으로 실제로 재개발 투자를 하기 전에 여러 번 체크해야 하는 항목을 따로 정리했다. 계약서에 도장 찍기 전에 이 체크리스트를 꼭 확인하자.

① 조합설립 이후 매수할 때 다물권자 물건인지 확인

재개발 구역에서는 다물권자 물건을 매수할 때 입주권이 나오지 않는다. 매수 전에 조합에 관련 내용을 확인하고, 어떤 계약을 하든 다음 특약을 반드시 넣는다.

> 본 매매는 매수인이 재개발로 인한 신축 아파트의 입주권을 얻고자 하는 계약으로서, 매도인은 동 정비사업구역의 정당한 조합원의 지위를 가지며 이를 매수인에게 승계한다. 또한 동 구역 내에 매도인과 동일 세대 내의 모든 세대원이 본 건 부동산 외의 다른 물건이 없음을 확인하며 추후 문제될 경우 매도인은 계약의 취소, 손해배상 등의 책임을 지기로 한다.

② 투기과열지구 관리처분인가 이후 조합원 지위 양도 금지

투기과열지구에서 2018년 1월 24일 이후 사업시행인가를 신청한 재개발 구역은 관리처분인가 이후 조합원 지위 양도가 금지된다. 재건축의 경우 조합설립 이후에는 조합원 지위가 승계되지 않는다.

③ 상가를 매수할 때 권리가액 확인

소유한 상가의 권리가액이 구역 내 최소 평형의 조합원분양가를 초과해야 아파트 입주권을 받을 수 있다. 만약 그보다 권리가액이 작다면 추가로 매수하여 기준에 맞추면 된다. 같은 입장에 처한 투자자에게 프리미엄을 받고 매도하는 방법도 있다.

④ 무허가 주택 입주권 부여 기준 확인

서울시 기준, 1981년 12월 31일 이전에 지어진 무허가 주택을 매수한다면 입주권을 받을 수 있다. 관할구청 무허가 건축물 관리대장과 항공사진을 확인하면 된다. 무엇보다 조합에 문의하는 편이 가장 빠르고 확실한 방법이다.

하락장이라는 말에 투자를 포기하는 분들에게

내가 첫 재개발·재건축 투자를 할 때가 떠오른다. 그때는 오로지 책이 나의 친구이고, 멘토이고, 나의 선생님이었다. 그 외에 내가 할 수 있는 일은 임장을 가는 것뿐이었다.

그때도 약한 하락장이었다. 나는 당장 1~2년 내에 시세가 오를 것이라고 기대하지는 않았다. 그저 나중에 내가 들어가 살 새 아파트를 미리 산다는 마음으로 헌 집을 매수했고, 절차가 제때 진행되기를 바랐다. 그런가 하면, 실거주 집을 내가 사는 도시의 최고 학군지로 이사한 시기도 시장이 오랫동안 보합을 유지하던 때였다. 내가 투자를 할 때는 사람들이 별로 부동산 투자에 관심이 없었다. 그래서 초보임에도 오히려 투자하기가 정말 좋았던 것 같다. 나중에 도시에 상승 흐름이 왔을 때, 내가 사는 지역 아파트값부터 가파르게 올랐다. 이후 다른 지역으로 상승세가 이어졌다.

"나한테도 집 사라고 말하지 그랬어."

"그때 그 아파트로 이사 갔을 때, 나한테도 말해주지…."

내가 부동산 투자를 오래 했다는 사실을 알게 된 몇몇 지인들이 아쉬움이 담긴 목소리로 이렇게 말한다. 그런 말을 들을 때마다 의아하다. 재개발·재건축 투자는 조용히 진행했으니 모를 수 있지만, 내가 최고 학군지로 이사했을 때는 집들이도 크게 했기 때문이다. 나와 가까운 지인은 내가 어디로, 왜 이사 가는지 잘 알고 있었다. 그러나 나를 따라 이사한 사람은 없었다.

그때 내가 말해줬다면 나를 따라서 오래된 아파트를 매수할 수 있었을까? 지어진 지 25년 정도 된 낡은 아파트이긴 하지만, 도시의 중심이자 최고 학군지에 있으니 시장 흐름이 좋아지면 이 아파트값이 먼저 오른다는 말을 믿을 수 있었을까? 그리고 5년쯤 지나면 재건축 연한을 채우면서 가치가 달라질 것이라는 말을 해주면 이해할 수 있었을까? 샀다고 하더라도, 2~3년 동안 시세가 꿈쩍하지 않을 때 감내할 수 있었을까? 당연히 그런 사람이 있다. 바로 '공부하는 사람'이다. 나는 자신 있게 말할 수 있다. 지금의 '하락장'을 통과하고 나면 제 가치보다 저평가되었던 물건들이 제대로 평가받는 시기가 도래할 것이라고 말이다.

나는 지금 어느 때보다 임장을 많이 간다. 매주 화요일에 임장을 가기로 마음먹고 실행한 지 두 번째 겨울이 지나고 있다. 요즘은 일주일에 두 번, 혹은 세 번도 임장을 간다. 입지는 물론이고 네이버부동산에 올라오지 않는 매물들의 가격 편차가 얼마나 큰지, 그리고 이전에 갔던 때와 비교해 가격 추이를 살펴보기 위해서다. 기축 아파트 대비 재개발·재건축 시세가 얼마나 하락했는지도 주의 깊게 살펴야 한다. 지금과 같은 하락장에서는 재개발·재건축 매물의 가격이 더 크게 하락한다. 일반 아파트에 비해 실사용 가치가 현저히 떨어지고, 사업 진행상의 리스크가 작용하기 때문이다.

그렇다면 이런 시기에 가격이 크게 떨어진 재개발·재건축 물건에 투자하는 것은 위험한 일일까? 생각에 따라 그럴 수도 있고, 아닐 수도 있다. 중요한 것은 재개발·재건축 물건이 새 아파트가 되는 순간, 가격은 무조건 제자리를 찾아갈 것이라는 사실이다. 이제, 새 아파트가 될 헌 집을 더 저렴한 가격에 살 수 있는 시장이 열렸다. 내 눈에는 보인다. 내가 오래 투자했기 때문이 아니라, 꾸준히 공부하고 임장해왔기 때문이다.

"이럴 때 재개발·재건축 물건 사면 가격이 금방 오를까요?"

나는 단호하게 '아니요'라고 대답한다. 높은 금리도 무섭지만, 무엇보다 매수 심리가 꽁꽁 얼어붙어 있어서 당장은 가격이 오르지 않을 것이다. 이런 시기가 투자를 제대로 공부하기에는 더욱 좋은 때다. 재개발·재건축에 대해 차근차근 공부해서 탄탄한 기본 지식을 갖추고, 매물로 나온 물건의 가격 저평가 여부를 스스로 판단해보자.

'투자하기 좋은 때'가 있을까? 사람들은 부동산 상승기에는 매물이 없고 이미 가격이 올라버려서 살 수 없다고 말한다. 하락이 시작되면 이제 집값 떨어질 텐데 얼마나 떨어질지 몰라서 살 수 없다고 말한다. 아니, 투자를 하면 안 된다고 생각한다. 그러나 부동산 투자를 제대로 공부하지 않고 이렇게 결론 내리는 것은 아무런 의미가 없다.

제대로 투자를 공부한다면 하락기에도 기회를 잡을 수 있다. 사실 상승기에는 급매를 찾아보기 어렵다. 매도인 입장에서는 내놓기만 하면 팔리니, 굳이 급매로 저렴한 값에 내놓을 필요는 없다. 하락기는 다르다. 얼마나 더 하락할지 모르는 상황에서 두려움에 사로잡혀 이전에는 상상할 수 없는 가격에 급매 물건을 내놓기도 한다. 현재 정부는 이전과 달리 부동산 매수를 장려하는 정책을 펼치고 있다. 재개발·재건축 안전진단이 완화되었고, 서울 4개 구를 제외하고 비규제지역이 되었으며, 대출 규제와 청약 규제들도 풀렸다. 그러나 '금리'와 '하락'이라는 단어가 수요를 묶어두고 있다.

언제 투자해야 할까? 결론은 명확하다. 일단 공부하고, 연구하고, 직접 발로 뛰자. 그럼 자기가 가진 물건의 가치를 모르고 누군가 공포에 던지는 물건들, 금리에 쫓겨 적정 가격을 훨씬 밑도는 매물들을 잡을 수 있다. 내가 지금 실거주하는 아파트를 그렇게 샀다. 모두가 '부동산은 이제 끝났다'고 할 때, 나는 이 도시의 대장 동네에서 고르고 골라 원하는 가격에 매수했다. 내가 매도하고 나온 아파트가 '1억' 오르는 동안, 이사해서 현재 사는 집은 '5억'이 올랐다. 이것이 바로 입지 차이다. 즉, 하락기에 공부하면 좋은 입지의 물건을 골라서 투자할 수 있다.

이 책의 맨 앞에서도 밝혔지만, 내가 투자를 전혀 하지 않고 첫 집에 만족하고 살았다면 나의 총 재산은 4억 6천만 원 정도였을 것이다. 열심히 아껴가며 살아온 인생의 전 재산이 그 정도일 뻔했다. 나는 현재 이보다 10배가 넘는 자산을 이루었다. 투자를 시작하지 않았으면 어땠을까, 정말 아찔하다.

평범한 주부였던 내가 아무도 가르쳐주지 않았을 때 해낸 일이다. 나 같은 사람이 했다면 누구나 할 수 있다. 누가 또 자산을 10배로 불리는 다음 주인공이 될 것인가?

자산 10배의 다음 주인공

여기 이름을 크게 적자. 그리고 잘 보이는 곳에 붙여놓자.

그 목표를 이룰 수 있도록 나 진와이스가 도울 것이다.

우리 함께 공부하고, 함께 투자하고, 함께 부자가 되어보자.

미라클!

부록

성공적인 재개발·재건축 투자를 위한 인천 보물지도

재개발·재건축 진행 절차

투자 결실기
(입주 혹은 매도)
(3~4년)
절세 투자기
(1~2년)
투자 안정기
(1~2년)
초기 투자기
(1~2년)
투자 탐색기
(2~3년 혹은 그 이상)
정비 기본계획 수립
안전진단 (재건축)
정비구역 지정
추진 위원회 설립
조합설립인가
시공사 선정
사업시행인가
종전 자산평가
조합원 분양 신청
관리처분인가
이주 및 철거
조합원 동·호수 추첨
착공
일반분양
준공 및 입주
이전 고시 및 청산

인천광역시 보물지도를 공개하며

인천광역시는 광역시 중에서도 수도권에 해당하며, 인천시청역에 계획된 GTX-B 노선, 이미 착공한 월곶판교선 등으로 서울과도 접근성이 훨씬 좋아질 예정이다. 인천은 송도, 청라국제신도시, 검단신도시 등 신도시 중심과 부평구를 중심으로 벌어지는 구도심 정비사업으로 천지개벽하는 중이다.

한편 투자자라면 이러한 변화로 인해 '공급 물량'이 늘어난다는 점도 기억해야 한다. 오랜 기간 가격이 눌려 있을 인천을 차근차근 공부해보자. 실거주 목적이라면 두말할 것도 없고, 투자처로서도 2023년 이후의 시장을 주목해볼 가치가 충분한 도시다.

보물지도의 장점 및 활용법

본 책에 제공하는 이 지도는 단기간에 만들어진 것이 아니다. 내가 직접 임장을 다니며 활용하기 좋은 지도를 만들기 위해 오랜 시간 공들인 자료이다. 정기적으로 정보 업데이트를 거쳤으므로 자료의 정확도 또한 높다.

이 지도는 직접 인천 지역으로 임장을 다닐 때 활용하면 매우 좋다. 지도만 보아도 인천의 어느 지역에 재개발·재건축 구역이 있는지, 그리고 사업 단계는 어느 정도 나아갔는지 확인할 수 있다. 또한 가장 쉽게 사업성을 확인할 수 있는 지표인 조합원 수와 총 세대수를 기재해두었으므로, 한눈에 사업 규모를 파악할 수 있다. 더불어 지도를 통해 여러 구역이 연접하여 재개발·재건축 사업이 진행되는 곳을 한눈에 파악할 수 있으며, 어느 지역의 사업이 완성되었는지도 단박에 확인할 수 있다.

사실 재개발·재건축을 공부하고서도 '임장'의 문턱을 넘기가 쉽지 않다. 아무리 좋은 지도가 있어도 직접 임장을 가지 않으면 달라지는 것은 아무것도 없다. 그렇다고 당장 임장을 가서 낡은 빌라를 사고, 도로 부지를 사라는 말이 아니다. 우선 시장에 나가 봐야 진짜 가격을 알 수 있고, 중개사무소에도 여러 번 방문해야 중개사와의 소통에도 익숙해진다.

예전에 열심히 공부한 수강생들에게 선물로 이 지도를 제공한 적이 있다. 임장을 망설이던 몇몇 수강생들이 삼삼오오 서로 팀을 꾸려 임장을 계획하더니 바로 실행했다. 현장에 가서 직접 배우는 것이 많다며 임장의 중요성을 절실히 깨닫게 되었다는 수강생의 후기가 기억에 남는다. 이 책을 읽는 독자도 임장의 첫발을 뗄 수 있도록 나만의 비밀지도를 공개한다.

인천의 현재와 미래

인천은 2023년 적정수요의 3배가 넘는 공급이 쏟아질 예정이다. 미추홀구, 부평구, 서구, 연수구 등 인천의 주요 입지들에 엄청난 공급 폭탄이 떨어지는 것이다. 게다가 미분양도 쌓이고 있다. 인천은 지금 적극적으로 투자하기엔 위험한 지역이다.

그래프에서 확인할 수 있듯이 인천광역시에는 2025년까지 적정 공급량을 웃도는 공급이 예정되어 있다. 전세가격은 계속 조정을 받을 것이고, 이는 곧바로 매매가격에 영향을 줄 것이다. 그러면 어떻게 해야 할까. 책에서 배운 대로 매매가격지수가 반등한 직후에 바로 매수하려면, 지금부터 공부해야 한다. 광역시급 이상의 인구 규모, 즉 수요가 받쳐주는 도시의 경우 매매가격

인천 기간별 수요·입주 그래프(위)와 미분양 그래프(아래)

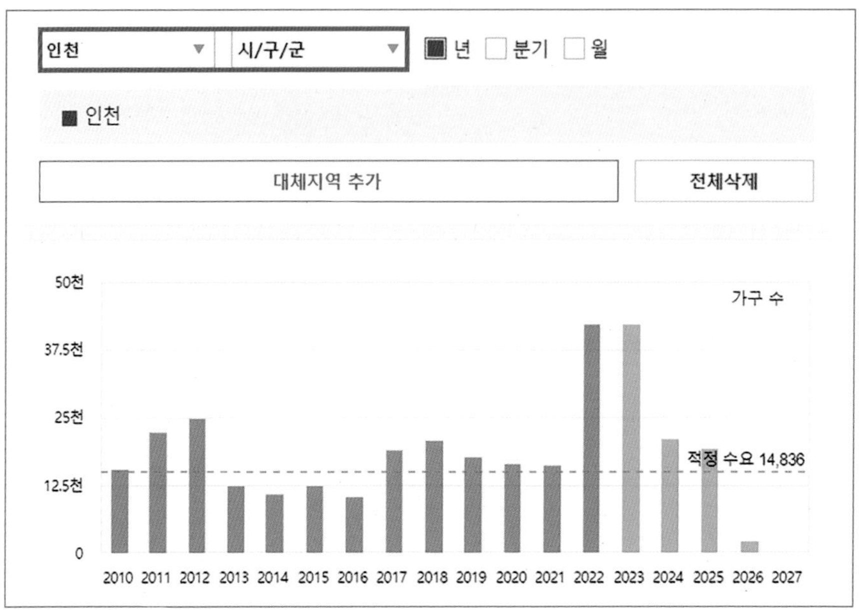

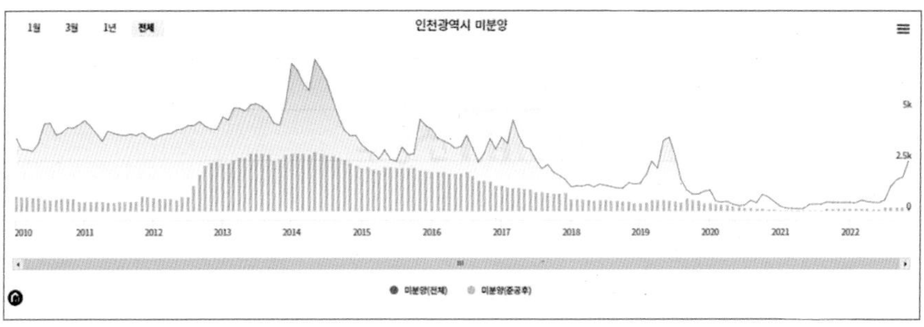

출처: 아실

지수가 반등하면 미분양이 다 해소되기 전부터 이미 대장 아파트의 가격이 꿈틀거리기 시작하기 때문이다.

인천에 투자나 내 집 마련을 할 생각이 없더라도, 도시의 주택 수요와 공급 흐름을 주의 깊게 살피고 연구해보자. 하락세가 언제까지 지속될지, 가격이 어디까지 내려가는지, 언제 저점을 찍고 상승하는지 등을 이 지도를 중심으로 확인해보는 자체가 엄청난 투자 공부다. 또한 직접 시세를 조사해보고 임장도 다녀보기 바란다. 3개월, 6개월, 1년 단위로 시세 조사를 하면서 인천의 시세가 어떻게 움직이는지 면밀히 살펴보는 것도 좋다. 이것이 바로 나만의 인사이트를 만들어가는 과정이다.

다시 한번 강조하지만, 인천 보물지도가 '미라클'의 시작점이 될 수 있다. 지도를 가지고 다니며 시세를 조사하고, 여러 번 중개사무소에 들르고, 주변 입지도 살펴보자. 분명 투자에 확신이 드는 때가 있을 것이다. 그때가 당신의 미라클이 시작되는 바로 그 순간이다.

나 또한 그랬다. 첫 재개발 빌라를 사기 전 계절이 세 번 바뀌는 동안 셀 수 없이 많은 빌라와 낡은 집을 들어가 보고, 수많은 중개소장님을 만났다. 그렇게 매수한 물건이 2천 세대 1군 시공사의 브랜드 아파트로 거듭날 예정이며, 2년 뒤면 입주한다. 내 돈 3천만 원 정도 들어가 있는 그 물건의 현재 시세는 10억 가까이 한다. 이 책의 독자인 당신이 그다음 주인공이 되었으면 좋겠다.

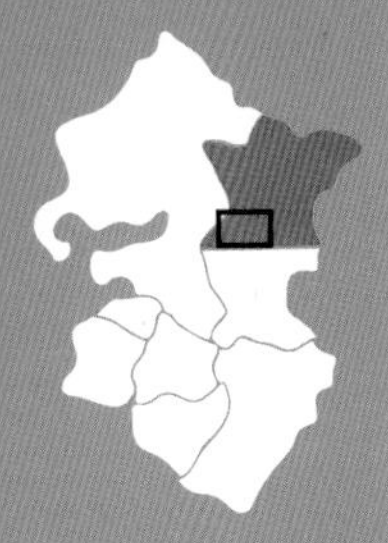

계양구

사업 절차가 진행됨에 따라 세대수가 변동될 수 있음
별도 표시 없는 조합원분양가: 84m² 기준
(단위: 만 원)

조합설립인가 → 사업시행인가 →

재건축	새사미
기존 세대	280
총 세대	416

아래 이미지는 카카오맵 실제 서비스와 다를 수 있음
출처: 카카오맵(https://map.kakao.com)

관리처분인가 → 착공

재개발	계양1구역
아파트명	힐스테이트자이계양 (2024.03 입주 예정)
기존 세대	1,403
총 세대	2,371

재개발	작전현대아파트구역
기존 세대	668
총 세대	1,370

재건축	우영
기존 세대	295
총 세대	319

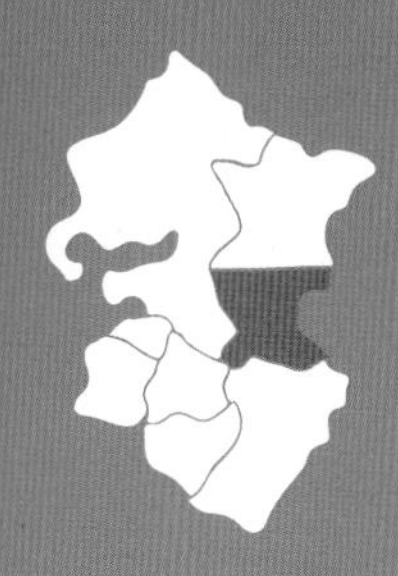

부평구 전체 지도

조합설립인가 → 사업시행인가 →

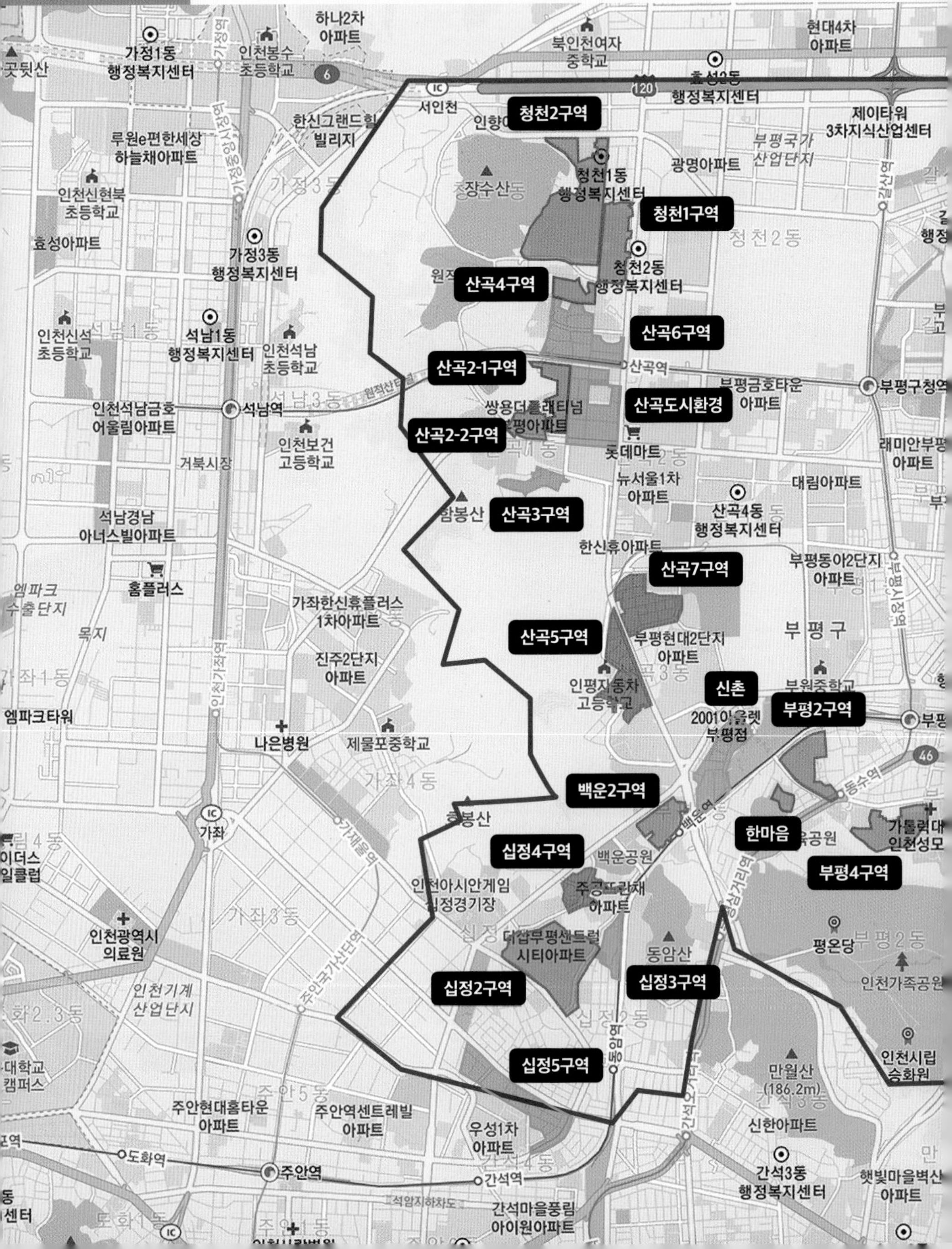

청천2구역
청천1구역
산곡4구역
산곡6구역
산곡2-1구역
산곡도시환경
산곡2-2구역
산곡3구역
산곡7구역
산곡5구역
신촌
부평2구역
백운2구역
한마음
십정4구역
부평4구역
십정2구역
십정3구역
십정5구역

아래 이미지는 카카오맵 실제 서비스와 다를 수 있음
출처: 카카오맵(https://map.kakao.com)

→ 관리처분인가 → 착공

부영
갈산1구역
대보
삼산1구역
부개4구역
동암마을
부개서초교 북측
목련아파트 주변
부개5구역

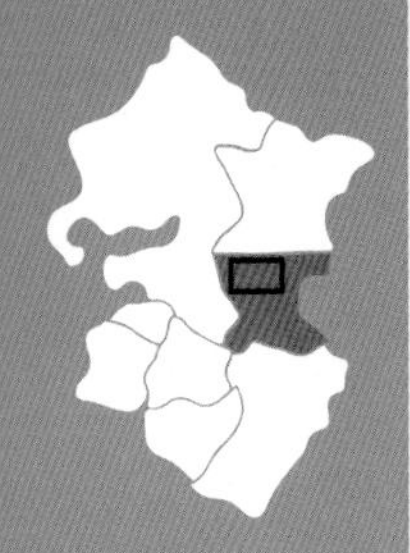

부평구 북측

사업 절차가 진행됨에 따라 세대수가 변동될 수 있음
별도 표시 없는 조합원분양가: 84m² 기준
(단위: 만 원)

조합설립인가 → 사업시행인가 →

재개발	청천2구역
아파트명	e편한세상 부평그랑힐스 (2023. 10 입주 예정)
기존 세대	2,100
총 세대	5,051

재개발	청천1구역
아파트명	부평캐슬& 더샵퍼스트 (2023. 11 입주 예정)
기존 세대	389
총 세대	1,623

재개발	산곡4구역
아파트명	부평두산위브더파크 (2022. 12 입주)
기존 세대	244
총 세대	799

재개발	산곡6구역
기존 세대	1,260
총 세대	2,706

재개발	산곡2-1구역
아파트명	부평신일해피트리 더루츠(2022. 07 입주)
기존 세대	397
총 세대	1,116

재개발	산곡도시환경
기존 세대	1,151
총 세대	2,475

재개발	산곡2-2구역
아파트명	쌍용더플래티넘부평 (2021. 12 입주)
기존 세대	400
총 세대	811

재개발	산곡3구역
기존 세대	250
총 세대	395

아래 이미지는 카카오맵 실제 서비스와 다를 수 있음
출처: 카카오맵(https://map.kakao.com)

→ 관리처분인가 → 착공

재개발	갈산1구역
기존 세대	510
총 세대	1,137

재건축	부영
아파트명	부영삼산신원아침도시 (2022. 11 입주)
기존 세대	278
총 세대	346

재개발	삼산1구역
아파트명	브라운스톤부평 (2023. 01 입주)
기존 세대	224
총 세대	726

재건축	대보
기존 세대	340
총 세대	512

재개발	동암마을
아파트명	인천부평우미린 (2023. 03 입주 예정)
총 세대	438

재개발	부개4구역
기존 세대	708
총 세대	1,299

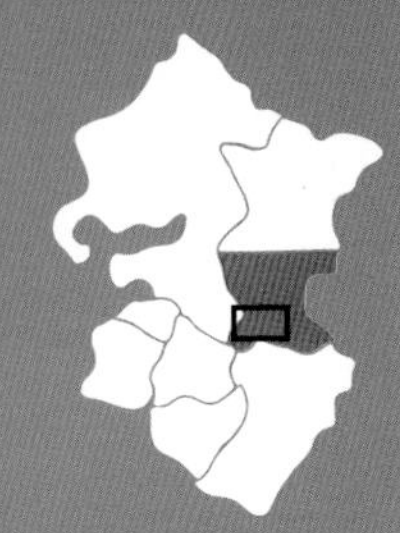

부평구 남측

사업 절차가 진행됨에 따라 세대수가 변동될 수 있음
별도 표시 없는 조합원분양가: 84m² 기준
(단위: 만 원)

조합설립인가 → 사업시행인가 →

재개발	산곡7구역
기존 세대	667
총 세대	1,780

재개발	산곡5구역
아파트명	자이더샵트리니티 부평
기존 세대	700
총 세대	1,690

재개발	신촌
기존 세대	1,426
총 세대	2,347

재개발	십정4구역
기존 세대	445
총 세대	962

재건축	한마음
아파트명	부평중앙하이츠프리미어(2022. 12 입주)
기존 세대	165
총 세대	413

재개발	십정5구역
기존 세대	1,054
총 세대	2,217

재개발	십정2구역
아파트명	더샵부평센트럴시티 (2022. 05 입주)
기존 세대	1,384
총 세대	5,678

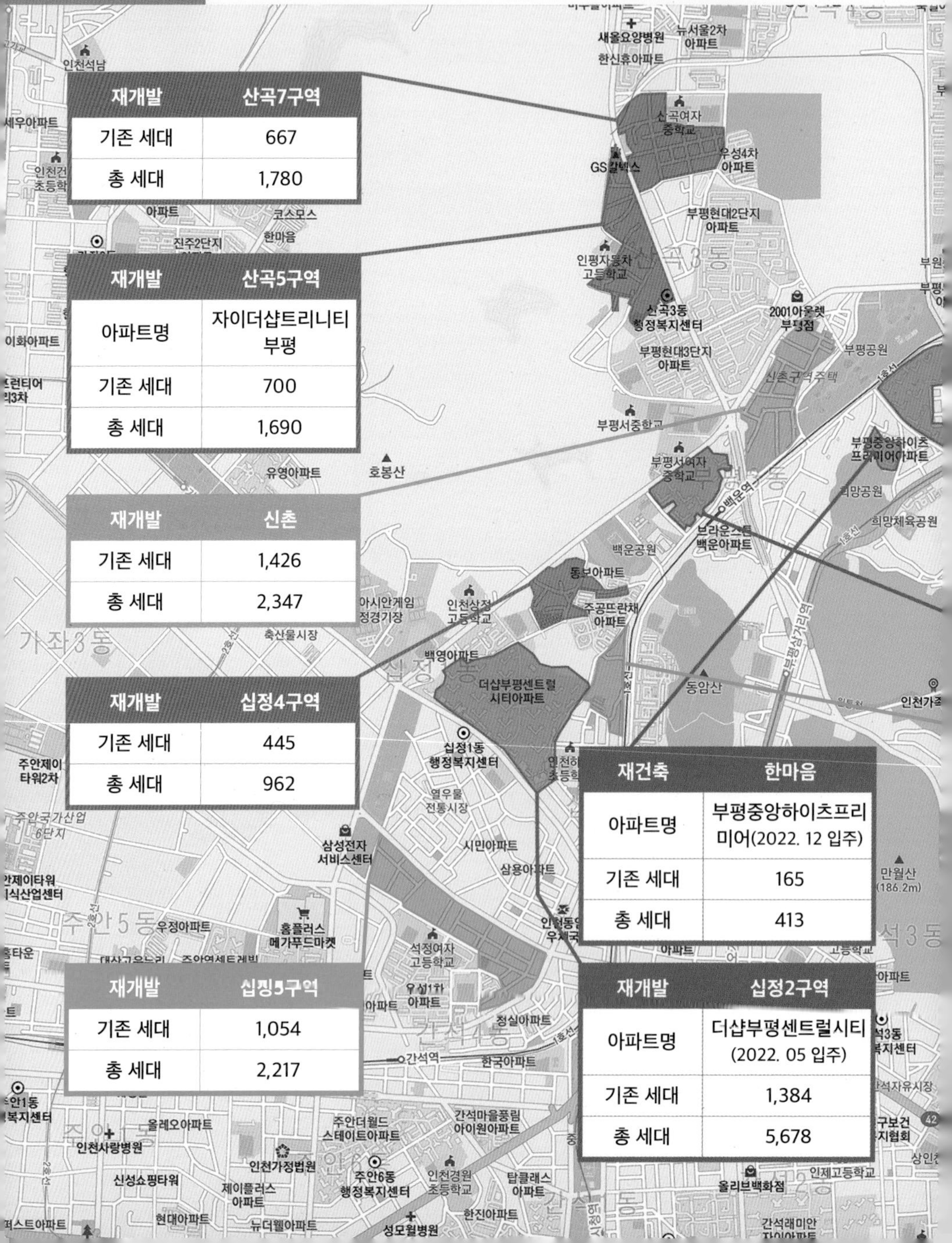

아래 이미지는 카카오맵 실제 서비스와 다를 수 있음
출처: 카카오맵(https://map.kakao.com)

→ 관리처분인가 → 착공

재개발	부평2구역
아파트명	e편한세상부평역 센트럴파크 (2025. 01 입주 예정)
기존 세대	1,096
총 세대	1,500

재개발	부개서초교 북측
아파트명	부평SKVIEW해모로 (2022. 12 입주)
기존 세대	532

재개발	목련아파트 주변
아파트명	부평역한라비발디트레비앙(2022. 12 입주)
기존 세대	223
총 세대	385

재개발	부개5구역
기존 세대	728
총 세대	1,829

재개발	백운2구역
아파트명	힐스테이트부평 (2023. 06 입주 예정)
기존 세대	459
총 세대	1,409

재개발	부평4구역
아파트명	부평역 해링턴플레이스 (2024. 11 입주 예정)
기존 세대	843
총 세대	1,909

재개발	십정3구역
기존 세대	239
총 세대	761

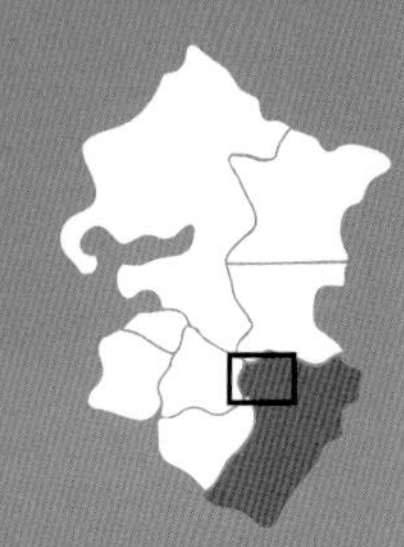

남동구

사업 절차가 진행됨에 따라 세대수가 변동될 수 있음
별도 표시 없는 조합원분양가: 84m² 기준
(단위: 만 원)

조합설립인가 → 사업시행인가 →

재개발	백운주택1구역
아파트명	힐스테이트 인천시청역
기존 세대	210
총 세대	746

재개발	간석 성락
아파트명	인천시청역 한신더휴
기존 세대	279
총 세대	469

아래 이미지는 카카오맵 실제 서비스와 다를 수 있음
출처: 카카오맵(https://map.kakao.com)

→ 관리처분인가 → 착공

재개발	상인천초교 주변
기존 세대	1,650
총 세대	2,568

재개발	간석초교 주변
아파트명	한화포레나인천구월 (2023. 11 입주 예정)
기존 세대	615
총 세대	1,115

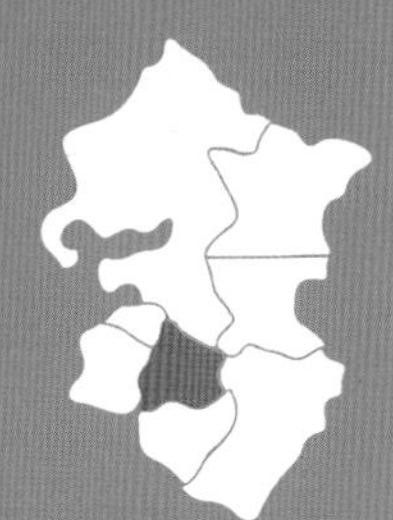

미추홀구 전체 지도

사업 절차가 진행됨에 따라
세대수가 변동될 수 있음
별도 표시 없는 조합원분양가: 84m² 기준
(단위: 만 원)

조합설립인가 → 사업시행인가 →

도화4구역
전도관
여의구역
숭의3구역
숭의5구역
용현4구역
용마루
주안3구역
학익2구역
학익4구역
학익3구역
학익1구역

아래 이미지는 카카오맵 실제 서비스와 다를 수 있음
출처: 카카오맵(https://map.kakao.com)

→ 관리처분인가 → 착공

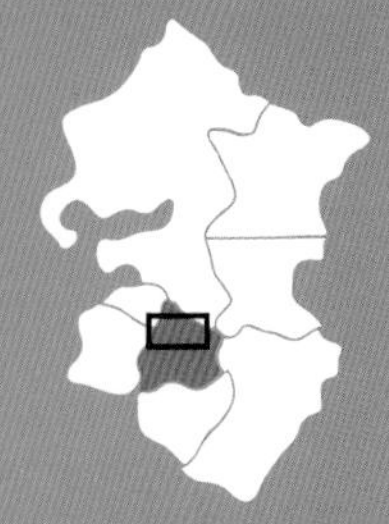

미추홀구 북측

사업 절차가 진행됨에 따라 세대수가 변동될 수 있음
별도 표시 없는 조합원분양가: 84m² 기준
(단위: 만 원)

조합설립인가 → 사업시행인가 →

재개발	전도관
기존 세대	490
총 세대	1,705

재개발	숭의3구역
기존 세대	248
총 세대	736

재개발	여의구역
아파트명	두산위브더제니스 센트럴여의 (2025. 06 입주 예정)
기존 세대	383
총 세대	1,115

재개발	숭의5구역
기존 세대	243
총 세대	565

재개발	용마루
아파트명	용현자이크레스트 (2023. 11 입주 예정)
기존 세대	778
총 세대	2,277

재개발	용현4구역
기존 세대	616
총 세대	932

아래 이미지는 카카오맵 실제 서비스와 다를 수 있음
출처: 카카오맵(https://map.kakao.com)

→ 관리처분인가 → 착공

재개발	도화4구역
기존 세대	269
총 세대	460

재개발	주안10구역
아파트명	더샵아르테 (2024. 05 입주 예정)
기존 세대	314
총 세대	1,146

재개발	도화1구역
기존 세대	1,023
총 세대	2,331

재개발	주안4구역
아파트명	주안캐슬&더샵 에듀포레 (2022. 07 입주)
기존 세대	1,002
총 세대	1,856

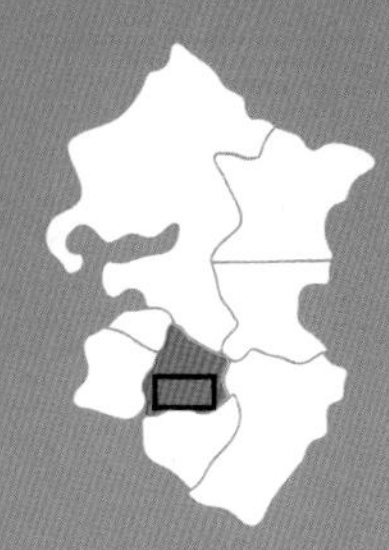

미추홀구 남측

사업 절차가 진행됨에 따라 세대수가 변동될 수 있음
별도 표시 없는 조합원분양가: 84m² 기준
(단위: 만 원)

조합설립인가 → 사업시행인가 →

재개발	학익2구역
아파트명	미추홀트루엘파크 (2022. 06 입주)
총 세대	336

재개발	학익4구역
기존 세대	250
총 세대	567

재개발	학익3구역
기존 세대	733
총 세대	1,499

재개발	학익1구역
아파트명	학익SKVIEW (2024. 09 입주 예정)
기존 세대	272
총 세대	1,581

아래 이미지는 카카오맵 실제 서비스와 다를 수 있음
출처: 카카오맵(https://map.kakao.com)

→ 관리처분인가 → 착공

재개발	주안3구역
아파트명	주안파크자이 더플래티넘 (2023. 02 입주)
기존 세대	663
총 세대	2,054

재개발	남광로얄
기존 세대	474
총 세대	774

재건축	우진
아파트명	e편한세상 주안에듀서밋 (2023. 09 입주 예정)
기존 세대	282
총 세대	386

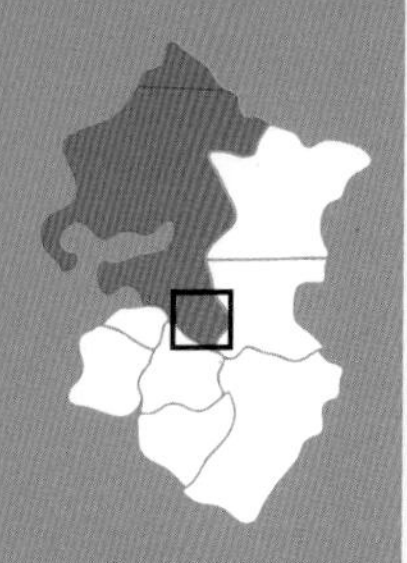

서구

사업 절차가 진행됨에 따라 세대수가 변동될 수 있음
별도 표시 없는 조합원분양가: 84m² 기준
(단위: 만 원)

조합설립인가 → 사업시행인가 →

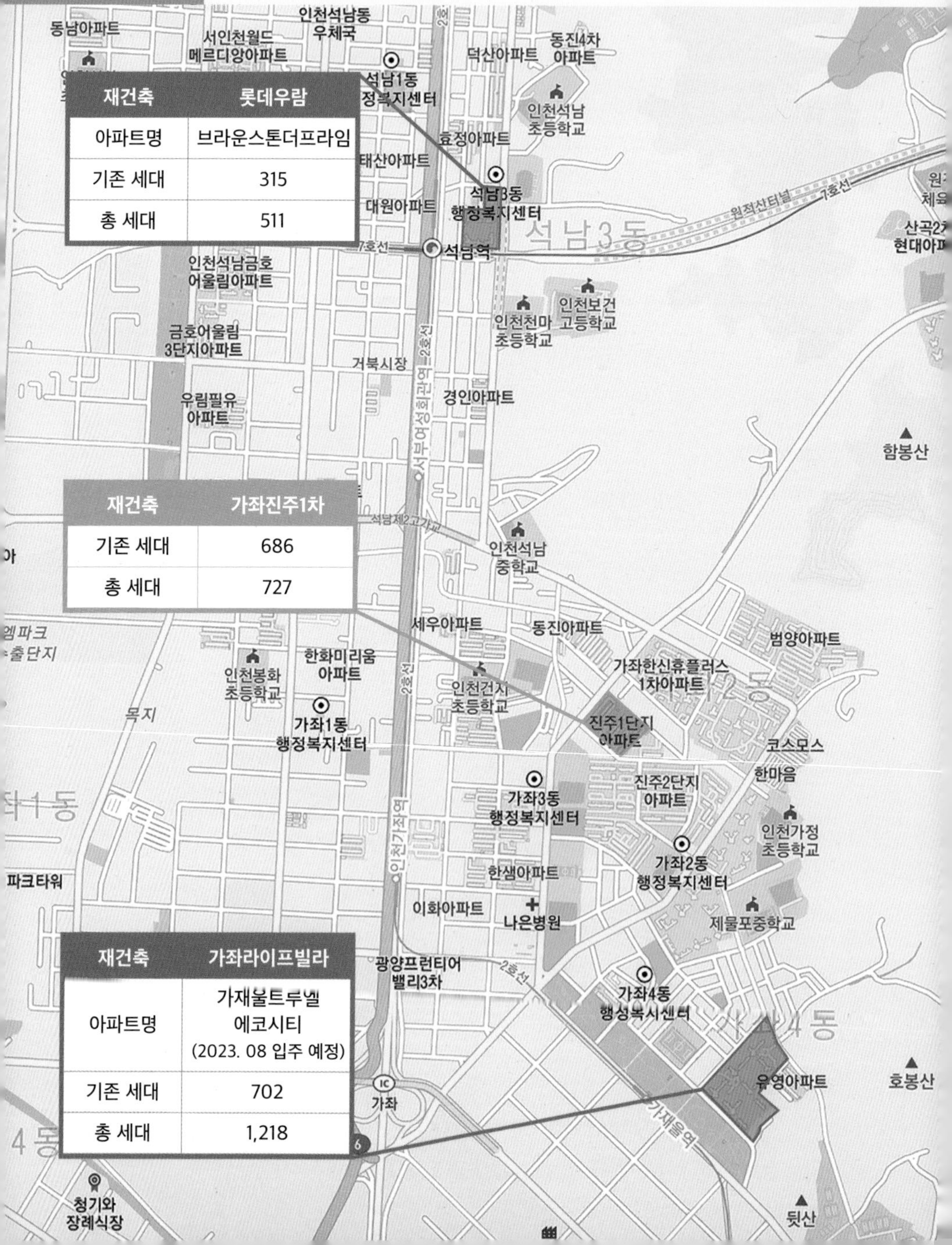

재건축	롯데우람
아파트명	브라운스톤더프라임
기존 세대	315
총 세대	511

재건축	가좌진주1차
기존 세대	686
총 세대	727

재건축	가좌라이프빌라
아파트명	가재울트루넬 에코시티 (2023. 08 입주 예정)
기존 세대	702
총 세대	1,218

아래 이미지는 카카오맵 실제 서비스와 다를 수 있음
출처: 카카오맵(https://map.kakao.com)

관리처분인가 → 착공

부평하우스디
아파트
인천마곡
초등학교
인천산곡북
초등학교
청천중학교
부평공장
내동
1차아파트
부평공업
고등학교
하나아파트
동남아파트
갈산2동
행정복지센터
굴포천
부평우체국
산곡역
7호선
미가로아파트
부평구청역
부평신일해피
트리더루츠아파트
산곡푸르지오
아파트
부평금호타운
아파트
미도7차
아파트
부평세림병원
신트리공원
플래티넘
아파트
산곡2동
행정복지센터
롯데마트
대진아파트
건우아파트
부평세무서
한양2단지
아파트
금호이수마운트
밸리아파트
경남3차
아파트
경남1차
아파트
인천산곡
고등학교
래미안부평
아파트
뉴서울1차
아파트
대림아파트
부평고등학교
미추홀아파트
마장공원
산곡4동
행정복지센터
우성1,2,
3차아파트
욱일아파트
부평여자
고등학교
센트럴아파트
부평4동
행정복지센터
새올요양병원
뉴서울2차
아파트
부평중앙병원
한신휴아파트
부평구보건소
부평깡시장
부평시장역
부평동아2단지
아파트
산곡여자
중학교
부평종합시장
GS칼텍스
우성4차
아파트
아이홈아파트
부평1동
행정복지센터
부평현대2단지
아파트
인평자동차
고등학교
산곡3동
부원중학교
부평
테마의거리
부평두산위브
아파트
북인천우체국
산곡3동
행정복지센터
2001아울렛
부평점
우리드림
아파트
부평역
부평공원
부평역한라비발디트레비
(23년01월예정)
부평현대3단지
아파트
신촌구역주택
1호선
부평서중학교
엔에스
파크아파트
동수역
부평중앙하이츠
프리미어아파트
부평6동
부평서여자
중학교
부평3동
백운역
희망공원
부일여자
중학교
가톨릭대학교
인천성모병원
희망체육공원
브라운스톤
백운아파트
백운공원
동보아파트

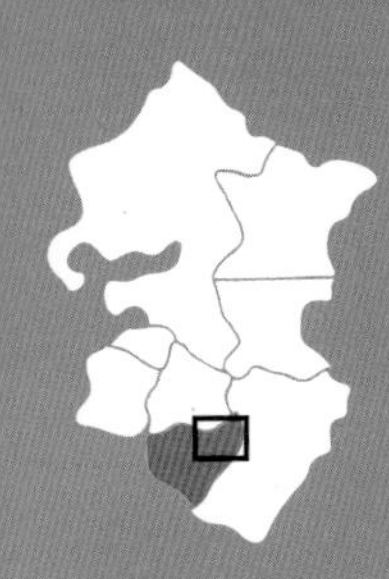

연수구

사업 절차가 진행됨에 따라 세대수가 변동될 수 있음
별도 표시 없는 조합원분양가: 84m² 기준
(단위: 만 원)

조합설립인가 → 사업시행인가

옥련여자고등학교
비류대로
수인분당 송도역
KTX송도역서해그랑블아파트 (24년05월예정)
CU
송학국민아파트
청학영남아파트
아리랑빌딩
오일뱅크
송도역 (폐역)
GS칼텍스
아주아파트
옥련1동 행정복지센터
삼성디지털프라자
송도영남아파트
옥련중학교
송도프라자
인천송도초등학교
동보아
현대4차아파트
하나로마트
연수청학도서관
인천옥련초등학교
쌍용아파트
한별렉스힐
함박중학교
인천능허대초등학교
한국아파트
서해아파트
청룡공원
우성2차아파트
한나루로
SK셀프주유소
벽산빌리지
인천축현초등학교
국제타운
호불사
100m
인천광역
상륙작전기념관
호텔큐브
모텔모닝캄
흙이야기
가천박물관
청량산

재개발	옥련대진빌라 주변
기존 세대	114
총 세대	281

재건축	송도영남
기존 세대	363
총 세대	494

아래 이미지는 카카오맵 실제 서비스와 다를 수 있음
출처: 카카오맵(https://map.kakao.com)

→ 관리처분인가 → 착공

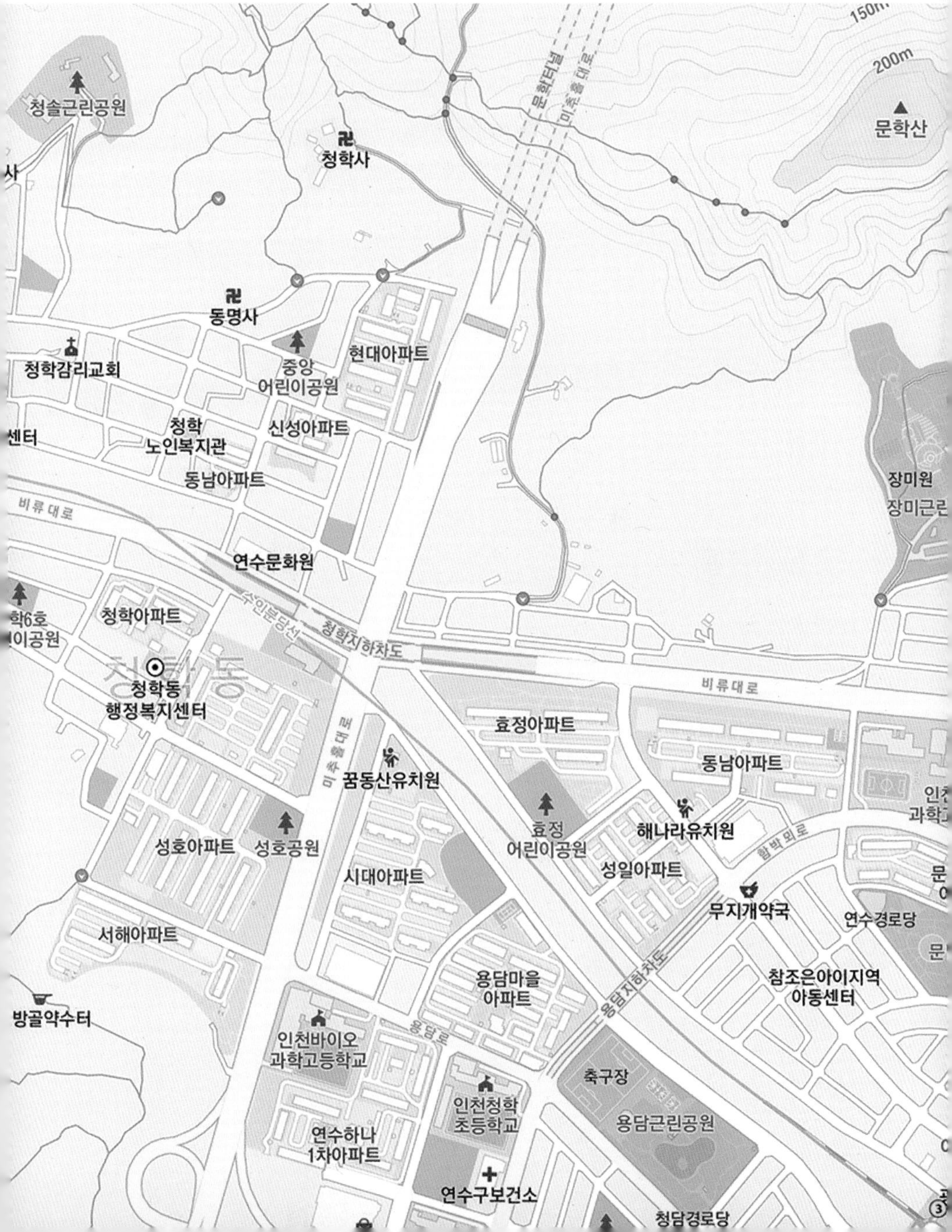

청솔근린공원
청학사
동명사
문학터널
미추홀대로
문학산
200m
150m
청학감리교회
중앙
어린이공원
현대아파트
청학
노인복지관
신성아파트
동남아파트
비류대로
연수문화원
장미원
청학아파트
수인분당선
청학지하차도
청학동
청학동
행정복지센터
비류대로
효정아파트
동남아파트
꿈동산유치원
효정
어린이공원
해나라유치원
성호아파트
성호공원
시대아파트
성일아파트
함박뫼로
무지개약국
연수경로당
서해아파트
용담지하차도
참조은아이지역
아동센터
용담마을
아파트
방골약수터
용담로
인천바이오
과학고등학교
축구장
인천청학
초등학교
용담근린공원
연수하나
1차아파트
연수구보건소
청담경로당

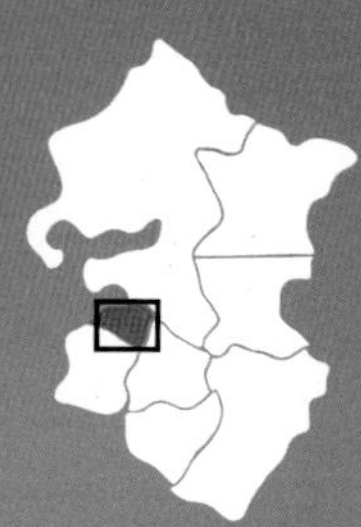

동구

사업 절차가 진행됨에 따라 세대수가 변동될 수 있음

별도 표시 없는 조합원분양가: $84m^2$ 기준

(단위: 만 원)

조합설립인가 → 사업시행인가 →

재개발	화수화평
기존 세대	1,696
총 세대	3,183

재개발	송림초교 주변
아파트명	동인천역 파크푸르지오 (2022. 08 입주)
기존 세대	398
총 세대	2,562

재개발	금송
기존 세대	1,078
총 세대	3,965

아래 이미지는 카카오맵 실제 서비스와 다를 수 있음
출처: 카카오맵(https://map.kakao.com)

→ 관리처분인가 → 착공

재개발	송현1·2차
기존 세대	900
총 세대	1,112

재개발	송림1·2동
아파트명	힐스테이트파인포레
기존 세대	1,037
총 세대	3,693

재개발	송림3
아파트명	인천두산위브 더센트럴
기존 세대	445
총 세대	1,321

재개발	송림6
아파트명	송림파인앤유2차
기존 세대	44
총 세대	378

재개발	서림
기존 세대	139
총 세대	385

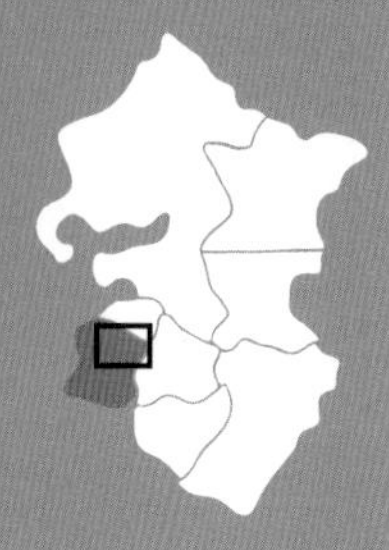

중구

사업 절차가 진행됨에 따라 세대수가 변동될 수 있음
별도 표시 없는 조합원분양가: 84m² 기준
(단위: 만 원)

조합설립인가 → 사업시행인가 →

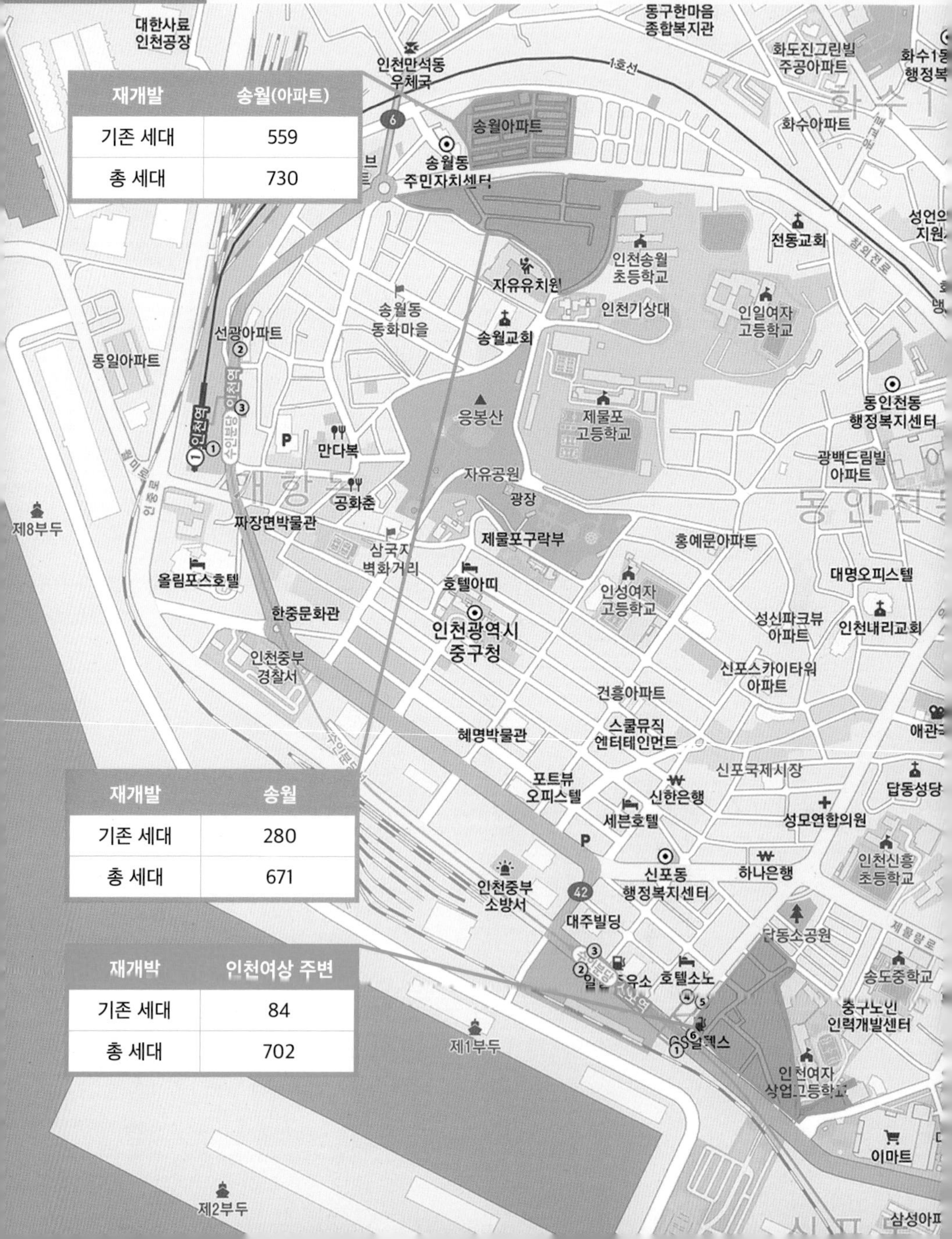

재개발	송월(아파트)
기존 세대	559
총 세대	730

재개발	송월
기존 세대	280
총 세대	671

재개박	인천여상 주변
기존 세대	84
총 세대	702

아래 이미지는 카카오맵 실제 서비스와 다를 수 있음
출처: 카카오맵(https://map.kakao.com)

→ 관리처분인가 → 착공

재개발	경동
기존 세대	250
총 세대	873

재개발	경동율목
기존 세대	240
총 세대	453

5천만 원으로 시작하는 미라클 기적의 재개발 재건축

세금·금리·청약에서 자유로운 재개발 투자의 마법

초판 1쇄 발행 2023년 2월 24일

지은이 장미진

발행인 이재진 **단행본사업본부장** 신동해
편집장 조한나 **기획·편집** 전해인
교정 남은영 **디자인** studio forb
마케팅 최혜진 이인국 **홍보** 허지호

브랜드 리더스북
주소 경기도 파주시 회동길 20
문의전화 031-956-7209(편집) 031-956-7127(마케팅)

홈페이지 www.wjbooks.co.kr
페이스북 www.facebook.com/wjbook
포스트 post.naver.com/wj_booking

발행처 ㈜웅진씽크빅
출판신고 1980년 3월 29일 제 406-2007-000046호

ISBN 978-89-01-26888-0 03320

나만의 시크릿 북,
인천광역시 보물지도를 공개하며

인천은 어떤 곳일까?

인천은 광역시 중에서도 수도권에 해당하며, GTX-B를 비롯한 여러 교통 호재로 서울 접근성이 좋아질 예정입니다. 또한 인천은 지금 부평구를 중심으로 벌어지는 구도심 개발 사업으로 천지개벽하는 중입니다.

인천은 투자하기 어떨까?

한편 현재 인천은 2023년 적정수요의 3배가 넘는 공급 물량이 예정되어 있으며, 미분양이 쌓이고 있는 지역이기도 합니다.

그런데 왜 인천 보물지도를 공개할까?

인천은 2023년 이후 시장을 주목해볼 만한 충분한 가치가 있는 도시입니다. 시세 품은 보물지도와 함께 직접 임장을 가고 투자를 공부해보세요. 투자 실력이 쌓이며 나만의 인사이트를 만들어 갈 수 있을 것입니다.

당신의 투자 성공을 기원합니다.

미라클!

진와이스(장미진)

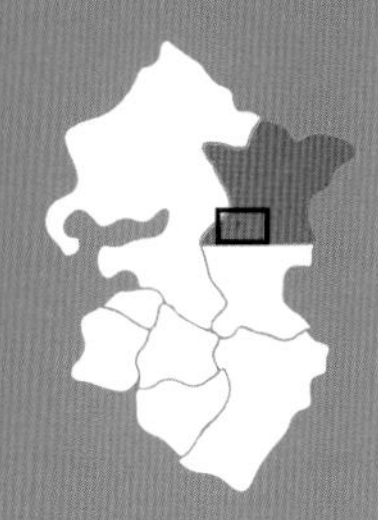

계양구

사업 절차가 진행됨에 따라 세대수가 변동될 수 있음
2023년 1월 기준 시세
별도 표시 없는 조합원분양가: 84m² 기준
별도 표시 없는 매매가: 84m² 기준
(단위: 만 원)

조합설립인가 → 사업시행인가 →

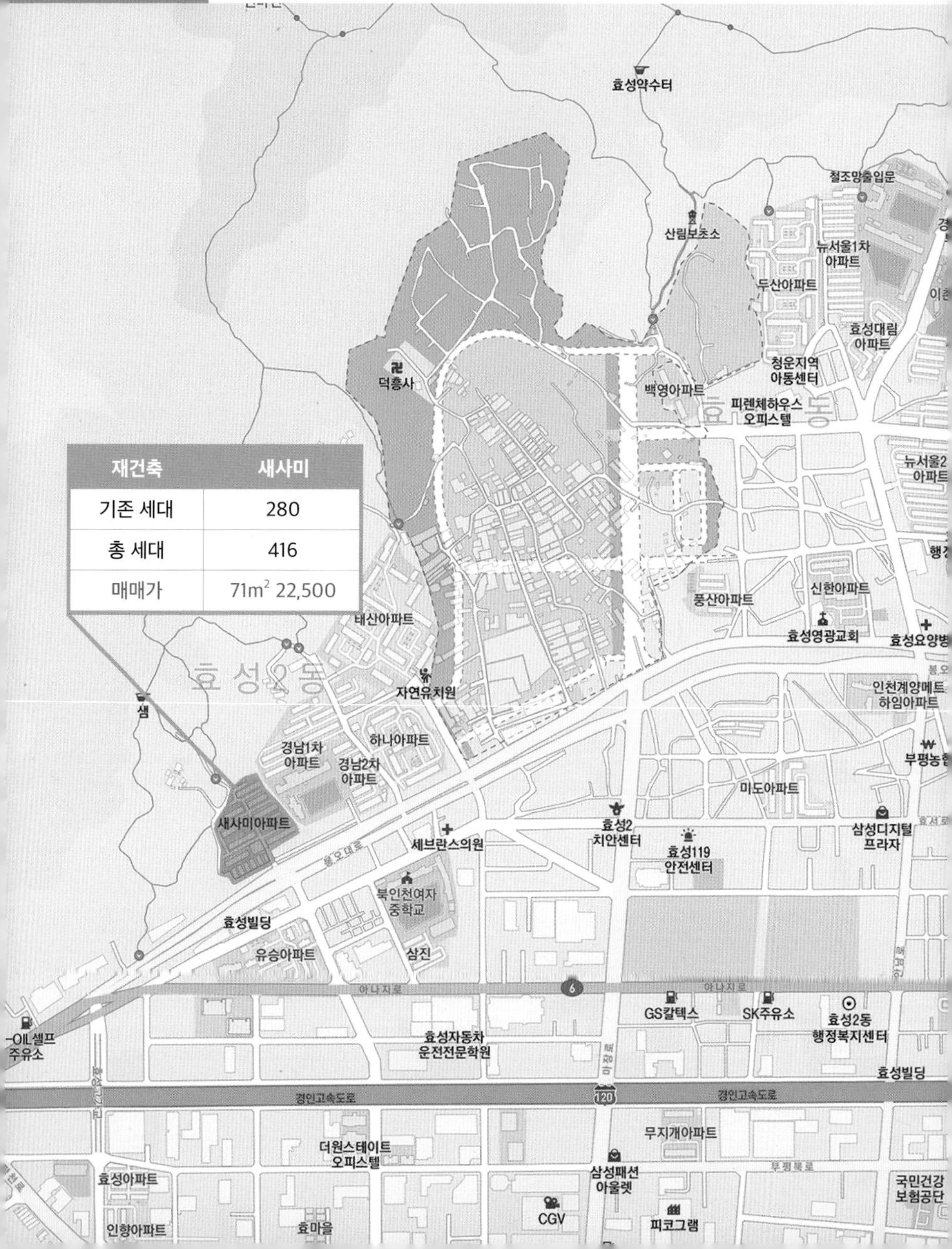

재건축	새사미
기존 세대	280
총 세대	416
매매가	71m² 22,500

아래 이미지는 카카오맵 실제 서비스와 다를 수 있음
출처: 카카오맵(https://map.kakao.com)

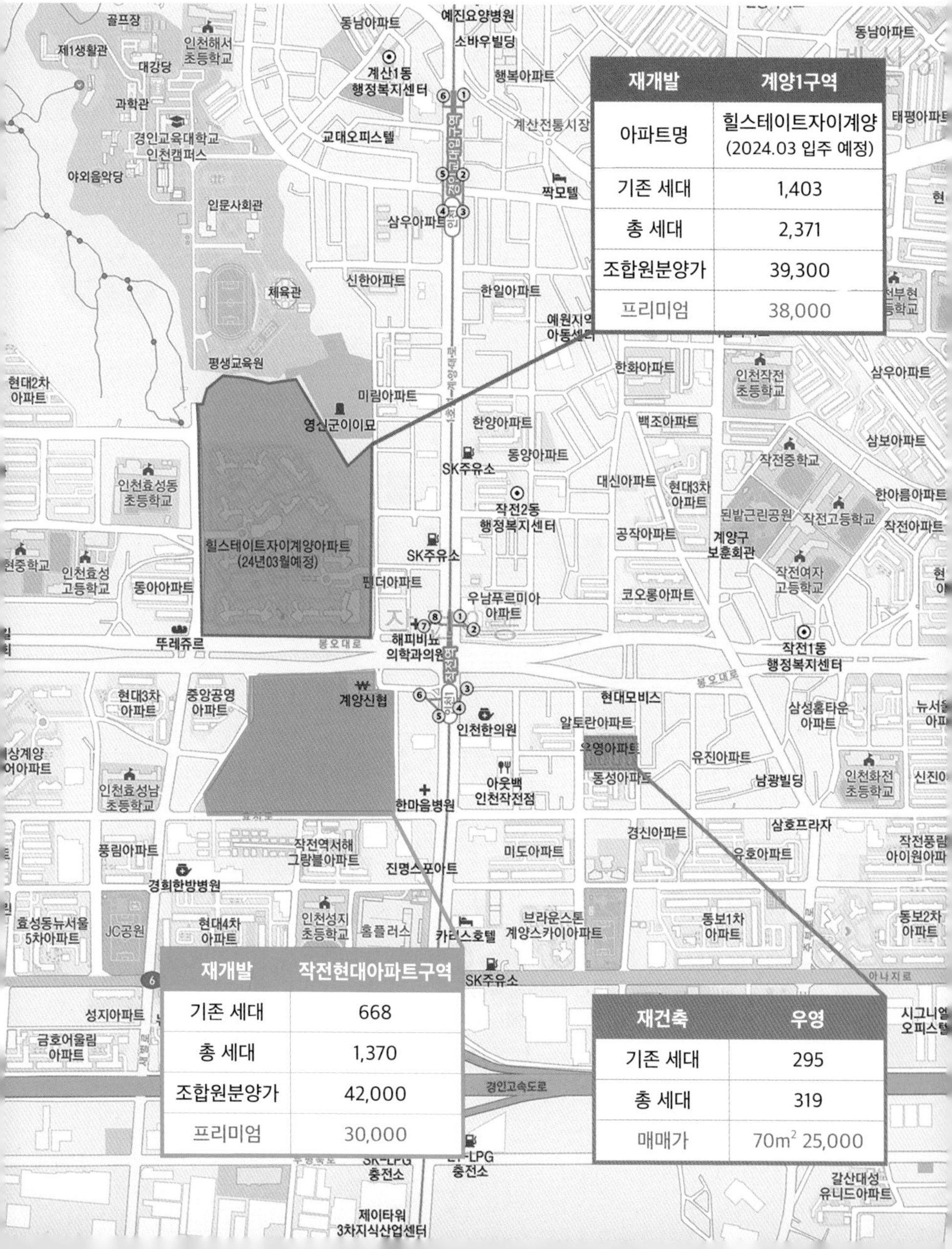

재개발	계양1구역
아파트명	힐스테이트자이계양 (2024.03 입주 예정)
기존 세대	1,403
총 세대	2,371
조합원분양가	39,300
프리미엄	38,000

재개발	작전현대아파트구역
기존 세대	668
총 세대	1,370
조합원분양가	42,000
프리미엄	30,000

재건축	우영
기존 세대	295
총 세대	319
매매가	70m^2 25,000

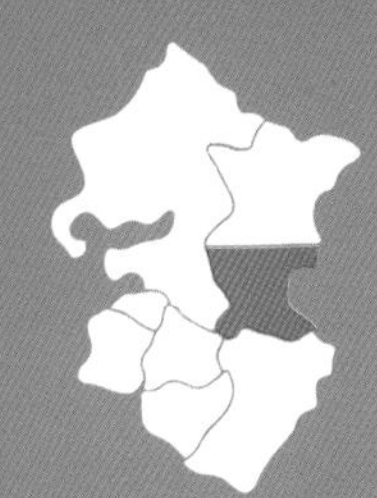

부평구 전체 지도

조합설립인가 → 사업시행인가 →

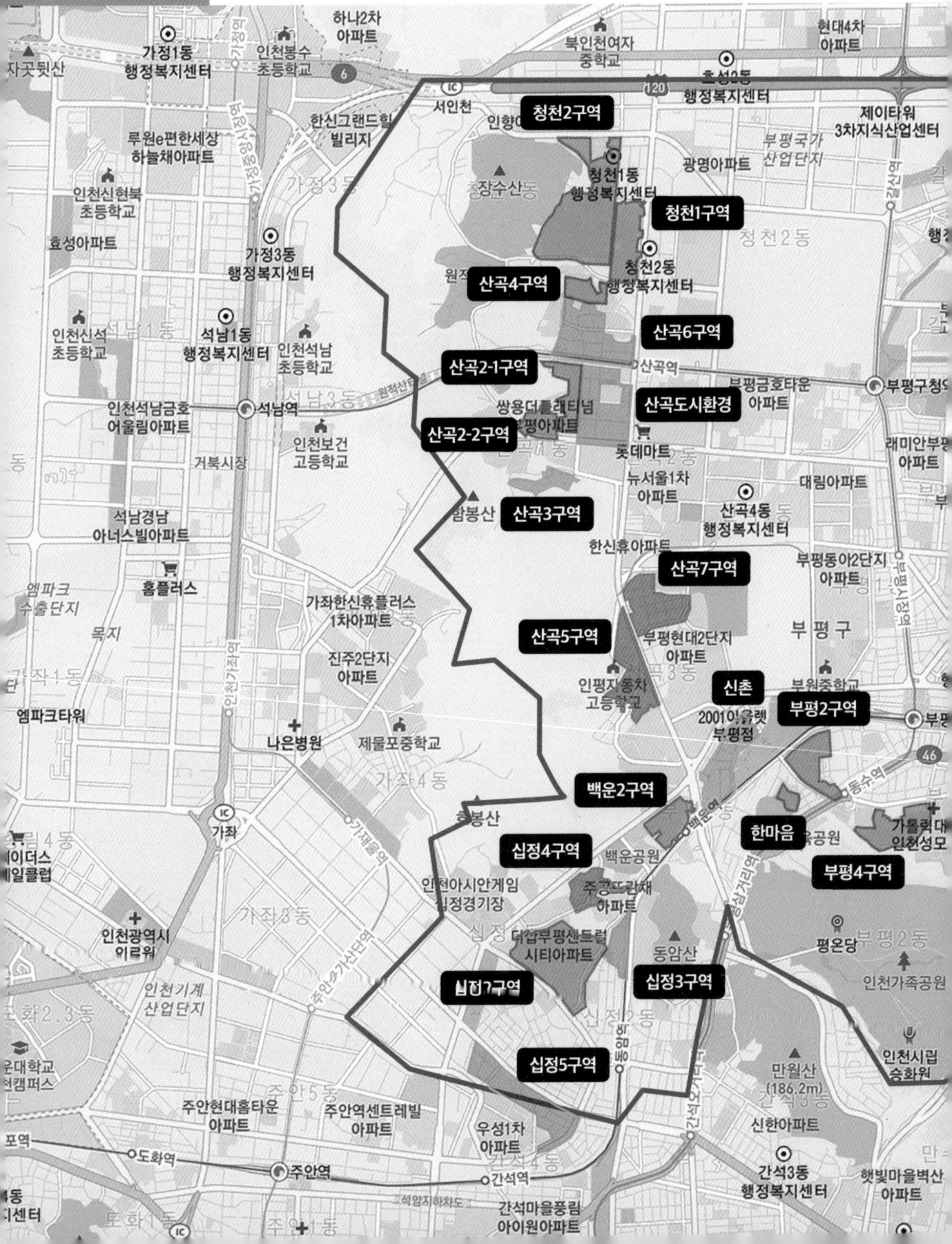

청천2구역
청천1구역
산곡4구역
산곡6구역
산곡2-1구역
산곡도시환경
산곡2-2구역
산곡3구역
산곡7구역
산곡5구역
신촌
부평2구역
백운2구역
한마음
십정4구역
부평4구역
십정2구역
십정3구역
십정5구역

아래 이미지는 카카오맵 실제 서비스와 다를 수 있음
출처: 카카오맵(https://map.kakao.com)

→ 관리처분인가 → 착공

부영
갈산1구역
대보
삼산1구역
부개4구역
동암마을
부개서초교 북측
목련아파트 주변
부개5구역

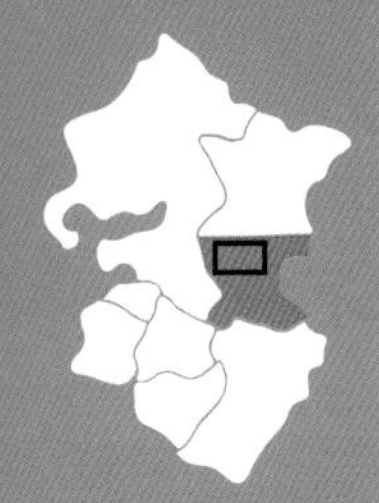

부평구 북측

사업 절차가 진행됨에 따라 세대수가 변동될 수 있음
2023년 1월 기준 시세
별도 표시 없는 조합원분양가: 84m² 기준
별도 표시 없는 매매가: 84m² 기준
(단위: 만 원)

조합설립인가 → 사업시행인가 →

재개발	청천2구역
아파트명	e편한세상 부평그랑힐스 (2023. 10 입주 예정)
기존 세대	2,100
총 세대	5,051
조합원분양가	32,000
프리미엄	20,000

재개발	청천1구역
아파트명	부평캐슬& 더샵퍼스트 (2023. 11 입주 예정)
기존 세대	389
총 세대	1,623
조합원분양가	36,000
프리미엄	32,000

재개발	산곡4구역
아파트명	부평두산위브더파크 (2022. 12 입주)
기존 세대	244
총 세대	799
매매가	50,600

재개발	산곡6구역
기존 세대	1,260
총 세대	2,706
조합원분양가	36,170
프리미엄	23,000

재개발	산곡2-1구역
아파트명	부평신일해피트리 더루츠(2022. 07 입주)
기존 세대	397
총 세대	1,116
매매가	58,000

재개발	산곡도시환경
기존 세대	1,151
총 세대	2,475
조합원분양가	36,900
프리미엄	20,000

재개발	산곡7-2구역
아파트명	쌍용더플래티넘부평 (2021. 12 입주)
기존 세대	400
총 세대	811
매매가	58,000

재개발	산곡3구역
기존 세대	250
총 세대	395
매매가	빌라 15.8평 25,000

아래 이미지는 카카오맵 실제 서비스와 다를 수 있음
출처: 카카오맵(https://map.kakao.com)

착공

재개발	갈산1구역
기존 세대	510
총 세대	1,137
조합원분양가	38,886
프리미엄	15,000

재건축	부영
아파트명	부영삼산신원아침도시 (2022. 11 입주)
기존 세대	278
총 세대	346
매매가	74m² 46,900

재개발	삼산1구역
아파트명	브라운스톤부평 (2023. 01 입주)
기존 세대	224
총 세대	726
매매가	59m² 38,000

재건축	대보
기존 세대	340
총 세대	512
매매가	73m² 28,000

재개발	동암마을
아파트명	인천부평우미린 (2023. 03 입주 예정)
총 세대	438
조합원분양가	36,420
프리미엄	16,580

재개발	부개4구역
기존 세대	708
총 세대	1,299
조합원분양가	42,255
프리미엄	16,000

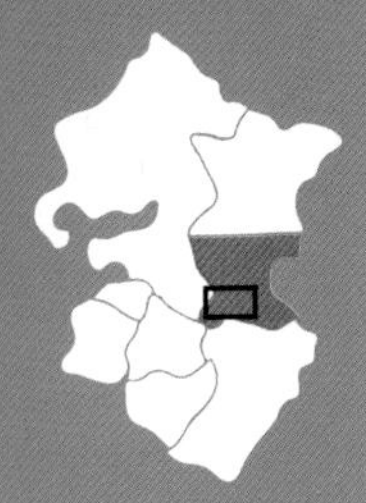

부평구 남측

사업 절차가 진행됨에 따라 세대수가 변동될 수 있음
2023년 1월 기준 시세
별도 표시 없는 조합원분양가: 84m² 기준
별도 표시 없는 매매가: 84m² 기준
(단위: 만 원)

조합설립인가 → 사업시행인가 →

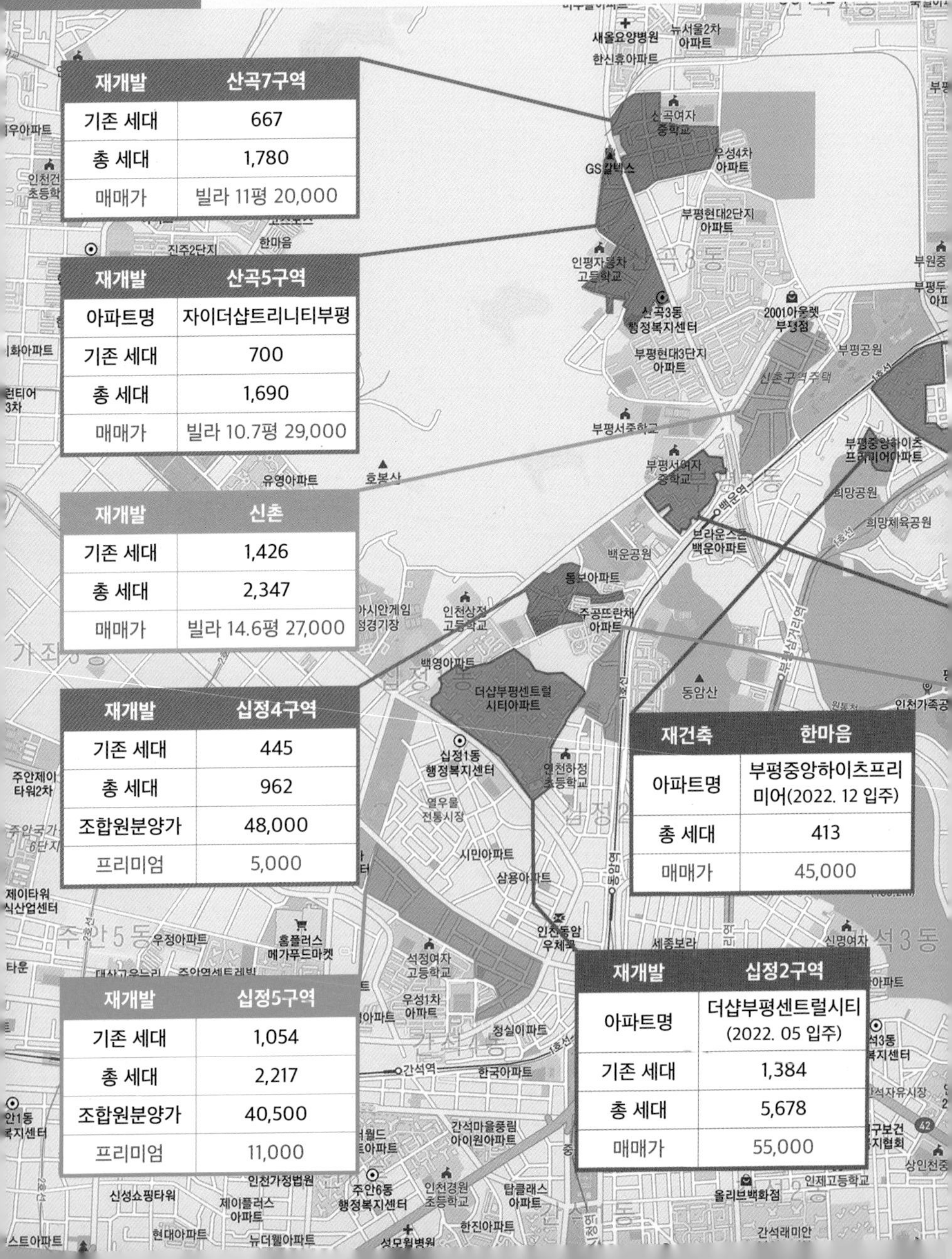

재개발	산곡7구역
기존 세대	667
총 세대	1,780
매매가	빌라 11평 20,000

재개발	산곡5구역
아파트명	자이더샵트리니티부평
기존 세대	700
총 세대	1,690
매매가	빌라 10.7평 29,000

재개발	신촌
기존 세대	1,426
총 세대	2,347
매매가	빌라 14.6평 27,000

재개발	십정4구역
기존 세대	445
총 세대	962
조합원분양가	48,000
프리미엄	5,000

재건축	한마음
아파트명	부평중앙하이츠프리미어(2022. 12 입주)
총 세대	413
매매가	45,000

재개발	십정5구역
기존 세대	1,054
총 세대	2,217
조합원분양가	40,500
프리미엄	11,000

재개발	십정2구역
아파트명	더샵부평센트럴시티(2022. 05 입주)
기존 세대	1,384
총 세대	5,678
매매가	55,000

아래 이미지는 카카오맵 실제 서비스와 다를 수 있음
출처: 카카오맵(https://map.kakao.com)

→ 관리처분인가 → 착공

재개발	부평2구역
아파트명	e편한세상부평역 센트럴파크 (2025. 01 입주 예정)
기존 세대	1,096
총 세대	1,500
조합원분양가	$74m^2$ 39,163
프리미엄	$74m^2$ 12,000

재개발	부개서초교 북측
아파트명	부평SKVIEW해모로 (2022. 12 입주)
기존 세대	532
총 세대	1,559
매매가	63,000

재개발	목련아파트 주변
아파트명	부평역한라비발디트레비앙(2022. 12 입주)
기존 세대	223
총 세대	385
매매가	56,000

재개발	부개5구역
기존 세대	728
총 세대	1,829
매매가	빌라 15평 16,000

재개발	백운2구역
아파트명	힐스테이트부평 (2023. 06 입주 예정)
기존 세대	459
총 세대	1,409
조합원분양가	34,000
프리미엄	21,000

재개발	부평4구역
아파트명	부평역 해링턴플레이스 (2024. 11 입주 예정)
기존 세대	843
총 세대	1,909
조합원분양가	$59m^2$ 23,880
프리미엄	$59m^2$ 20,000

재개발	십정3구역
기존 세대	239
총 세대	761
조합원분양가	39,400
프리미엄	10,000

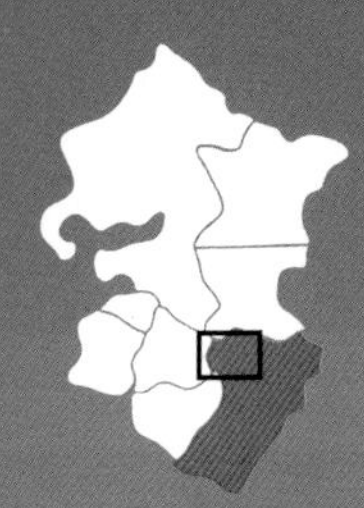

남동구

사업 절차가 진행됨에 따라 세대수가 변동될 수 있음
2023년 1월 기준 시세
별도 표시 없는 조합원분양가: 84m² 기준
별도 표시 없는 매매가: 84m² 기준
(단위: 만 원)

조합설립인가 → 사업시행인가 →

재개발	백운주택1구역
아파트명	힐스테이트 인천시청역
기존 세대	210
총 세대	746
조합원분양가	42,400
프리미엄	15,000

재개발	간석 성락
아파트명	인천시청역 한신더휴
기존 세대	279
총 세대	469
조합원분양가	42,400
프리미엄	10,000

아래 이미지는 카카오맵 실제 서비스와 다를 수 있음
출처: 카카오맵(https://map.kakao.com)

→ 관리처분인가 → 착공

재개발	상인천초교 주변
기존 세대	1,650
총 세대	2,568
조합원분양가	40,241
프리미엄	17,000

재개발	간석초교 주변
아파트명	한화포레나인천구월 (2023. 11 입주 예정)
기존 세대	615
총 세대	1,115
조합원분양가	59m² 32,032
프리미엄	59m² 8,000

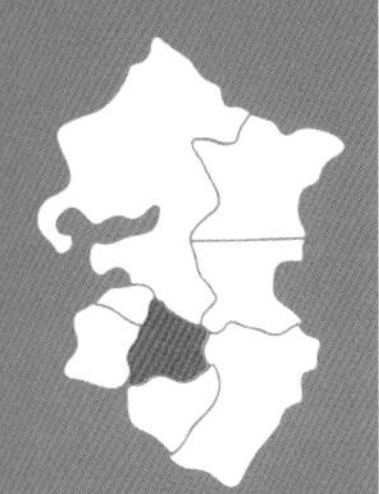

미추홀구 전체 지도

조합설립인가 → 사업시행인가 →

도화4구역
전도관
여의구역
숭의3구역
숭의5구역
용현4구역
용마루
주안3구역
학익2구역
학익4구역
학익3구역
학익1구역

아래 이미지는 카카오맵 실제 서비스와 다를 수 있음
출처: 카카오맵(https://map.kakao.com)

→ 착공

상인천초교 주변
도화1구역
간석 성락
간석초교 주변
주안10구역
백운주택1구역
남광로얄
주안4구역
우진

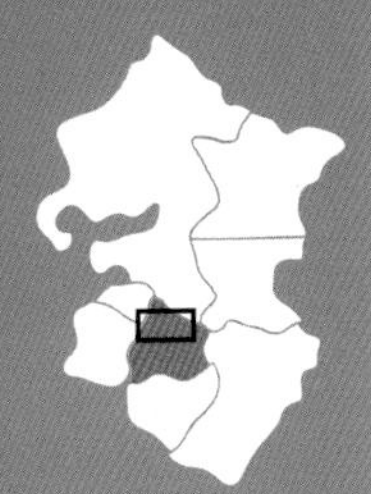

미추홀구 북측

사업 절차가 진행됨에 따라 세대수가 변동될 수 있음
2023년 1월 기준 시세
별도 표시 없는 조합원분양가: 84m² 기준
별도 표시 없는 매매가: 84m² 기준
(단위: 만 원)

조합설립인가 → 사업시행인가 →

재개발	전도관
기존 세대	490
총 세대	1,705
조합원분양가	76m² 22,400
프리미엄	76m² 12,000

재개발	숭의3구역
기존 세대	248
총 세대	736
조합원분양가	35,500
프리미엄	8,000

재개발	여의구역
아파트명	두산위브더제니스 센트럴여의 (2025. 06 입주 예정)
기존 세대	383
총 세대	1,115
조합원분양가	32,706
프리미엄	22,000

재개발	숭의5구역
기존 세대	243
총 세대	565
매매가	빌라 16.6평 17,000

재개발	용마루
아파트명	용현자이크레스트 (2023. 11 입주 예정)
기존 세대	778
총 세대	2,277
조합원분양가	44,790
프리미엄	13,000

재개발	용현4구역
기존 세대	616
총 세대	932
프리미엄	빌라 12.9평 17,000

아래 이미지는 카카오맵 실제 서비스와 다를 수 있음
출처: 카카오맵(https://map.kakao.com)

→ 관리처분인가 → 착공

재개발	도화4구역
기존 세대	269
총 세대	460
조합원분양가	41,660
프리미엄	5,000

재개발	주안4구역
아파트명	주안캐슬&더샵 에듀포레 (2022. 07 입주)
기존 세대	1,002
총 세대	1,856
매매가	52,000

재개발	주안10구역
아파트명	더샵아르테 (2024. 05 입주 예정)
기존 세대	314
총 세대	1,148
조합원분양가	32,150
프리미엄	25,000

재개발	도화1구역
기존 세대	1,023
총 세대	2,331
조합원분양가	32,800
프리미엄	10,000

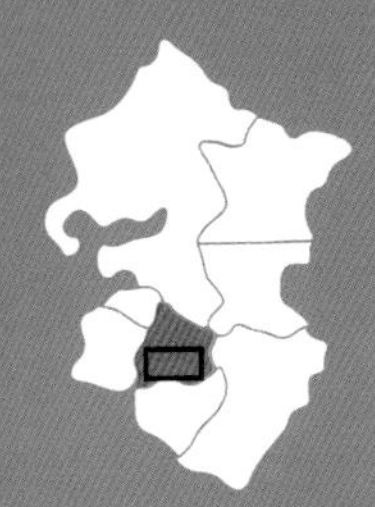

미추홀구 남측

사업 절차가 진행됨에 따라 세대수가 변동될 수 있음
2023년 1월 기준 시세
별도 표시 없는 조합원분양가: 84m² 기준
별도 표시 없는 매매가: 84m² 기준
(단위: 만 원)

조합설립인가 → 사업시행인가 →

재개발	학익2구역
아파트명	미추홀트루엘파크 (2022. 06 입주)
총 세대	336
매매가	74m² 43,000

재개발	학익4구역
기존 세대	250
총 세대	567
조합원분양가	36,500
프리미엄	10,000

재개발	학익3구역
기존 세대	733
총 세대	1,499
조합원분양가	36,799
프리미엄	10,000

재개발	학익1구역
아파트명	학익SKVIEW (2024. 09 입주 예정)
기존 세대	272
총 세대	1,581
조합원분양가	31,650
프리미엄	30,000

아래 이미지는 카카오맵 실제 서비스와 다를 수 있음
출처: 카카오맵(https://map.kakao.com)

→ 관리처분인가 → 착공

재개발	주안3구역
아파트명	주안파크자이 더플래티넘 (2023. 02 입주 예정)
기존 세대	663
총 세대	2,054
조합원분양가	31,500
프리미엄	17,000

재개발	남광로얄
기존 세대	474
총 세대	774
매매가	73m² 27,500

재건축	우진
아파트명	e편한세상 주안에듀서밋 (2023. 09 입주 예정)
기존 세대	282
총 세대	386
조합원분양가	34,000
프리미엄	9,000

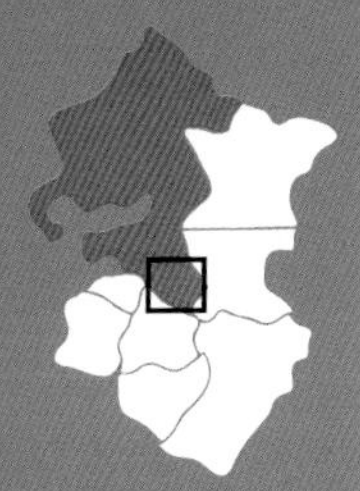

서구

사업 절차가 진행됨에 따라 세대수가 변동될 수 있음
2023년 1월 기준 시세
별도 표시 없는 조합원분양가: 84m² 기준
별도 표시 없는 매매가: 84m² 기준
(단위: 만 원)

조합설립인가 → 사업시행인가 →

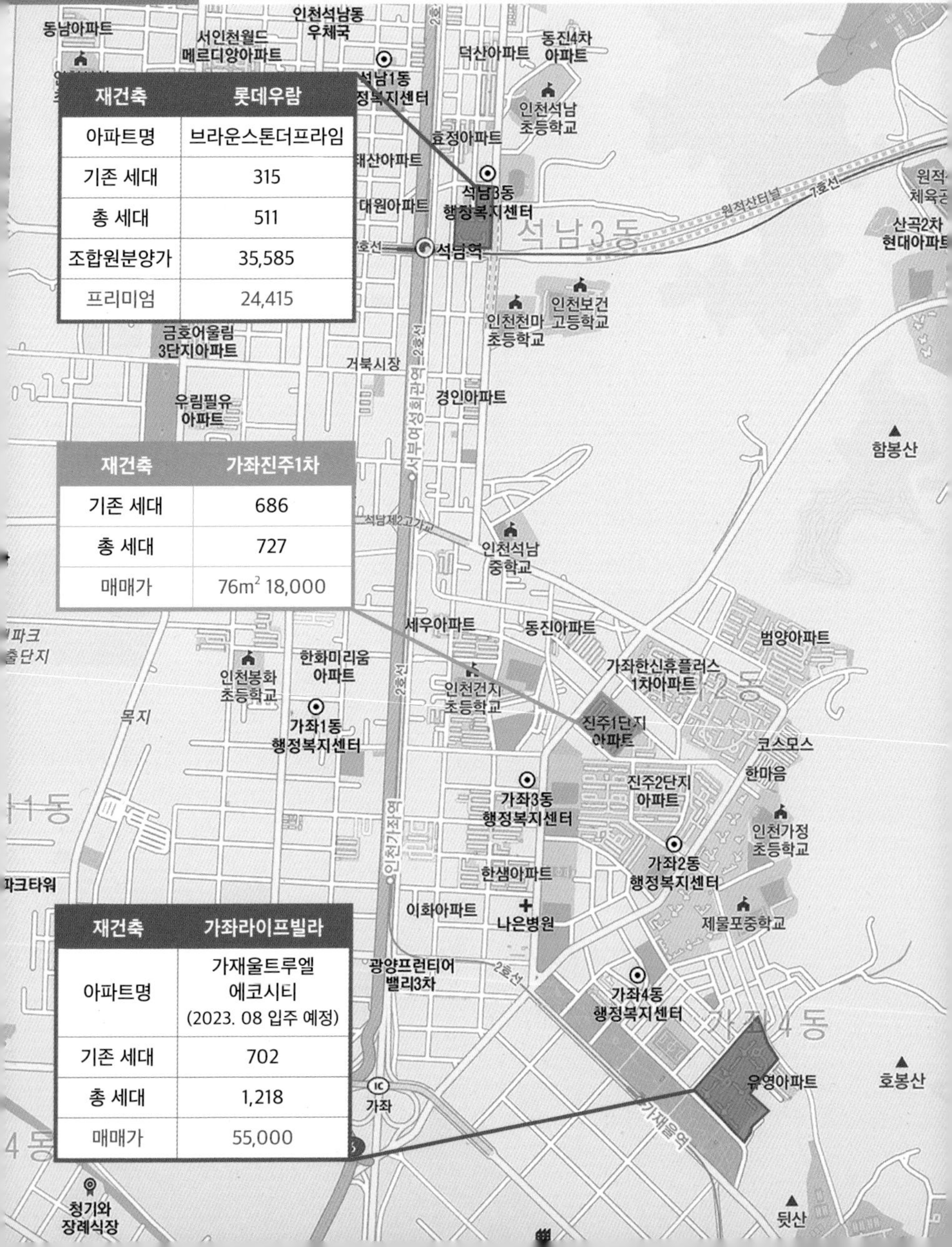

재건축	롯데우람
아파트명	브라운스톤더프라임
기존 세대	315
총 세대	511
조합원분양가	35,585
프리미엄	24,415

재건축	가좌진주1차
기존 세대	686
총 세대	727
매매가	76m² 18,000

재건축	가좌라이프빌라
아파트명	가재울트루엘 에코시티 (2023. 08 입주 예정)
기존 세대	702
총 세대	1,218
매매가	55,000

아래 이미지는 카카오맵 실제 서비스와 다를 수 있음
출처: 카카오맵(https://map.kakao.com)

→ 관리처분인가 → 착공

부평하우스디 아파트
한국지엠 부평공장
내동 1차아파트
부평공업 고등학교
인천마곡 초등학교
인천산곡북 초등학교
청천중학교
하나아파트
갈산2동 행정복지센터
동남아파트
부평우체국
굴포천
산곡역
7호선
미가로아파트
부평신일해피 트리더루츠아파트
산곡푸르지오 아파트
부평금호타운 아파트
부평구청역
신트리공원
더플래티넘 부평아파트
미도7차 아파트
부평세림병원
산곡2동 행정복지센터
대진아파트
이뷰숲
롯데마트
건우아파트
부평세무서
한양2단지 아파트
금호이수마운트 밸리아파트
경남3차 아파트
경남1차 아파트
래미안부평 아파트
인천산곡 고등학교
뉴서울1차 아파트
대림아파트
1호선
부평고등학교
산곡4동 행정복지센터
우성1,2, 3차아파트
센트럴아파트
마장공원
미추홀아파트
욱일아파트
부평여자 고등학교
부평4동 행정복지센터
새올요양병원
뉴서울2차 아파트
부평중앙병원
한신휴아파트
부평구보건소
부평시장역
부평깡시장
부평동아2단지 아파트
산곡여자 중학교
부평1동
부평종합시장
GS칼텍스
우성4차 아파트
아이홈아파트
부평1동 행정복지센터
부평현대2단지 아파트
인평자동차 고등학교
산곡3동
부원중학교
부평 테마의거리
부평두산위브 아파트
북인천우체국
산곡3동 행정복지센터
2001아울렛 부평점
부평역
우리드림 아파트
부평현대3단지 아파트
부평공원
부평역한라비발디트레 (23년01월예정)
신촌구역주택
부평서중학교
부평라 실크빌아
엔에스 파크아파트
부평중앙하이츠 프리미어아파트
동수역
부평6동
부평서여자 중학교
부평3동
부일여자 중학교
가톨릭대학교 인천성모병원
백운역
희망공원
희망체육공원
브라운스톤 백운아파트
백운공원
동보아파트

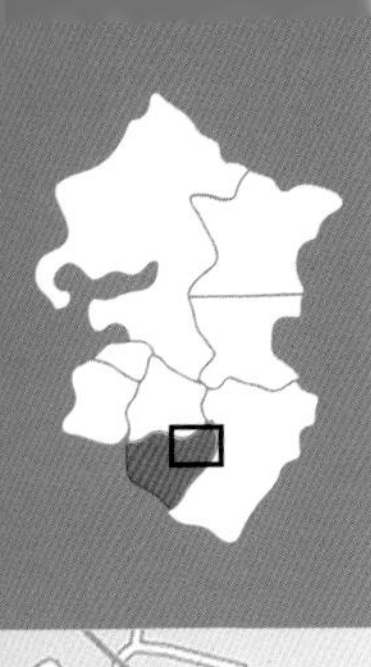

연수구

사업 절차가 진행됨에 따라 세대수가 변동될 수 있음
2023년 1월 기준 시세
별도 표시 없는 조합원분양가: $84m^2$ 기준
별도 표시 없는 매매가: $84m^2$ 기준
(단위: 만 원)

조합설립인가 → 사업시행인가

재개발	옥련대진빌라 주변
기존 세대	114
총 세대	281
매매가	빌라 11평 28,000

재건축	송도영남
기존 세대	363
총 세대	494
매매가	$67m^2$ 31,500

아래 이미지는 카카오맵 실제 서비스와 다를 수 있음
출처: 카카오맵(https://map.kakao.com)

→ 관리처분인가 → 착공

150m
200m
문학산
청솔근린공원
청학사
동명사
문학터널
미추홀대로
청학감리교회
중앙
어린이공원
현대아파트
청학
노인복지관
신성아파트
동남아파트
비류대로
연수문화원
장미원
청학6호
어린이공원
청학아파트
수인분당선
청학지하차도
청학동
청학동
행정복지센터
비류대로
효정아파트
동남아파트
미추홀대로
꿈동산유치원
효정
어린이공원
해나라유치원
함박뫼로
성호아파트
성호공원
성일아파트
시대아파트
무지개약국
연수경로당
서해아파트
용담지하차도
용담마을
아파트
참조은아이지역
아동센터
포방골약수터
인천바이오
과학고등학교
용담로
축구장
인천청학
초등학교
용담근린공원
연수하나
1차아파트
연수구보건소
청담경로당

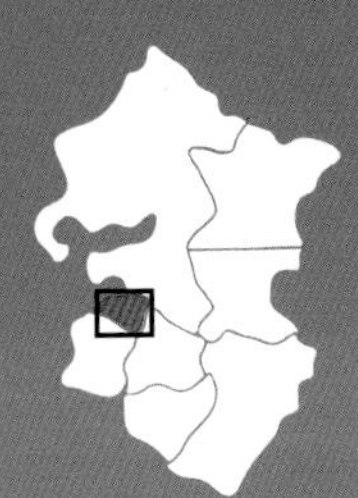

동구

사업 절차가 진행됨에 따라 세대수가 변동될 수 있음
2023년 1월 기준 시세
별도 표시 없는 조합원분양가: $84m^2$ 기준
별도 표시 없는 매매가: $84m^2$ 기준
(단위: 만 원)

조합설립인가 → 사업시행인가 →

재개발	화수화평
기존 세대	1,696
총 세대	3,183
매매가	빌라 16평 15,000

재개발	송림초교 주변
아파트명	동인천역 파크푸르지오 (2022. 08 입주)
기존 세대	398
총 세대	2,562
매매가	$84m^2$ 62,800

재개발	금송
기존 세대	1,078
총 세대	3,965
조합원분양가	29,100
프리미엄	11,000

아래 이미지는 카카오맵 실제 서비스와 다를 수 있음
출처: 카카오맵(https://map.kakao.com)

→ 착공

재개발	송현1·2차
기존 세대	900
총 세대	1,112
매매가	50m² 15,000

재개발	송림1·2동
아파트명	힐스테이트파인포레
기존 세대	1,037
총 세대	3,693
조합원분양가	35,300
프리미엄	15,000

재개발	송림3
아파트명	인천두산위브 더센트럴
기존 세대	445
총 세대	1,321
조합원분양가	33,969
프리미엄	12,000

재개발	송림6
아파트명	송림파인앤유2차
기존 세대	44
총 세대	378
조합원분양가	29,780
프리미엄	10,000

재개발	서림
기존 세대	139
총 세대	385
매매가	단독30평 17,000

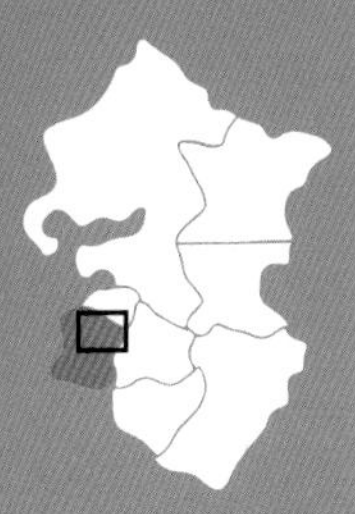

중구

사업 절차가 진행됨에 따라 세대수가 변동될 수 있음
2023년 1월 기준 시세
별도 표시 없는 조합원분양가: 84m² 기준
별도 표시 없는 매매가: 84m² 기준
(단위: 만 원)

조합설립인가 → 사업시행인가 →

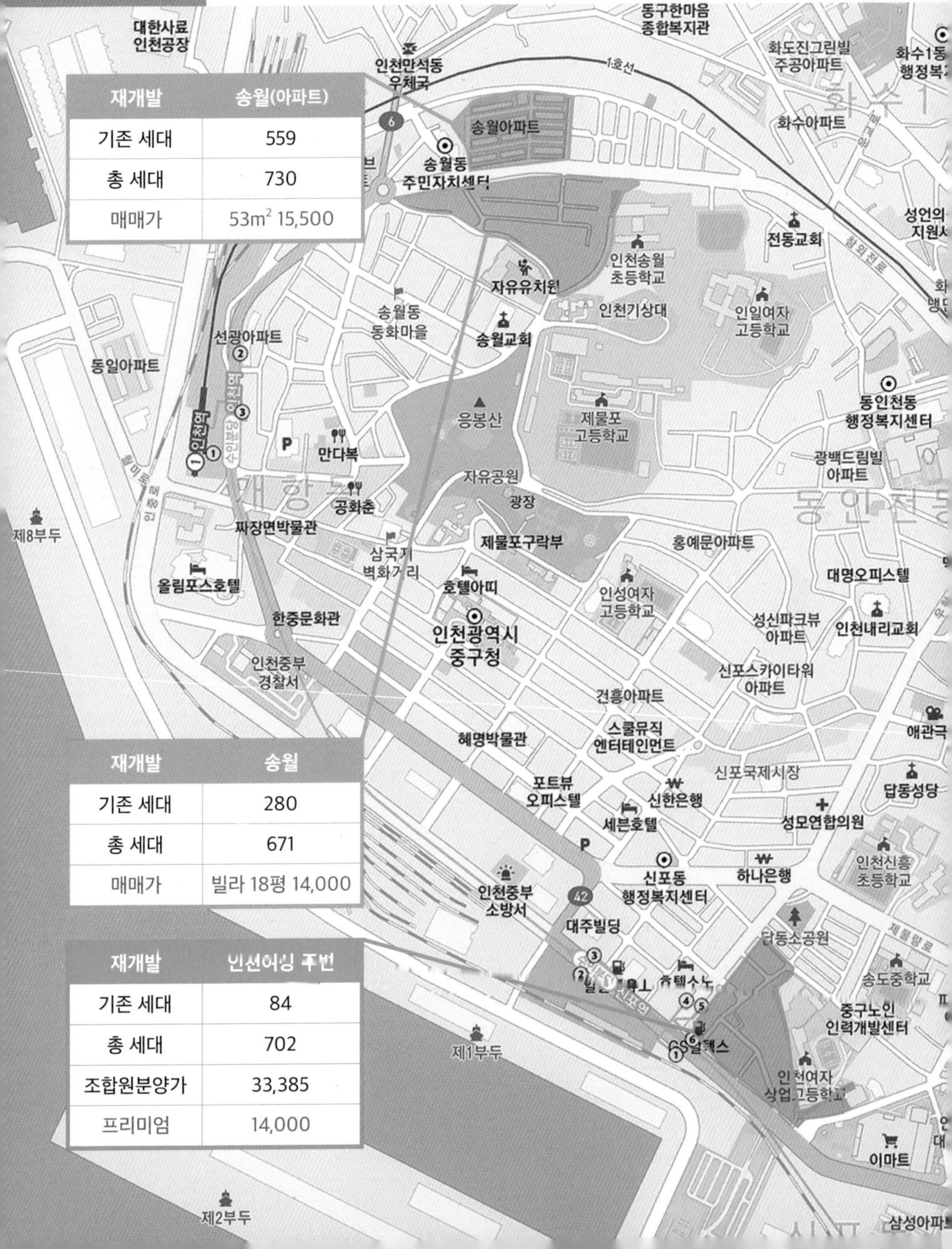

재개발	송월(아파트)
기존 세대	559
총 세대	730
매매가	53m² 15,500

재개발	송월
기존 세대	280
총 세대	671
매매가	빌라 18평 14,000

재개발	인천여상 주변
기존 세대	84
총 세대	702
조합원분양가	33,385
프리미엄	14,000

아래 이미지는 카카오맵 실제 서비스와 다를 수 있음
출처: 카카오맵(https://map.kakao.com)

→ 

→ 착공

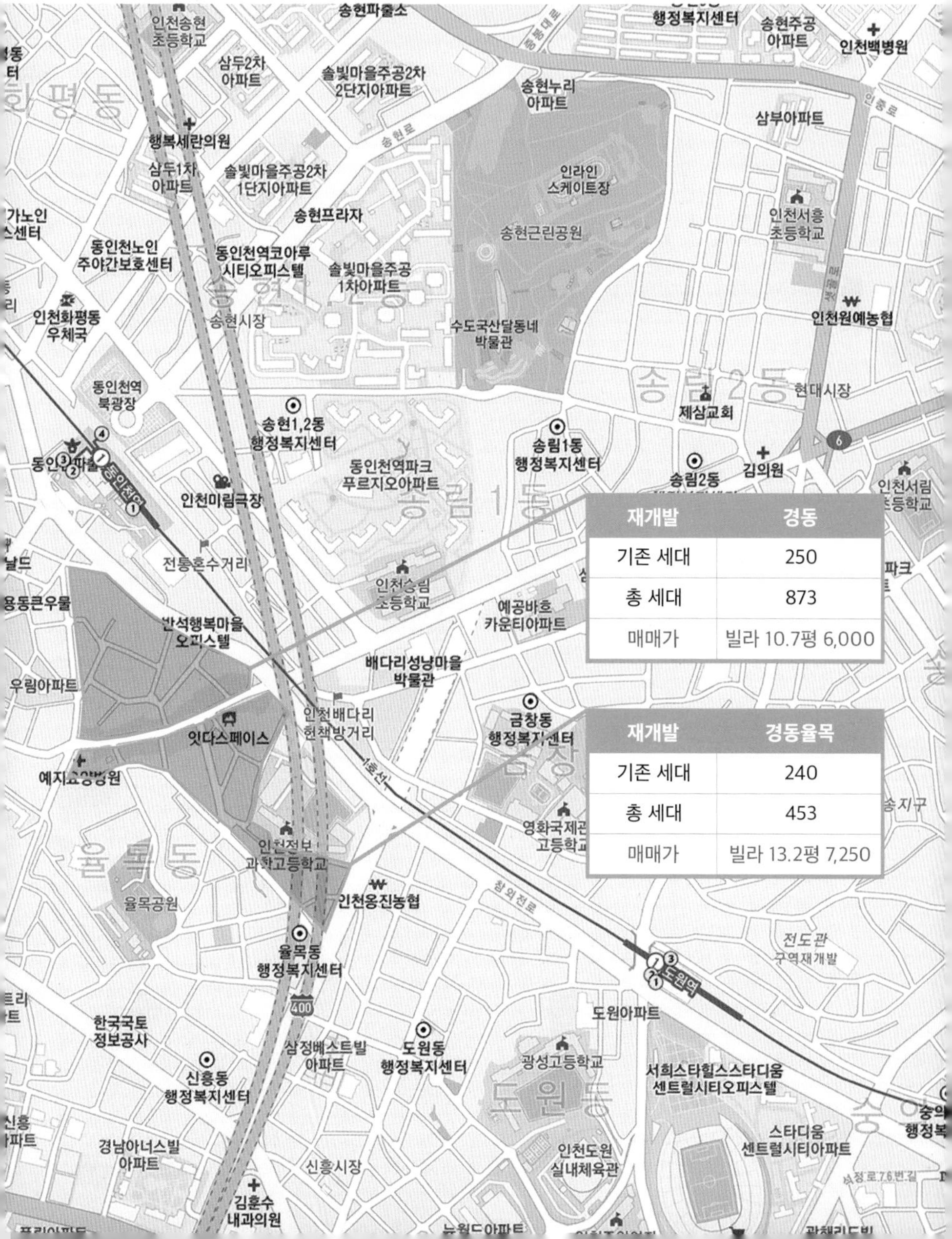

재개발	경동
기존 세대	250
총 세대	873
매매가	빌라 10.7평 6,000

재개발	경동율목
기존 세대	240
총 세대	453
매매가	빌라 13.2평 7,250

304
305
302
301
405

407
410
401
403
402

재개발·재건축 진행 절차

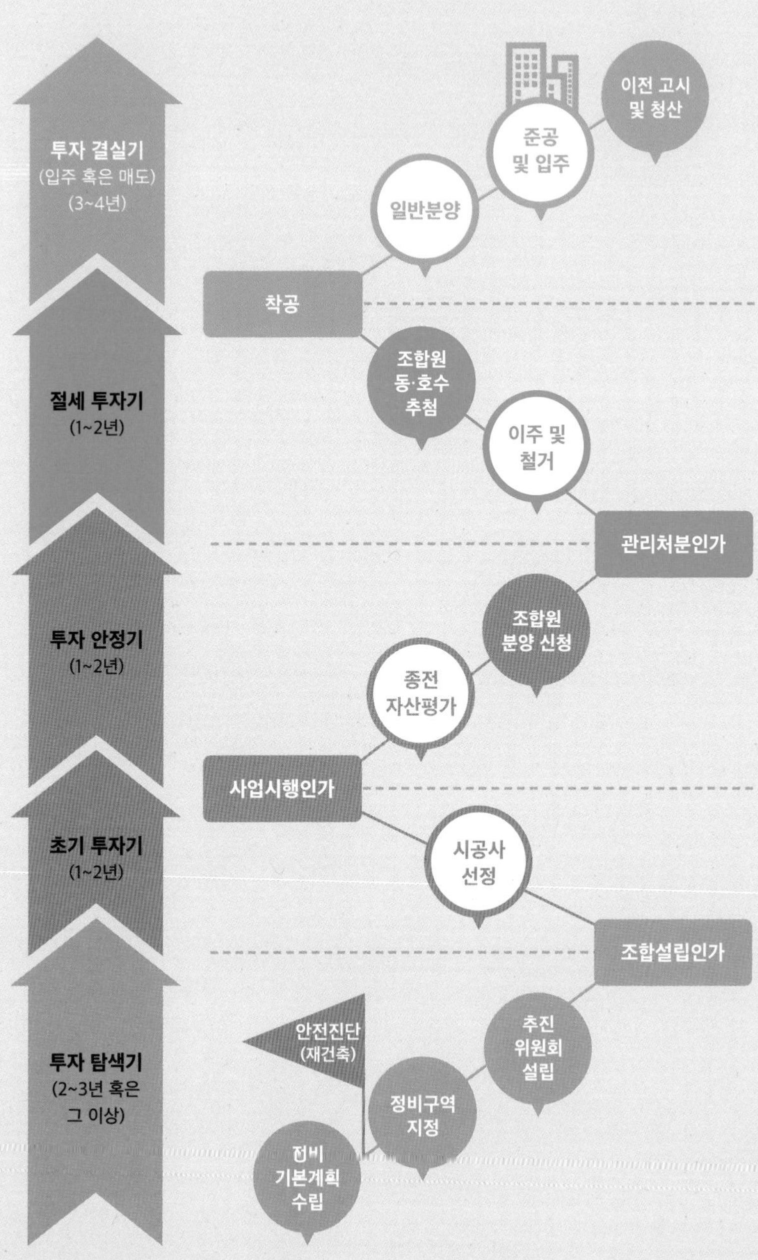

투자 결실기
(입주 혹은 매도)
(3~4년)
절세 투자기
(1~2년)
투자 안정기
(1~2년)
초기 투자기
(1~2년)
투자 탐색기
(2~3년 혹은 그 이상)
정비 기본계획 수립
안전진단 (재건축)
정비구역 지정
추진 위원회 설립
조합설립인가
시공사 선정
사업시행인가
종전 자산평가
조합원 분양 신청
관리처분인가
이주 및 철거
조합원 동·호수 추첨
착공
일반분양
준공 및 입주
이전 고시 및 청산